高速列车-轨道-桥梁系统动力性能模拟混合试验方法

国　巍　蒋丽忠　余志武　著

科学出版社

北　京

内 容 简 介

本书主要介绍了混合试验系统搭建的核心技术，如时滞补偿、实时控制、边界协调等，此系列技术是实验室内唯一有希望进行足尺试验的技术；此外还介绍了其在高速轮轨和高速磁浮混合试验的实际应用和研发，目前已经应用此技术实现 600km 时速磁浮的试验系统搭建。

全书共 9 章，第 1 章介绍混合试验系统框架与子结构划分；第 2 章介绍系统模型辨识技术；第 3 章介绍车-轨-桥耦合混合试验边界协调算法；第 4 章介绍混合试验实时计算技术；第 5 章介绍混合试验实时控制技术；第 6 章介绍试验系统的稳定性分析与准确性评估；第 7 章介绍混合试验离线迭代技术；第 8 章和第 9 章分别介绍混合试验系统在高速轮轨系统和高速磁浮系统中的试验测试应用。

本书可为高铁地震灾变相关领域的研究人员提供试验参考及试验思路，也可为学习高铁地震灾变相关内容的学生提供帮助。

图书在版编目（CIP）数据

高速列车-轨道-桥梁系统动力性能模拟混合试验方法 / 国巍，蒋丽忠，余志武著. —北京：科学出版社，2025.2
ISBN 978-7-03-078142-0

Ⅰ. ①高… Ⅱ. ①国… ②蒋… ③余… Ⅲ. ①高速列车–系统动态学–研究 Ⅳ. ①U292.91

中国国家版本馆 CIP 数据核字（2024）第 036630 号

责任编辑：牛宇锋 / 责任校对：任苗苗
责任印制：肖　兴 / 封面设计：有道文化

科 学 出 版 社 出版
北京东黄城根北街 16 号
邮政编码：100717
http://www.sciencep.com

三河市春园印刷有限公司印刷
科学出版社发行　各地新华书店经销

*

2025 年 2 月第 一 版　开本：720×1000　1/16
2025 年 2 月第一次印刷　印张：16
字数：320 000

定价：**138.00 元**
（如有印装质量问题，我社负责调换）

作 者 简 介

国巍，中南大学教授，博士生导师。现任中南大学土木工程学院副院长，高速铁路建造技术国家工程研究中心常务副主任，国家自然科学基金优秀青年科学基金项目、湖南省青年科技奖、詹天佑铁道科学技术奖青年奖获得者，湖南省科技领军人才。致力于高速铁路工程结构抗震减震、智能实验室与智能建造领域相关研究，主持国家自然科学基金项目、600公里时速高速磁浮重大项目等60余项。成果应用于我国高速铁路桥梁、高铁客站、国际首套地震下桥上行车试验系统、国际首套600公里时速磁浮列车试验系统、国际首套地震断裂带动力灾变模拟试验系统等重要领域。获得国家技术发明奖二等奖、教育部科技进步奖一等奖、湖南省科技进步奖一等奖等科技奖励。

蒋丽忠，中南大学教授，博士生导师。现任湖南科技大学校长，高速铁路建造技术国家工程研究中心副主任。教育部长江学者特聘教授，国家重点领域创新团队带头人。多年来一直从事结构工程学科教学、科研与技术开发工作。围绕我国铁路提升工程建设需求，针对高速铁路桥梁减震隔震技术、地震作用下车-桥耦合动力作用、钢-混凝土组合结构抗震性能及结构与基础的共同作用等领域的关键科学问题和技术难题开展攻关研究，相关成果获国家技术发明奖二等奖 1 项、国家科技进步奖二等奖 2 项、省部级特等奖/一等奖/二等奖 10 余项等。

余志武，中南大学教授，博士生导师。现任高速铁路建造技术国家工程研究中心主任。被授予铁道部有突出贡献的中青年专家，享受政府特殊津贴，获首批湖南省科技领军人才、湖南省先进工作者和全国优秀科技工作者等荣誉。长期致力于列车与地震作用下轨-桥体系随机振动与服役安全科学研究、工程实践和人才培养。在列车与地震作用下车-轨-桥系统动力性能高精度分析、轨道结构高品质建造和轨-桥体系服役状态高性能保持等方面取得了一系列创新成果。主持项目获国家技术发明奖二等奖 2 项，参与项目获国家科技进步奖二等奖 3 项，主持项目获省部级特等奖和一等奖 6 项。

前　　言

在当今世界，高速铁路与高速磁浮不仅是交通运输的重要方式，更是展示国家科技进步和工程实力的重要标志。作为我国科技创新的亮点，高速铁路与高速磁浮代表了我国在全球科技竞争中的领先地位，反映了我国科学技术的成就和大国的实力。随着"八纵八横"高速铁路网的不断完善和扩建，中国已稳居世界铁路运营里程的首位，成为世界高铁发展的典范。在追求速度与效率的同时，安全性是交通运输发展的基石。地震是一种不可预测的自然灾害，对行车安全构成了巨大威胁。尽管高速铁路的设计理念先进，采用"以桥代路"的方式以确保行车的稳定，但在面对地震这样的自然挑战时，仍存在不小的隐患。因此，深入研究和提高高速铁路和高速磁浮的抗震能力，不仅是提升行车安全的必然选择，也是确保交通运输连续性和社会经济稳定的关键因素。本书通过实时混合试验方法，对高速铁路和高速磁浮在地震环境下的桥上行车安全性能进行深入分析，以物理试验验证数值模型的准确性，全面提升高速铁路的安全运营能力。希望基于本书的研究，为高速铁路和高速磁浮的抗震设计提供理论依据和实践指南，推动中国高铁和高速磁浮安全、稳定、持续发展，为世界高速铁路和高速磁浮安全贡献中国智慧和解决方案。

本书主要介绍高速列车-轨道-桥梁系统动力性能模拟混合试验方法，具有以下特点：①相较于其他同类书籍，本书介绍的混合试验能够按照 1∶1 比例完成整车试验，并达到预设时速，是实验室内极为罕见的技术，并且现已完成高速轮轨和高速磁浮的混合试验应用，验证了本试验的可行性。②本书聚焦于试验系统搭建的核心技术，如时滞补偿、实时计算和边界协调等，且详细介绍了实时混合试验的流程，从理论到应用，给相关科研人员提供了试验方法和思路。③本书在介绍核心技术的基础上，验证了这些技术在高速轮轨和高速磁浮混合试验中的实际应用。这种综合研究和试验在同类书籍中较为少见，更突出本书内容的独特性和前瞻性。④本书强调了已应用此技术完成 600km 时速磁浮试验系统搭建，是世界上首套具备这一速度水平的磁浮测试系统平台，为高铁地震灾变相关领域的研究人员提供了试验参考和试验思路。

本书共 9 章，基于试验的角度，按照从实时混合试验技术研发、试验系统的搭建到试验系统的应用逻辑进行组织。第 1 章是混合试验总述，主要介绍了混合试验的基本概念及其发展历程，并针对混合试验系统着重介绍试验系统的基本框架及其最重要的概念之一——子结构划分。随后分别简单介绍了混合试验系统在高速轮轨系统和高速磁浮系统中的应用。第 2 章是系统模型辨识技术，介绍了混合试验中所应用到的系统模型辨识技术，内容主要是针对加载装置的辨识，分为理论部分和实例部分，理论部分包括基本概念、数学方程描述和模型辨识方法。此外，还针对六自由度振动台的正向求解问题介绍了一种新型算法。第 3 章是车-轨-桥耦合混合试验边界协调算法，分为高速轮轨混合试验边界协调算法与高速磁浮混合试验边界协调算法两个主要部分，阐述了边界协调算法在实时混合试验中的应用，边界协调算法为数物界面边界条件室内复现提供了新思路。第 4 章是混合试验实时计算技术，阐述了利用代理模型实现混合试验实时计算的方法，这些实时计算方法经过验证，可以很好地满足实时混合试验对精度与效率的要求。第 5 章是混合试验实时控制技术，首先介绍了传统的控制方法，由于其精度不足进一步引出了高精度的时滞补偿控制方法，通过此方法可以提高混合试验的控制精度和稳定性。第 6 章是稳定性分析与准确性评估，实时混合试验系统的稳定性是试验顺利进行的重要保证，通过分析方法以确保并提高混合试验的整体稳定性，试验结果的准确性是试验的关键，通过评估指标尽可能地减少误差并确保结果的可靠性。第 7 章是混合试验离线迭代技术，提出了离线迭代混合试验系统的基本框架，介绍了不动点迭代算法和模型辨识收敛算法的基本原理，分别以高速轮轨和高速磁浮为例，通过仿真和试验对比了两种离线迭代收敛算法在混合试验中的应用。第 8 章是高速轮轨系统桥上行车实时混合试验测试应用，第 9 章是高速磁浮系统混合试验测试应用，这两章主要介绍了实时混合试验技术分别在高速轮轨系统和高速磁浮系统中的应用，结合前面章节中提到的混合试验核心技术，为桥上行车的安全性提供了有效验证。

　　感谢课题组历届多位硕士研究生和博士研究生的创新科研工作。本书的研究工作得到了国家自然科学基金优秀青年科学基金项目(No. 52022113)、面上项目(No. 52278546)、联合基金重点项目(No. U2368210)，国家重点研发计划项目，以及原铁道部、中国国家铁路集团有限公司和中国中铁股份有限公司科技研究开发计划项目(2023-重大-20)等的支持，在此一并表示深切感谢。

　　著书立说是对一个知识体系有了自己的理解和认识，对某些问题有了独到且自成系统的解决方案。从这个角度来说，本书的研究工作还远远不够，但是仍希望通过本书为研究者、设计者和同行提供参考，促进交流和合作。限于作者水平，书中难免有疏漏之处，敬请读者批评指正，不胜感谢。

作　者

2023 年 12 月

目　　录

前言
第1章　混合试验总述 ··· 1
　1.1　混合试验概念及发展 ··· 1
　1.2　系统框架及子结构划分 ··· 3
　　1.2.1　系统框架 ··· 3
　　1.2.2　子结构划分 ··· 5
　1.3　混合试验平台 ·· 7
　1.4　高速轨道交通桥上行车混合试验系统 ···························· 11
　　1.4.1　高速轮轨系统 ·· 11
　　1.4.2　高速磁浮系统 ·· 18
　1.5　本章小结 ·· 21
　参考文献 ·· 22
第2章　系统模型辨识技术 ·· 25
　2.1　引言 ··· 25
　2.2　系统模型辨识理论 ··· 26
　　2.2.1　基本概念 ·· 26
　　2.2.2　数学方程描述 ·· 28
　　2.2.3　模型辨识方法 ·· 31
　2.3　系统模型辨识实例 ··· 43
　　2.3.1　最小二乘法辨识 ··· 43
　　2.3.2　神经网络辨识 ·· 47
　2.4　六自由度振动台的正向运动学求解 ·································· 51
　　2.4.1　数学表述 ·· 53
　　2.4.2　牛顿-拉弗森法 ·· 53
　　2.4.3　PhyNRnet 求解方法 ·· 54
　2.5　本章小结 ·· 56
　参考文献 ·· 56
第3章　车-轨-桥耦合混合试验边界协调算法 ······························ 59
　3.1　引言 ··· 59
　3.2　高速轮轨混合试验边界协调算法 ····································· 59

3.3 高速磁浮混合试验边界协调算法 ·· 61
  3.3.1 算法概述 ··· 61
  3.3.2 单电磁铁混合试验边界协调算法 ·· 65
  3.3.3 整车混合试验边界协调算法 ·· 70
3.4 本章小结 ··· 73
参考文献 ··· 73

第 4 章 混合试验实时计算技术 ·· 74
4.1 引言 ··· 74
4.2 截断桥梁模型算法 ··· 74
4.3 移动荷载卷积积分法 ·· 77
  4.3.1 计算原理 ··· 77
  4.3.2 混合试验应用 ·· 81
4.4 基于神经网络的实时计算技术 ·· 83
  4.4.1 LSTM 实时计算技术 ·· 84
  4.4.2 混合试验应用 ·· 88
4.5 本章小结 ··· 92
参考文献 ··· 93

第 5 章 混合试验实时控制技术 ·· 95
5.1 引言 ··· 95
5.2 传统控制方法 ··· 96
  5.2.1 PID 控制 ··· 96
  5.2.2 三参量控制 ··· 97
5.3 自适应复合控制 ·· 99
  5.3.1 自适应状态反馈控制 ·· 99
  5.3.2 内插预测算法 ·· 101
  5.3.3 有效性验证 ··· 102
5.4 MPC ··· 104
  5.4.1 MPC 策略简介 ··· 104
  5.4.2 MPC-RP 策略简介 ·· 107
  5.4.3 混合试验应用 ·· 109
5.5 本章小结 ··· 118
参考文献 ··· 118

第 6 章 稳定性分析与准确性评估 ·· 121
6.1 引言 ··· 121
6.2 稳定性分析 ·· 122

　　　6.2.1 分析方法 ·· 122
　　　6.2.2 混合试验应用 ·· 126
　6.3 准确性评估 ·· 131
　　　6.3.1 评估指标 ·· 131
　　　6.3.2 同步子空间图 ·· 133
　6.4 本章小结 ··· 134
　参考文献 ·· 134
第7章 混合试验离线迭代技术 ································ 136
　7.1 引言 ··· 136
　7.2 离线迭代混合试验系统框架 ··························· 136
　7.3 离线迭代收敛控制算法 ································· 137
　　　7.3.1 不动点迭代算法 ···································· 137
　　　7.3.2 模型辨识收敛算法 ································ 140
　7.4 600km时速磁浮列车离线迭代混合仿真 ········ 146
　　　7.4.1 SISO高速磁浮系统 ······························ 146
　　　7.4.2 DIDO单电磁铁系统 ····························· 155
　7.5 四分之一车桥上走行离线迭代混合试验 ········ 159
　　　7.5.1 简化的高速轮轨车桥耦合振动离线迭代试验系统 ··· 159
　　　7.5.2 试验流程及工况设置 ···························· 162
　　　7.5.3 结果分析 ·· 163
　7.6 本章小结 ··· 171
　参考文献 ·· 172
第8章 高速轮轨系统桥上行车实时混合试验测试应用 ··· 174
　8.1 引言 ··· 174
　8.2 四分之一列车桥上走行混合试验 ···················· 175
　　　8.2.1 试验流程 ·· 175
　　　8.2.2 桥梁震致破坏对震后行车性能的影响 ····· 181
　8.3 整车桥上走行混合仿真 ································· 187
　　　8.3.1 列车模型与缩尺 ···································· 187
　　　8.3.2 数值建模与MLCIM应用 ······················ 192
　　　8.3.3 轨道不平顺激励的响应比对 ················· 197
　8.4 本章小结 ··· 203
　参考文献 ·· 204
第9章 高速磁浮系统混合试验测试应用 ················ 206
　9.1 引言 ··· 206

9.2　高速磁浮单电磁铁混合试验 ···································· 206

    9.2.1　设计流程与子结构划分 ···································· 206

    9.2.2　数值建模 ··· 207

    9.2.3　实时控制算法 ·· 215

    9.2.4　实时混合试验结果 ·· 216

    9.2.5　基于单电磁铁模型的离线混合试验 ···························· 222

9.3　高速磁浮整车混合试验 ·· 231

    9.3.1　设计流程与子结构划分 ···································· 231

    9.3.2　整车试验边界协调算法 ···································· 231

    9.3.3　时滞补偿算法 ·· 232

    9.3.4　结果分析 ··· 233

9.4　本章小结 ··· 240

附录 A　常用的轨道不平顺谱 ··· 242

A.1　中国高速铁路无砟轨道谱 ·· 242

A.2　中国普通干线铁路轨道谱 ·· 243

A.3　轨道短波不平顺功率谱 ·· 243

参考文献 ·· 244

第1章　混合试验总述

1.1　混合试验概念及发展

铁路被视为国家经济的大动脉，对国家发展的经济意义和战略意义是举足轻重的。当下世界范围内铁路运输有两条主线，一是货运重载化(重载铁路)，二是客运高速化(高速铁路)。我国在高速铁路领域的发展举世瞩目，截至 2022 年底，全国高铁运营里程达到了 4.2 万 km，稳居世界第一。

目前，我国"四纵四横"的高速铁路主骨架已全面建成，"八纵八横"的高速铁路网也已初具规模。我国的高铁线路建设采取"以桥代路"的设计理念，该设计理念具有方便线路控制、减少土地资源以及耕地资源的占用、保护生态环境、提高线路安全性等优势。我国高速铁路平均桥梁占线路比高达 53.0%，其中京沪高铁桥梁占线路比达 80.5%，京津城际铁路桥梁占线路比达 87.7%，而广珠城际铁路桥梁占线路比已经达到了 94.2%。

随着高速铁路桥梁里程的增加，桥梁上的行车安全变得越来越不可忽视。当列车在桥梁上运行时，列车与桥梁形成车-轨-桥耦合系统，由列车荷载或其他外部激励形成的车-轨-桥耦合系统的振动称为车-轨-桥耦合振动。由车-轨-桥耦合振动现象造成的各种问题，如列车和桥梁的动力学响应以及相关的安全性舒适性问题，称为车-轨-桥耦合问题。针对车-轨-桥耦合问题的研究历史悠久，对桥梁在移动荷载下的动力性能和承载能力的研究最早可以追溯到 1844 年法国和英国工程师对著名的 Britannia(布列坦尼亚)桥所进行的模型试验[1]。一百多年来学者们提出了许多列车、桥梁简化模型以及各种分析方法。日本的松浦章夫等在 1980 年推导出了高速列车与桥梁之间动力作用的运动方程式，并对列车规律的车轴排列造成的共振现象进行了理论解释[2]；Bhatti 在 1982 年提出了一种研究三维车-轨-桥耦合问题的方法，同时考虑了桥梁-轨道结构的竖向和横向动力学响应[3]；Wang 在 1993 年使用非线性货车模型和开放沃伦式钢桁架桥进行车-轨-桥动力学耦合研究，并推导出了其相互作用的运动方程[4]；Fryba 在 2008 年建立的一种四自由度的四分之一列车模型用于车-轨-桥耦合振动研究，并基于此模型给出了其解析解[5]；Antolín 等在 2013 年考虑了一种具有非线性轮轨接触力的模型，以分析高速铁路列车与桥梁之间的耦合相互作用和动力效应[6]。目前针对车-轨-桥耦合问题，传统的研究方法有路谱法、数值模拟方法和整车试验法。上述几种方法各有优劣。路谱法是针对已建成竣工的桥梁进行实测分析和研究,无法对拟建设的桥梁进行分析指导;数值模拟方法是利用各种工程分析软件对车-轨-桥耦合问题进行数值模拟分析,该方法依赖于模型的准确性并对算力有着较高的需求,且数值模拟难以复现实际情况中的各种复杂因素;整车试验法是利用实际的列车模型进行分析,能够在一定程度上将列车模型动力学的复杂特性加以考虑来提高解算精度,但是此方法需要用到全尺寸的整车模型,对试验设备有较高的要求,试验成本高。随着计算机技术的不断发展以及加载技术在结构试验中的应用越来越成熟,逐渐兴起了一种混合试验的方法来研究车-轨-桥耦合问题。

混合试验是一种数值模拟和物理试验相结合的结构试验方法,最早由 Hakuno 等在 1969 年提出[7],其基本思想是将所研究的系统拆分成数值和物理两个部分,通过加载系统将二者相联系[8]。随着计算机性能的提升以及对结构动态特性研究需求的增加,实时混合试验(real-time hybrid simulation,RTHS)的概念由 Nakashima 等在 1992 年首次提出并用于减隔震结构中[9,10]。混合试验最早应用在结构抗震领域,在抗震试验中利用计算机求解结构的动力方程,而结构的恢复力采用物理加载的方式获取[11]。

最初的混合试验是基于准静态结构加载试验进行的,在其应用之初,学者们认为准静态加载(慢速加载)以及随时按需暂停是混合试验的必要特点。此举可以使研究人员对试件的破坏特征加以观察和研究,并且静态加载降低了对加载设备的要求。随着混合试验技术的发展,其应用领域不断拓宽,物理子结构的复杂程度不断增加,而复杂结构的滞回特性往往与荷载的加载速率相关,准静态加载无法将这种结构对加载速率的依赖性在试验中加以考虑,准静态加载和随时按需暂停加载的特点反而成为混合试验发展的掣肘。因此,学者们开始摒弃准静态加载而采取动态加载的形式进行混合试验,实时混合试验应运而生。实时一词指的是试验中对物理子结构施加荷载的加载速率是与实际结构受到荷载的速率相对应的,要求在每个试验循环的时间步长内,试验系统需要完成数值计算、试件加载、响应测量等工作。因此,实时混合试验对试验系统有着更高的要求,数值子结构快速求解、实时控制等技术的发展解决了实时混合试验在工程中的应用问题。

近年来,混合试验逐渐在土木工程、车辆工程、航空工程等领域中被广泛使用。例如,田英鹏等在 2019 年利用混合试验的方法对一种新型调谐质量阻尼器(tuned mass damper,TMD)减轻风电塔架的横向风涡激振动以及其他外部荷载作用下的振动效果进行了研究[12]。王贞等在 2022 年利用混合试验的方法研究了不同减震器参数对列车蛇行失稳的非线性临界速度的影响[13]。在航天领域中,混合试验也称为半实物仿真、数学物理仿真或硬件在环仿真[14]。杨宝庆等在 2020 年对飞行器半实物仿真的装备研究现状进行了介绍[15]。在车-轨-桥耦合领域混合试验的研究方法也变得越发普遍,丁勇等在 2020 年对车-轨-桥耦合系统实时混合试验方法进行了数值模拟分析，验证了利用混合试验的试验方法进行车-轨-桥耦合问题研究的可行性[16]。刘志鹏在 2020 年利用混合模拟的方法对车-轨-桥振动系统的跳车冲击过程进行了研究[17]。Guo 等在 2021 年提出了一种用于高速铁路桥上行车混合试验的数值子结构求解算法——移动荷载卷积积分法(moving load convolution integral method，MLCIM)，并基于此方法研究了主梁刚度对行车舒适性的影响[18]。古泉等在 2021 年建立了精细化的车-轨-桥耦合数值模型，并基于弹塑性数值子结构方法将 MLCIM 拓展到局部非线性情况[19]。Guo 等在 2023 年提出了利用混合试验对震后桥上列车行车安全性进行评估的方法[20]。

1.2　系统框架及子结构划分

1.1 节介绍了混合试验的概念和发展，基于混合的思想可以建设相应的试验系统，因此本节介绍混合试验系统的系统框架。此外，本节也将对混合试验中的子结构划分进行介绍。

1.2.1　系统框架

在结构抗震研究中，常见的传统试验方法有拟静力试验和振动台试验，这两种试验方法都是传统的开环试验方法[21]。开环试验，即在试验中所采用的荷载(力、位移、速度或加速度)是在试验开始前已经定义好的，在试验过程中，试件的响应并不会影响试验的加载，如图 1-1 所示。而混合试验相对于传统的结构试验是一种闭环试验，是将试验所研究的对象系统划分为实际试验的物理子结构和数值计算的数值子结构，如图 1-2 所示。在混合试验中，加载力除了取决于预先定义的激励(在结构抗震研究中往往是地震)，还受到试验试件的响应(如恢复力、某些节点位移等)的反馈影响，即每个时间步物理子结构的响应作为数值子结构的输入从而影响下一时间步数值子结构计算出的加载命令，如此循环形成试验系统的闭环，如图 1-2 所示。

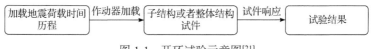

图 1-1　开环试验示意图[21]

混合试验中的混合指的是数值与物理的混合，而子结构是针对所研究的对象系统主观划分的若干部分，数值计算的部分称为数值子结构，物理加载的部分称为物理子结构。物理子结构和数值子结构的详细内容将在 1.3 节介绍。落实到最终的混合试验系统中呈现的形式如图 1-3 所示。

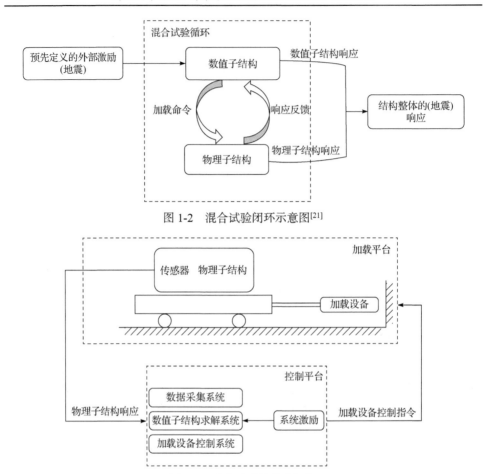

图 1-2　混合试验闭环示意图[21]

图 1-3　混合试验的基本框架

通常可以将混合试验系统分为以下两个主要部分：

(1) 含有物理子结构的加载平台。该部分除了物理子结构，还有对物理子结构施加荷载的加载设备、测量物理子结构响应的传感器以及其他附属设备。其中，物理子结构指的是受到实际加载的试件；加载设备是混合试验系统中的核心设备之一，在混合试验中常见的加载设备有液压作动器、单自由度振动台或者多自由度振动台；传感器负责收集混合试验循环中所需要传递给数值子结构的数据，即图 1-2 中的响应反馈。

(2) 含有数值子结构的控制平台。该部分主要包含数据采集系统、数值子结构求解系统和加载设备控制系统等。其中，数据采集系统主要负责采集和记录由传感器测量的物理子结构的响应信息。这些响应信息传输给数值子结构求解系统作为数值子结构的输入进行计算。在结构抗震混合试验中，数值子结构的求解通常依赖数值积分算法，其通常可以分为显式求解和隐式求解，根据 Mahin 和 Shing

有关显式和隐式的定义，如果算法中的第 j 步可以用前 $j-1$ 步的位移表达，则称其为显式算法；反之则称为隐式算法[22]。经典的显式算法有中央差分法、Newmark(纽马克)法；隐式算法有 Houbolt 法、Wilson-θ 法等[22]；数值子结构求解系统解算的结构响应需要转化为加载设备的控制指令，该转化是由边界协调算法完成的，边界协调算法的相关内容将在第 3 章介绍；而加载设备控制系统负责将上述控制指令下发，由于混合试验特别是实时混合试验对加载精度和加载时滞敏感，控制系统需要根据加载设备的类型和特性进行特别设计，相关的实时控制技术将在第 5 章介绍。传感器的测量数据和加载装置的加载指令在两平台之间形成纽带，在每个试验循环内两试验平台相互作用，实现针对研究系统的数物混合模拟试验。

1.2.2　子结构划分

自混合试验的研究方法问世以来，子结构试验便被认为是最有效的试验方法[23]。通常根据试验需求，将研究对象分为若干部分，即子结构。各子结构按照它们在混合试验中存在形式的不同可分为物理子结构和数值子结构。

物理子结构即在混合试验中受到加载装置实际加载的部分，其通常会被制作成实际的物理试件以便观察其在荷载作用下的动力学响应或者破坏特征，在建筑结构混合试验中，通常是结构中受力情况最为严苛的部分。而在高速轨道交通桥上行车混合试验中，一般将列车作为物理子结构。数值子结构指的是在混合试验中运用计算机系统进行数值仿真的子结构，该部分不需要进行实际试件制作，但需要建立该部分结构的数值模型。

为保证混合试验的效果和可操作性，在划分数值子结构与物理子结构时需要遵守一定的准则。首先，要考虑系统各部分的特性，通常把系统复杂但规模不大的部分作为物理子结构；将系统物理特性较为简单但规模较大、构造成本高的部分建立为数值子结构。此外，在将原系统划分为若干子结构后，必定会在子结构之间形成一个边界，即数值-物理边界，两个子结构的相互作用(位移、力的传递)和信息的联通(传感器信号)均在该边界上进行，因此必须保证该边界是可控且可测量的。然后，要根据试验目的确定试验中所需要获取的数据(如结构特定部分的响应、某些特定的作用力)，并且要保证这些量是可观测和易于测量的。最后，要考虑物理子结构规模带来的成本问题，一般可采用尽量缩小物理子结构的规模和复杂程度或者采取模型缩尺等方法降低试验成本，但也要考虑模型简化和缩尺带来的误差和相似性问题。

合理的子结构划分是混合试验的基础，为解释上述原则，此处介绍几种划分实例。混合试验最初应用于对建筑结构的抗震性能研究，朱钊利等为拓展混合试验方法在抗震研究中的应用，提出了一种研究水平及竖向地震共同作用下的多高层钢筋混凝土(reinforced concrete，RC)框架结构响应的混合试验方法[24]。在该混合试验中，研究对象为一榀七层三跨 RC 框架，在该混合试验中设计并制作了一根足尺 RC 框架作为物理子结构(该框架柱在整体试验对象中为结构的底层中柱)，其余部分作为数值子结构在 OpenSees 中进行非线性模拟，并利用 MATLAB 编写整体结构的运动方程求解模块进行混合试验，研究在水平及竖向地震共同作用下 RC 框架柱的受力性能和破坏特征，该混合试验示意图如图 1-4 所示[24]。该混合试验中选取在试验工况下受力最为严苛的部位作为物理子结构，以方便研究其破坏机理和特征，其余部分则作为数值子结构进行模拟以减小试验规模。同时，也体现了要保证所需要获得的数据是可测量和可观察的这一原则。

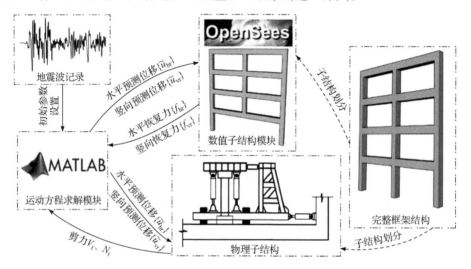

图 1-4　水平及竖向地震共同作用下 RC 框架混合试验示意图

除此之外，混合试验在对其他动力学系统的研究中也有所应用。以车辆工程领域为例，武汉理工大学王贞等应用混合试验的方法对高速列车抗蛇行减震器进行了研究[13]，并利用 SIMPACK 和 Simulink 软件搭建了混合试验仿真分析平台。其中，在 SIMPACK 中建立的列车模型作为数值子结构，而将抗蛇行减震器作为物理子结构在 Simulink 中进行建模，对比列车蛇行失稳非线性临界速度模拟精度，验证基于该模型开展混合试验的可行性，如图 1-5 所示[13]。该混合试验仿真是将抗蛇行减震器作为研究对象的混合试验，因此将抗蛇行减震器作为混合试验的物理子结构，对于车体模型，则进行数值建模并由 SIMPACK 进行计算。

在高速轨道交通桥上行车混合试验中，一般是为了研究在车-轨-桥耦合振动以及其他内外部激励作用下行车的舒适性和安全性，在混合试验中大多关心的是列车各主要部件在桥梁上行驶的动力学响应。此外，混合试验的研究方法也是为了在实验室环境下模拟桥梁-轨道结构的响应以免去建设试验桥梁段。

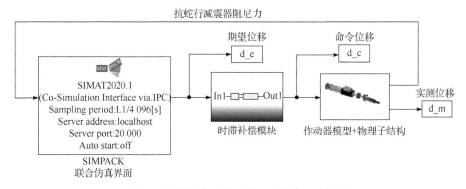

图 1-5 抗蛇行减震器混合试验仿真系统框图

因此，在常见的高速轨道交通桥上行车混合试验中，通常将桥梁结构或者桥梁-轨道结构作为数值子结构，列车则作为物理子结构进行实际加载。若以这种方式进行数值-物理划分，则数值-物理边界会形成于轮轨接触点上。

对于拥有不同试验目的的高速轨道交通桥上行车混合试验而言，其数值-物理子结构划分是不尽相同的，例如，在试验中考虑编组车之间的相互影响，可以选取某一节车厢作为物理子结构，其余车厢与桥梁-轨道等结构一同考虑为数值子结构。此时数值-物理边界就不仅仅是轮轨接触点，而是包含与物理子结构车厢相连接的车钩等。因此，数值-物理子结构划分是与试验目的和试验对象紧密关联的。

值得注意的是，由于子结构的划分会在子结构之间相互作用的地方形成数值-物理边界，两子结构的相互作用就位于这个边界上。与建筑结构混合试验不同的是，建筑结构混合试验的边界通常是固定的(如梁柱节点等)，但对于高速轨道交通桥上行车混合试验，其边界在原系统上通常不是固定的，例如，轮轨接触点是随着列车运动而移动的。因此，在高速轨道交通桥上行车混合试验中，能否对子结构的数值-物理边界进行准确的模拟也是制约数值-物理子结构划分方法的因素之一。关于如何处理数值-物理边界的模拟问题，在后续混合试验系统的实例中将会详细介绍。

1.3 混合试验平台

实现系统框架各个部分功能的软件和硬件组成了混合试验平台。传统的混合试验多数用于建筑结构的抗震性能研究，为方便试验的实施，各国学者开发出了多种混合试验平台。例如，Takahashi 等基于有限元分析软件 OpenSees 开发的 OpenFresco pin 平台[25]、Kwon 等开发的 UI-SimCor[26]、肖岩等开发的结构拟动力远程协同试验网络平台 NetSLab[27]、Pan 等开发的 P2P 分布式混合试验平台[28]，以及杨格等开发的建筑结构混合试验平台 HyTest[29]。

这些混合试验平台均包含数值计算模块以及试验加载模块等，数值计算模块作为混合试验平台的核心模块承载了数值子结构的计算工作，因此多数混合试验平台会包含各种有限元分析软件的接口。此外，由于数值子结构的计算需要接收物理子结构的响应信息并将计算的结果通过作动器进行加载，因此混合试验平台也包含各种硬件系统(传感器、加载设备控制系统)的接口。例如，OpenFresco pin 平台除了能将 OpenSees 作为计算核心进行数值计算，还兼容 ABAQUS、LS-DYNA、Zeus-NL 等有限元软件，并可与 MTS、dSPACE、LabVIEW、SCRAMNet 以及 xPCTarget 连接。UI-SimCor 是由 MATLAB 语言编写而成的，因此可使用 MATLAB 对结构的动力部分进行计算，且使用 MATLAB 自带的丰富接口调用各有限元分析软件。NetSLab 采用 VB(Visual Basic)语言编写，因此可采用 MTS 系统公司的二次开发编程库 VB-COM 连接控制系统，也可外接采集卡实现 MTS 接口，此外，其还可以通过试验单元调用 OpenSees 进行数值子结构的模拟。而 HyTest 平台的主体和有限元软件接口均采用 C++语言进行编写，MTS 接口部分则采用 VB 语言进行编写。同样利用 MTS 系统公司提供的二次开发编程库 VB-COM 可以实现与各硬件设备的通信，且 HyTest 可以调用有限元软件 OpenSees、ABAQUS 等进行动力及静力分析。

在高速轨道交通桥上行车混合试验中，也需要使用相应的混合试验平台，如国巍课题组在高速磁浮桥上行车混合试验系统(将在 1.4.2 节介绍)中所使用的 Concurrent 平台。该平台主要分为硬件部分和软件部分，硬件部分(实时仿真机)主要实现高性能计算保证仿真模型的高效运行，软件部分主要提供用户界面及模型接口，仿真软硬件平台与伺服液压系统控制器之间通过 SCRAMNet 进行实时通信，如图 1-6 所示。

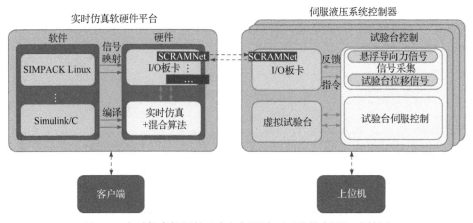

图 1-6　实时仿真软硬件平台与伺服液压系统控制器组成简图

在该系统中，仿真机主要运行模型与算法有三类，即磁浮列车模型、桥梁模型及时滞补偿与边界协调算法，磁浮列车模型主要为 SIMPACK 仿真软件所建，桥梁模型可通过 MATLAB/C 建立或通过 ANSYS 等商业有限元软件建立模型经转换后在 SIMPACK 上运行，而时滞补偿与边界协调算法使用了 MATLAB/Simulink 平台实现。为兼容 MATLAB/Simulink/SIMPACK 环境下实现的仿真模型与算法，选用仿真机平台为 Concurrent 仿真平台，如图 1-7 所示，仿真机系统架构如图 1-8 所示。

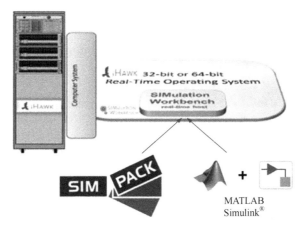

图 1-7　Concurrent 仿真机软硬件平台

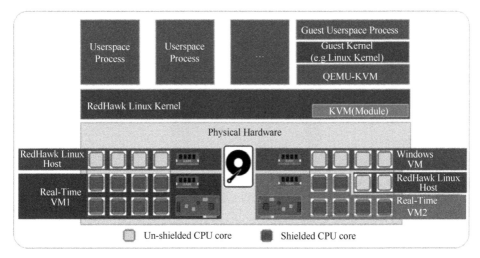

图 1-8　Concurrent 仿真机系统架构

此外，为满足混合试验系统的功能迭代需求，国巍课题组联合长沙德岭仪器科技有限公司(以下简称德岭)开发了用于轨道交通桥上行车混合试验系统的试验平台。该平台所使用的试验加载模块是由德岭研发的单自由度电动振动台系统或六自由度电动振动台系统，如图 1-9 所示。基于振动台的控制软件开发了实时混合试验模块，如图 1-10 所示，其中标号 4 即为实时混合试验模块入口。根据不同的试验需求，该模块可进行个性化开发。

(a) 单自由度电动振动台系统　　　　　　(b) 六自由度电动振动台系统

图 1-9　单自由度电动振动台系统和六自由度电动振动台系统

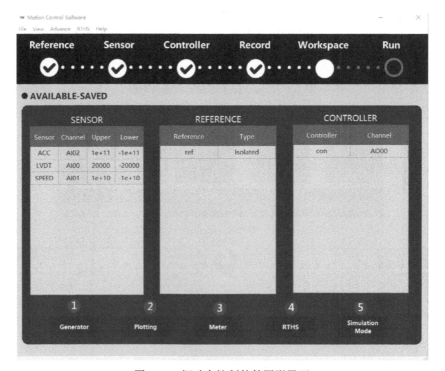

图 1-10　振动台控制软件图形界面

该混合试验平台的基本架构如图 1-11 所示，工控机(industrial personal computer, IPC)是控制软件运行的平台。数值子结构的模拟计算和控制指令的生成均在 IPC 内进行，振动台控制系统负责接收由 IPC 下达的控制指令并驱动振动台对物理子结构进行动态加载。同时，物理子结构的响应由传感器获取并传输至数采箱，响应信号在数采箱内转化为数字信号并传输给 IPC。

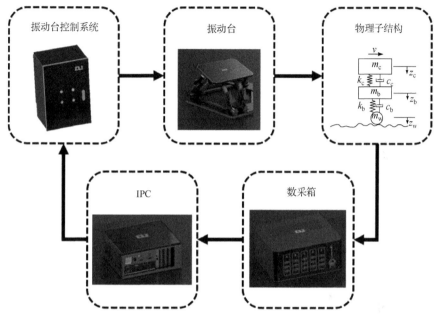

图 1-11　德岭混合试验平台基本架构

　　IPC 内运行的实时混合试验模块负责对高速轨道交通桥上行车混合试验的数值子结构(通常是桥梁结构)进行实时解算，软件预留了数值模型计算的接口。用户可根据试验需求自行编写数值桥梁的求解代码，并将代码打包嵌入控制软件，以进行混合试验。

1.4　高速轨道交通桥上行车混合试验系统

　　随着混合试验的研究方法在车-轨-桥耦合问题的研究中应用愈发广泛，混合试验的研究手段也可用于高速铁路桥上行车系统的研究。在本书的描述中，高速轨道交通系统包括高速轮轨系统和高速磁浮系统，本节分别介绍研究高速轮轨系统车桥耦合和高速磁浮系统车桥耦合的混合试验具体理论和实例。

1.4.1　高速轮轨系统

　　高速轨道交通桥上行车混合试验的基本思想是将实际情况中的车辆在桥梁上行驶转变为车辆静止而桥梁的反向运动，利用加载系统模拟车辆与桥梁之间的边界条件，如图 1-12 所示。

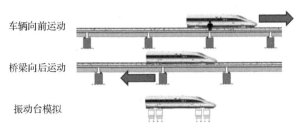

图 1-12　试验系统的基本模拟思路

高速轨道交通桥上行车混合试验具有与传统结构抗震混合试验(图 1-3)类似的试验框架，两者都可大致划分为加载平台和控制平台，如图 1-13 所示。

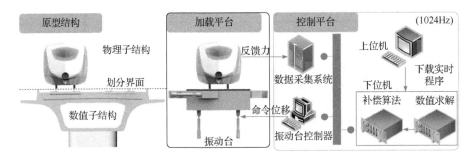

图 1-13　高速轨道交通桥上行车混合试验系统框架

在高速轮轨系统桥上行车混合试验中，每个时间步通过传感器直接或间接将测量的反馈力(通常是轮轨力)传输给数据采集系统。该反馈力作为数值子结构的输入，求解出数值子结构在该时间步的响应。响应经由边界协调算法转化为加载设备(通常是振动台)的期望位移，期望位移经时滞补偿算法处理后下发至振动台控制器，由控制器驱动振动台准确、低时滞地对物理子结构进行加载。物理子结构在加载作用下产生响应，在下一时间步继续测量物理子结构的反馈力，由此实现了混合试验系统的试验循环。

在控制平台中，主要是由于数值子结构求解算法与传统的结构抗震混合试验不同，在高速轨道交通桥上行车混合试验中，桥梁作为数值子结构通常受到的是来自列车的移动荷载，因此有时需要其他的数值求解方法，例如，用于解算移动荷载作用下桥梁结构响应的 MLCIM[18] 和基于神经网络的数值子结构求解方法等[30]，该部分将会在第 4 章进行介绍。

通常，在控制平台中需要考虑列车实际运行过程中各种激励对高速轮轨车桥耦合振动的影响，以真实地复现列车在桥上行驶时的动力学特性。在高速轮轨车桥耦合振动中，引起系统耦合振动的来源可分为系统外部激励和系统内部自激励两大类，其中外部激励指的是风荷载、地震荷载、由列车自重造成的移动荷载以及曲线桥梁上的离心力荷载；内部自激励包括轨道不平顺、蛇行运动、轮对偏心和轮缘不平顺[31]。

其中，轨道不平顺激励是最常见的，几乎在任何实际工况下都是必须考虑的激励来源。并且，以轨道不平顺作为主要激励源的高速轮轨车桥耦合分析模型是整个复杂外界环境激励下的高速轮轨车桥耦合振动理论的前提及基础[32]。轨道不平顺是指支承引导车轮的轨道接触面沿轨道延长与理论的平顺轨道面的偏差，其通常是由钢轨的初始弯曲、磨耗、损伤，轨枕间距不均、质量不一，道床的级配和强度不均、松动、脏污、板结，路基下沉不均匀、刚度变化等因素造成的。按照有无荷载作用分为动态不平顺和静态不平顺；根据不平顺在轨道断面的不同方向，可分为轨道高低不平顺、轨道方向不平顺、轨道水平不平顺和轨距不平顺。实际线路上存在的各种轨道不平顺是由不同波长、相位和幅值的不平顺波叠加而成的，是复杂的随机过程。因此，一般使用功率谱密度(power spectral density，PSD)函数作为描述轨道不平顺的统计函数。轨道不平顺功率谱图是以谱密度为纵坐标、以频率或者波长为横坐标的连续变化曲线，可用来表征不平顺的大小随频率的变化关系。我国常用的几种轨道不平顺谱，在附录 A 中给出。

地震荷载是影响高速列车桥上行车安全性的重要外部激励之一。有研究指出，当地震烈度大于Ⅶ度时，桥梁结构会因地震作用受损而影响行车安全[33]。即使地震烈度不足以使桥梁产生结构损坏，地震作用仍可能导致列车脱轨或倾覆。因此，在高速轨道交通桥上行车混合试验中通常也会将地震荷载作为激励来源之一。

此外，列车通过空旷的桥梁时通常会受到风荷载的作用，而作用于列车上的风荷载可能直接诱发列车振动、倾覆甚至脱轨[34]。当列车以一定速度在桥梁上行驶时，由于风荷载会通过列车对桥梁形成横向的移动荷载，此时即使是恒定的风荷载也会使桥梁结构产生动态响应[35]。有研究指出，当风速超过 25m/s 时，风荷载对列车行驶安全性的影响应引起重视[36]。

基于上述试验框架，此处针对两个高速轨道交通桥上行车实时混合试验系统进行讲解，其一是利用简化的四分之一车模型作为物理子结构的混合试验系统，其二是利用整车模型作为物理子结构的实时混合试验系统。

1) 四分之一车模型试验系统

Guo 等以 CRH380A 高铁列车为原型，建立了一种简化的缩尺四分之一车模型，并在单自由度液压振动台上对该模型进行了实时混合试验，基于此混合试验系统提出并验证了一种实时混合试验算法——MLCIM[18]。

试验系统的整体架构如图 1-14 所示。

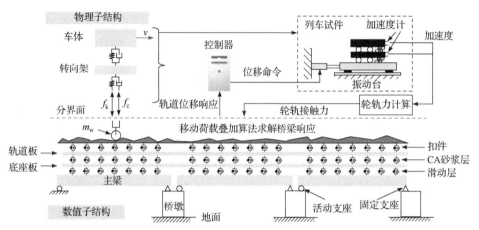

图 1-14　高速铁路实时混合试验系统整体架构示意图

f_k 为弹簧力；f_c 为阻尼力；v 为车辆速度；m_w 为轮对质量；CA 指水泥沥青(cement asphalt)

　　在该试验系统中，加载平台包含作为物理子结构简化的缩尺四分之一车模型试件、作为加载设备的单自由度振动台以及各种需要的传感器；而控制平台包含作为数值子结构的多跨简支梁桥及轨道结构、振动台系统的控制器等。

　　物理子结构是一个简化的四分之一车模型，其示意图如图 1-15 所示。其中，m_c 为车体质量，k_c 为车体刚度，c_c 为车体阻尼，m_b 为转向架质量，k_b 为转向架刚度，c_b 为转向架阻尼，m_w 为轮对质量，z_c、z_b 和 z_w 分别为车体、转向架和轮对质量块的位移。轮轨力记为 F_w。

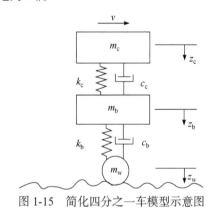

图 1-15　简化四分之一车模型示意图

该车体模型的运动方程可以表示为如下形式：

$$\begin{cases} m_c\ddot{z}_c = -k_c(z_c - z_b) - c_c(\dot{z}_c - \dot{z}_b) - m_c g \\ m_b\ddot{z}_b = -k_c(z_c - z_b) - c_c(\dot{z}_c - \dot{z}_b) - k_b(z_b - z_w) - c_b(\dot{z}_b - \dot{z}_w) - m_b g \\ m_w\ddot{z}_w = F_w - k_b(z_b - z_w) - c_b(\dot{z}_w - \dot{z}_b) - m_w g \end{cases} \quad (1\text{-}1)$$

值得注意的是，在该混合试验中，混合试验的边界划分在轮轨接触点处，但由于该试验系统并未将复杂的轮轨接触关系纳入试验考虑范围内，因此在此处假设轮轨关系为刚性接触，即轮对的竖向位移与轮轨接触点处的竖向变形一致。在此假设下，轮对的竖向位移等于静态不平顺(轨道固有不平顺)与动态不平顺(桥梁振动响应带来的不平顺)之和。根据式(1-1)，可将轮轨力表示为

$$F_{w} = m_{c}\ddot{z}_{c} + m_{b}\ddot{z}_{b} + m_{w}\ddot{z}_{w} + (m_{c} + m_{b} + m_{w})g \tag{1-2}$$

运用上述简化假设，可使数值-物理边界的复杂程度得以简化。在某些情况下，这类对边界条件的简化可以在很大程度上降低试验设备的复杂程度，也是数值-物理边界划分的一种策略。

而数值子结构是由 MLCIM 进行解算的。MLCIM 是一种基于卷积积分的数值子结构实时计算方法，考虑了列车移动荷载的时变特性，其通过对有限元模型的预处理生成一个与循环时间步长和列车速度相关的响应矩阵，在试验循环中仅需通过简单的线性代数运算即可解算出对应时刻对应位置的轮轨接触点的竖向位移，其详细内容将在第 4 章介绍。

为简化物理子结构试件的安装难度，在实际试件设计制作中，用水平振动代替简化列车模型的竖向振动。该模型用两个质量块分别模拟车体和转向架，两个质量块以及转向架质量块和振动台之间均用弹簧进行横向连接，并使用滑块和导轨使其在水平方向能够自由振动，模型试件效果如图 1-16 所示。

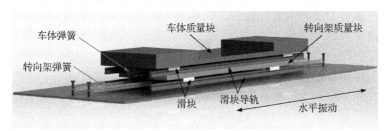

图 1-16　简化四分之一车模型物理子结构试件

根据式(1-2)，轮轨力可由质量块的惯性力和重力组合得到，根据该公式，只需要测量各个质量块上的加速度即可确定轮轨力的大小。在实际试验中，由于上述对边界条件的简化假设，轮对的加速度实际上等效于振动台台面的加速度，因此代表车体和转向架的质量块的加速度通过加速度传感器实时测量，而轮对的加速度由振动台内置的线性可变差动变压器计算测量。间接测量的轮轨力作为输出传输给数值子结构用于计算轮轨接触点处的竖向位移。在该试验系统上验证了移动荷载积分法作为桥梁数值子结构求解方法的有效性[19]，并利用此系统对简支梁高铁桥梁的主梁刚度如何影响乘车的舒适性进行了研究[18]。

2) 整车试验系统[37]

上述简化四分之一车模型作为物理子结构的混合试验系统具有结构简单、操作

方便等优势。但实际的车辆系统是多刚体多自由度的耦合系统,上述四分之一车模型在试验中无法准确体现车辆在桥上行车时的真实动力学响应。因此,国巍等也提出了一种针对高速轮轨系统的整车实时混合试验系统,其效果如图1-17所示。

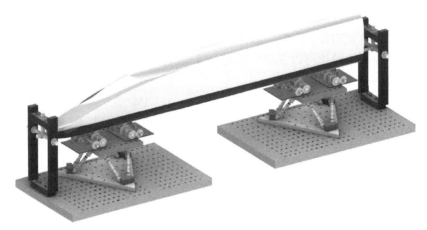

图 1-17　高速轮轨系统桥上行车实时混合试验系统效果图

该系统的组成主要包括轮轨接触模拟装置、六自由度加载装置、列车试验模型、线路数值模型求解装置、控制系统和数据采集装置。

六自由度加载装置是该系统的主要加载装置,轮轨接触模拟装置以二级台面的形式固定在振动台的一级台面上,二者共同组成试验台的核心加载部分。所述轮轨接触模拟装置是使用大扭矩高速电机带动的一组轨道轮以指定转速运动,轨道轮外缘截面轮廓与实际轨道型面相同,通过车轮和轨道轮的接触模拟列车实际行驶的轮轨接触关系。而列车试验模型作为实时混合试验中的物理子结构,放置于滚动振动装置上。此外,列车试验模型与基础之间设有车端连接模拟装置以根据试验工况约束列车试验模型。

根据试验目的可以在该系统上进行半车混合试验、整车混合试验和编组车混合试验,此处以整车混合试验为例讲解该系统的整体框架,如图1-18所示。

其中,线路数值模型求解装置负责数值模型的实时解算,在该例中数值子结构即桥梁模型,装置接收测量的轮轨接触力,并根据车辆速度确定作用位置,同时考虑各种外部激励荷载共同作用下桥梁的结构响应。而后将计算出的各轮轨接触点处的位移响应与轨道不平顺进行叠加并传输至控制系统中。

数据采集装置负责各个传感器的数据采集、传输和存储,数据采集的对象包括六自由度加载装置各个作动器的位移和出力、六自由度加载装置空间位姿和加速度、轨道轮转速、车辆模型车轮转速、轮轨接触力以及车辆模型各主要部件的位移和加速度响应。

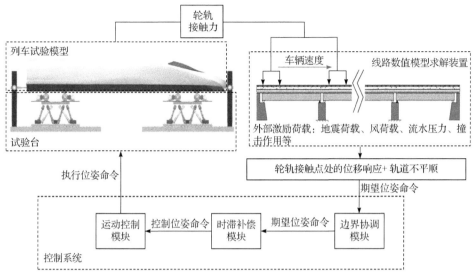

图 1-18   整车线路运行状态实时混合滚振试验流程的示意性框图

控制系统对轨道轮旋转以及六自由度加载装置激振分别进行控制，首先轮轨接触模拟设备内部控制器可以实现对各个轨道轮转速的同步控制以保证轨道轮转速的一致性，保证各个车轮转速的一致性，其次控制系统对所述六自由度加载装置空间位姿加载进行控制，包括边界协调模块、时滞补偿模块和运动控制模块。

边界协调模块的功能是根据实时混合试验子结构划分方式，将线路数值模型求解装置求解得到的连续曲线转换为离散折线段，并作为六自由度加载装置的期望位姿命令进行输出。

时滞补偿模块具有期望位姿命令输入接口和控制位姿命令输出接口，时滞补偿模块可以针对由六自由度加载装置自身动态特性引起的响应时间滞后误差及幅值追踪误差进行修正补偿；时滞补偿模块具有修正补偿算法接口，可便捷地更改修正补偿算法；时滞补偿模块是高层级的控制模块。

运动控制模块的功能是接收时滞补偿模块输出的控制位姿命令，输入至多自由度加载装置，以此复现列车试验模型的实际振动；运动控制模块是低层级的控制模块。

在试验中，通过设定接触装置的轨道轮转速以模拟不同的列车行驶速度，而轮轨接触点在高速轮轨车桥耦合系统中的竖向位移由六自由度加载装置进行模拟复现，将测量得到的轮轨接触力传入线路数值模型求解装置，解算出桥梁数值子结构的响应并叠加轨道不平顺后传入控制系统进行六自由度试验台的控制。至此完成整个混合试验循环。

1.4.2　高速磁浮系统

此外,国巍等也开发了一种用于高速磁浮列车桥上行车模拟的混合试验系统,其可以根据高速铁路磁浮列车的实际工程应用需求开展各种类型的磁浮列车混合试验,如整车振动试验、整车及编组混合试验、单悬浮架混合试验、单悬浮架振动试验等。

根据具体试验需求,该混合试验系统将单悬浮架或磁浮列车整车作为物理子结构在实验室中通过伺服液压试验平台进行动态加载,轨道梁以及除试验对象外的车厢作为数值子结构利用计算机系统进行数值解算,物理子结构和数值子结构之间通过相关硬件实时传输通信,准确有效地再现磁浮车-轨-桥的耦合作用。

整套试验台由三大子系统构成,即伺服液压机械系统(大型振动台阵系统)、高性能计算与仿真系统、混合试验配套系统。该混合试验系统的整体试验系统方案技术路线如图 1-19 所示。

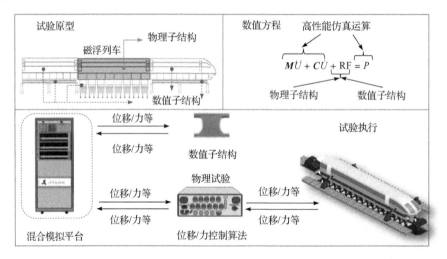

图 1-19　磁浮整车混合试验系统总体方案

M 为质量矩阵;C 为阻尼矩阵;P 为外力;RF 为抗力;$\dot{U}$ 为结构响应的一阶导数(速度);$\ddot{U}$ 为结构响应的二阶导数(加速度)

图 1-19 中,试验系统方案和技术路线主要分为三个部分,即试验原型、数值方程、试验执行。其中,试验原型包括作为物理子结构的磁浮列车和作为数值子结构的轨道以及上述磁浮列车相邻的车体;数值方程作为试验系统的理论基础指导试验系统的设计与运行;试验执行部分介绍了试验系统的试验原理,即混合模拟平台与伺服液压控制系统通过位移/力进行交互,数值子结构接收边界力信号,经计算处理后返回给伺服液压控制系统位移指令,伺服液压控制系统根据该指令进行动态加载并且作用力信号更新后传输给混合试验平台,以此往复循环,实现

闭环动作。

该试验系统的具体组成如图 1-20 所示，其主要包含三大系统，即振动台阵机械系统、高性能计算与仿真系统、试验配套系统。

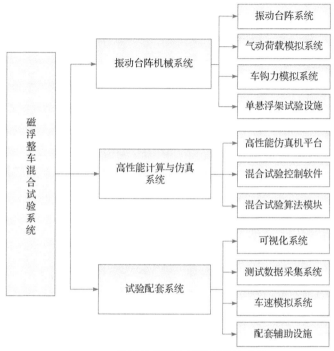

图 1-20　磁浮整车混合试验系统构成图

(1) 振动台阵机械系统为试验平台的主体执行部分，属于混合试验系统框架中的加载平台。其包含了振动台阵系统、气动荷载模拟系统、车钩力模拟系统及单悬浮架试验设施。对于不同类型的磁浮列车试验，混合试验会采用不同的物理子结构，所述振动台阵机械系统则可以针对不同类型的物理子结构进行加载，并复现数值子结构解算出的桥梁响应。

(2) 高性能计算与仿真系统是混合试验系统中数值模型与混合试验算法运行的载体，属于混合试验系统框架中的控制平台。其主要用于保障各种数值子结构求解以及混合试验算法的高速实时运行，此外，此系统还负责提供人机交互界面，方便用户实现混合试验的控制等功能。

(3) 试验配套系统主要是为了试验顺利高效精确地开展，提供配套的辅助设备设施，包括可视化系统、测试数据采集系统、车速模拟系统和配套辅助设施。

该混合试验系统针对不同的混合试验类型会有不同的数值-物理子结构划分方案，在此介绍该系统三种混合试验(整车振动试验、编组车试验和单悬浮架混合试验)中的数值-物理子结构划分方法。

1) 基本的数值-物理子结构划分(整车振动试验)

在整车振动试验中，仅考虑了由单节磁浮车厢与桥梁组成的高速磁浮车桥耦合系统，因此基本的数值-物理子结构划分主要是在列车与桥梁之间。在整车振动

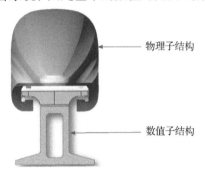

试验中，桥梁主体及功能部分作为数值子结构部分，而磁浮列车作为物理子结构部分，其划分示意图如图 1-21 所示。磁浮部分局部划分以桥梁安装长定子安装面为悬浮方向划分面，以桥梁安装导向板的安装面为导向方向划分面，桥梁部分为数值子结构，而其他部分为物理子结构。实测的悬浮导向力传入数值子结构，数值子结构在悬浮导向力的作用下产生动态响应，响应转换为振动台阵系统的自由度位移指令进行动态加载。

图 1-21　数值-物理子结构划分示意图

2) 编组车的数值-物理子结构划分(编组车试验)

在编组车试验中，考虑了除了物理子结构的编组车通过车钩传递给物理子结构的车钩力。除一节试验车外，其他各节磁浮车及桥梁线路均为数值子结构。关于试验车与数值车的划分，在编组车之间划分，电磁铁一分为二，划分之后的电磁铁需要在数值模型中建立半块电磁铁并附加约束，以考虑电磁铁内力影响。试验车的电磁铁通过支架进行约束。编组车之间的侧向和垂向车钩力通过作动器进行加载和反馈，纵向车钩力不进行模拟，仅通过约束防护，具体的数值-物理子结构划分如图 1-22 所示。

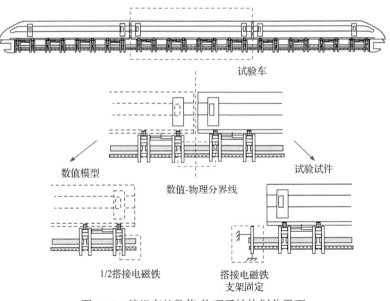

图 1-22　编组车的数值-物理子结构划分界面

3) 悬浮架混合试验数值-物理子结构划分(单悬浮架混合试验)

在单悬浮架混合试验中，除了前面所述的基本数值-物理子结构划分(轨道与电磁铁)，还包括以下两部分：①悬浮架与车体、轨道截面方向划分；②悬浮架电磁铁划分。

由于试验过程中仅有单个悬浮架被作为试件,悬浮架上方无法安装整节车厢,需要使用模拟车体替换掉真实磁浮车中的车体部分，模拟车体质量按真实列车中车体分配至单悬浮架质量进行等效，模拟车体的动作过程受数值子结构控制并通过伺服液压作动器进行加载,如图 1-23 所示。悬浮架电磁铁划分属于试验设备细节部分，此处不再赘述。

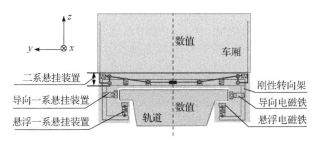

图 1-23　悬浮架混合试验轨道、悬浮架、车体边界划分

由此可见，即使对于同一个混合试验系统而言，由于试验对象和试验目的的不同，也可以在系统的不同部分进行物理子结构和数值子结构的划分。

1.5　本章小结

本章主要介绍了混合试验的概念及发展,并介绍了混合试验技术的基本内容,包括试验系统的框架及子结构的划分。随后，介绍了混合试验中的几种试验平台。最后，介绍了混合试验技术在高速轨道交通桥上行车研究领域中的应用。

混合试验的关键是能够使两个子结构在其分界面(数值-物理边界)上准确且及时地传输信息以及进行力和位移的控制，该问题即为边界协调问题。边界协调算法保证了两个子结构在理论边界上的相互协调，但在混合试验中，其相互作用是依赖于加载设备的精确且低时滞的加载，因此需要相应的实时控制技术以保证作动器的加载效果。此外，对于加载设备的控制器设计，往往也需要事先对加载设备进行精确辨识以获取其设备特性或建立相应模型。对于数值子结构，在高速铁路桥上行车混合试验中，其子结构不同于传统的动力试验，因此所使用的数值积分法往往是不同于传统的建筑结构混合试验的，所以在高速铁路混合试验中需要相应的混合试验实时计算技术。在进行混合试验前，也需验证整个试验系统的稳定性和准确性，以保证试验安全有效地进行。此外，高速轨道交通车-轨-桥混合试验中，除了实时混合试验的方法，也可以使用离线混合试验的方法，因此还需要离线迭代技术作为离线混合试验的理论基础。

上述各部分内容将在后面进行介绍，其中第 2 章介绍系统模型辨识技术；第 3 章介绍车-轨-桥耦合混合试验边界协调算法；第 4 章介绍混合试验实时计算技术；第 5 章介绍混合试验实时控制技术；第 6 章介绍稳定性分析与准确性评估；第 7 章介绍混合试验离线迭代技术；第 8 章和第 9 章分别介绍混合试验系统在高速轮轨系统和高速磁浮系统中的试验测试应用。

参 考 文 献

[1] 李国豪. 桥梁结构稳定与振动[M]. 北京：中国铁道出版社，1992.

[2] 松浦章夫，周德珪. 高速铁路上桥梁动力性能的研究[J]. 世界桥梁，1980, (2): 45-62.

[3] Bhatti M H. Vertical and lateral dynamic response of railway bridges due to nonlinear vehicles and track irregularities[D]. Chicago: Illinois Institute of Technology, 1982.

[4] Wang T L. Impact in a railway truss bridge[J]. Computers & Structures, 1993, 49(6): 1045-1054.

[5] Fryba L. Vibration of solids and structures under moving loads[J]. Structural Health Monitoring, 2008, 43(3): 39-99.

[6] Antolín P, Zhang N, Goicolea J M, et al. Consideration of nonlinear wheel-rail contact forces for dynamic vehicle-bridge interaction in high-speed railways[J]. Journal of Sound and Vibration, 2013, 332(5): 1231-1251.

[7] Hakuno M, Shidawara M, Hara T. Dynamic destructive test of a cantilever beam, controlled by an analog-computer[J]. Proceedings of the Japan Society of Civil Engineers, 1969, 1969(171): 1-9.

[8] 吴斌，王贞，许国山，等. 工程结构混合试验技术研究与应用进展[J]. 工程力学，2022, 39(1): 1-20.

[9] Nakashima M. Hybrid simulation: An early history[J]. Earthquake Engineering & Structural Dynamics, 2020, 49(10): 949-962.

[10] Nakashima M, Kato H, Takaoka E. Development of real-time pseudo dynamic testing[J]. Earthquake Engineering & Structural Dynamics, 1992, 21(1): 79-92.

[11] 王涛，潘鹏. 子结构混合试验方法研究与应用[J]. 工程力学，2018, 35(2): 1-12.

[12] 田英鹏，周惠蒙，王涛. 风电风震耦合效应实时混合试验研究[C]//第 28 全国结构工程学术会议，南昌，2019: 391-398.

[13] 王贞，孟影，吴斌，等. 基于 SIMPACK-Simulink 的高速列车抗蛇行减振器混合试验仿真分析[J]. 武汉理工大学学报，2022, 44(10): 72-79.

[14] 张博. 高速铁路列车-轨道-桥梁耦合振动系统实时混合试验研究[D]. 哈尔滨：中国地震局工程力学研究所，2022.

[15] 杨宝庆，马杰，姚郁. 飞行器半实物仿真装备研究进展与展望[J]. 宇航学报，2020, 41(6): 657-665.

[16] 丁勇，常英，张志强. 车桥耦合系统实时混合试验方法研究[C]//第二十届全国现代结构工程学术研讨会，石家庄，2020: 399-405.

[17] 刘志鹏. 车桥振动系统的实时混合试验方法及混合模拟研究[D]. 哈尔滨: 哈尔滨工业大学, 2020.

[18] Guo W, Zeng C, Gou H Y, et al. Real-time hybrid simulation of high-speed train-track-bridge interactions using the moving load convolution integral method[J]. Engineering Structures, 2021, 228: 111537.

[19] 古泉, 张德宇, 国巍, 等. 高速铁路车-轨-桥耦合系统实时混合试验的高效计算方法[J]. 华南理工大学学报(自然科学版), 2021, 49(3): 123-130.

[20] Guo W, Wang Y, Zeng C, et al. Moving safety evaluation of high-speed train on post-earthquake bridge utilizing real-time hybrid simulation[J]. Journal of Earthquake Engineering, 2023, 27(2): 284-313.

[21] Shao X Y, Griffith C. An overview of hybrid simulation implementations in NEES projects[J]. Engineering Structures, 2013, 56: 1439-1451.

[22] 李海洋, 王向英, 田石柱. 地震模拟振动台子结构混合试验方法[J]. 建筑科学与工程学报, 2009, 26(2): 75-80.

[23] Mahin S A, Shing P S B. Pseudodynamic method for seismic testing[J]. Journal of Structural Engineering, 1985, 111(7): 1482-1503.

[24] 朱钊利, 郭玉荣. 水平及竖向地震作用下多高层 RC 框架混合试验[J]. 哈尔滨工业大学学报, 2023, 55(9): 34-44.

[25] Takahashi Y, Fenves G L. Software framework for distributed experimental-computational simulation of structural systems[J]. Earthquake Engineering & Structural Dynamics, 2006, 35(3): 267-291.

[26] Kwon O S, Elnashai A S, Spencer B F. A framework for distributed analytical and hybrid simulations[J]. Structural Engineering and Mechanics, 2008, 30(3): 331-350.

[27] 肖岩, 胡庆, 郭玉荣, 等. 结构拟动力远程协同试验网络平台的开发研究[J]. 建筑结构学报, 2005, 26(3): 122-129.

[28] Pan P, Tomofuji H, Wang T, et al. Development of peer-to-peer (P2P) internet online hybrid test system[J]. Earthquake Engineering & Structural Dynamics, 2006, 35(7): 867-890.

[29] 杨格, 王贞, 吴斌, 等. 建筑结构混合试验平台 HyTest 开发研究[J]. 建筑结构学报, 2015, 36(11): 149-156.

[30] 胡静怡. 基于 LSTM 的悬索桥上行车竖向半主动悬挂混合试验研究[D]. 长沙: 中南大学, 2022.

[31] 夏禾. 车辆与结构动力相互作用[M]. 北京: 科学出版社, 2002.

[32] 李小珍, 辛莉峰, 王铭, 等. 车-桥耦合振动 2019 年度研究进展[J]. 土木与环境工程学报(中英文), 2020, 42(5): 126-138.

[33] O'Reilly G J. Seismic intensity measures for risk assessment of bridges[J]. Bulletin of Earthquake Engineering, 2021, 19(9): 3671-3699.

[34] Cooper R K. The effect of cross-winds on trains[J]. Journal of Fluids Engineering, 1981, 103(1): 170-178.

[35] Xia H, Zhang N, Guo W W. Analysis of resonance mechanism and conditions of train-bridge system[J]. Journal of Sound and Vibration, 2006, 297(3-5): 810-822.

[36] Xia H, Guo W W, Zhang N, et al. Dynamic analysis of a train-bridge system under wind action[J]. Computers & Structures, 2008, 86(19-20): 1845-1855.

[37] 国巍, 曾晨, 邵平, 等. 轨道车辆线路运行状态实时混合滚振试验台及试验方法: 中国, ZL202410492189.4[P]. [2024-07-09].

第 2 章 系统模型辨识技术

2.1 引 言

第 1 章介绍了混合试验的基本架构，以及数值子结构和物理子结构的划分。在混合试验中，数值子结构计算的力、位移等响应能否准确地通过加载设备施加于物理子结构上是混合试验能否准确有效进行的关键。因此，在混合试验中，一方面要求加载设备本身具有优秀的基本性能，即加载能力、精度等；另一方面也可通过对控制算法进行改进使物理子结构的加载系统满足混合试验的要求。传统的控制算法，如比例-积分-微分(proportional-integral-differential，PID)控制算法是一种简单高效的控制算法，其适用于大多数线性模型和部分简单的非线性模型。而对于较为复杂的非线性系统或存在耦合问题的某些系统，PID 控制算法等传统控制算法的效果往往难以满足试验要求。在高速轨道交通车-轨-桥混合试验中，常用的加载设备是单自由度或多自由度振动台，该类型的设备具有较为明显的非线性特征，因此需要更为有效的控制算法，如模型预测控制(model predictive control，MPC)算法、自适应控制(adaptive control，AC)算法等，这些优选控制算法往往依赖于系统的数学模型来进行控制，因此针对所使用的振动台或者其他加载系统进行模型辨识用以加载设备控制器的设计是十分必要的。

多年以来，国内外学者针对振动台等加载设备的辨识技术也有所研究。周蔚吾等在 1983 年编制了一种控制系统辨识程序模块，并用该模块对一个典型的带弹性负载的电液伺服位置控制系统进行了多种方法的辨识，经过分析和比较，证明系统辨识对液压控制系统模型的建立是一种十分理想和可靠的方法[1]。Kuehn 等在 1999 年为改善缩尺地震模拟振动台的跟踪特性，开发了一种基于个人计算机的高精度控制系统[2]。在建立该系统的过程中，Kuehn 等基于线性振动台进行模型的参数辨识，并利用所辨识的模型参数作为控制器设计的根据[2]。洪峰在 2002 年提出了一种确定振动台系统频率特性的新方法以克服传统方法(随机试验分析方法)的缺陷，即幅频特性曲线不平滑、只能得到频率特性曲线的离散值、数据较短时误差较大。该方法的基本思想是，先基于输入和输出信号建立系统的数学模型，然后根据系统的数学模型确定其频率特性[3]。陈建秋等在 2010 年提出了一种基于微分进化算法辨识振动台的频率响应函数的方法，基于该方法提出了估计器 H_m，相比传统的 H_1 和 H_2 估计器，H_m 更接近系统的真实频率响应函数 H，从而减少了振动台的系统迭代控制的次数，减少了对负载特性的影响[4]。纪金豹等在2014年提出了一种基于频域辨识的振动台控制参数的整定方法，其采用简谐信号作为辨识输入以激励振动台系统，由实际输入输出信号通过最小二乘频域拟合辨识得到系统的传递函数，进一步通过理论计算得到振动台的三参量理论控制参数并进行微调，研究表明其所提出的算法可以得到较理想的控制参数[5]。此外，近年来也有学者提出用神经网络进行模型的参数辨识，例如，韩桂华等在2016年提出了一种利用改进的反向传播(back propagation，BP)神经网络对电液位置伺服系统进行辨识，研究表明只利用该神经网络辨识模型的基本结构可以达到较高的辨识精度[6]。

各学者针对不同的振动台系统采取了不同的模型类型和辨识方法。本章将介绍对高速轨道交通车-轨-桥混合试验中所使用的加载设备(单自由度或六自由度振动台)进行模型辨识的相关方法。

2.2　系统模型辨识理论

系统辨识是一种利用试验数据进行数学建模的理论和方法，它和状态估计、控制理论构成现代控制论的三个互相渗透的领域[7]。为便于读者理解系统模型辨识在高速轨道交通车-轨-桥混合试验中的应用，本节将介绍系统模型辨识的基本理论知识，包括基本概念、数学方程描述和模型辨识方法。

2.2.1　基本概念

辨识一词的含义及任务描述如下：辨识就是通过试验确定过程或者系统的时域特性模型。利用可测信号在一类数学模型中确定过程或系统的时域特性模型，使真实的过程或系统与数学模型之间的误差(或称偏差)尽可能小[8-10]。不同的学者虽然对辨识的定义有不同表述，但都离不开辨识的三要素，即试验数据、系统模型结构和参数估计方法或等价准则[11]。

其中，试验数据是辨识的基础，为了更好地获取对控制算法优化有帮助的系统特性，往往需要对辨识试验进行系统设计。

系统模型结构是辨识的框架，通常需要选取合适的数学模型以描述系统特性。模型辨识的目的就是确认系统模型结构以及结构中的相关参数。

参数估计方法即为系统辨识所采用的方法，根据其工作原理一般分为三类，即最小二乘法、梯度修正法、极大似然法。其中，最小二乘法是利用最小二乘原理，通过最小化广义误差的平方和函数来确定系统模型的参数；梯度修正法是利用最速下降原理，沿着误差准则函数关于模型参数的负梯度放行，逐步修改模型的参数估计，直至误差准则函数达到最小值；而极大似然法是根据极大似然原理，通过极大化似然函数来确定模型的参数。

　　辨识是通过试验确定模型的一种方法，通过该方法确定模型的过程称为试验建模。通过纯理论分析获得模型的过程称为理论建模，该方法主要通过微分积分运算得到，理论模型一般由平衡方程、结构方程、唯象方程、联立方程合并起来构成，其关系见图 2-1[8]。

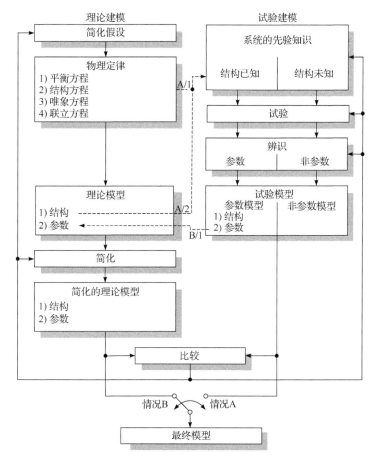

图 2-1　系统分析的基本流程

　　从图 2-1 中可以看出两种模型是互为补充的，理论模型包含系统物理性质与参数之间的功能依赖性，而试验模型只包含了数字作为参数，它们相对于过程特性的函数关系是未知的。完全用理论建立的模型也称为白箱模型，而仅通过试验建立的模型也称为黑箱模型，实际情况中往往很少单纯地通过理论或者是试验获得模型，而是将两种方法结合起来获得灰箱模型，见图 2-2[8]。

　　因此，在对加载设备的系统辨识中，通常采用灰箱建模的方法，所以在进行系统模型辨识之前，会基于加载设备的基本结构和物理原理进行建模，导出其状态空间方程或传递函数。此时状态空间方程中会存在参数无法被精确确定，又或者是其中某些参数是时变的现象，因此需要通过试验建模(即系统辨识的手段)进行确定。

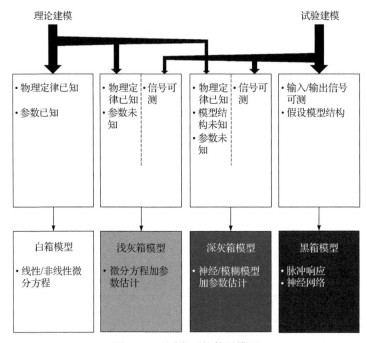

图 2-2　不同类型的数学模型

2.2.2　数学方程描述

对加载设备进行模型辨识前，需要建立系统相应的数学模型。数学模型是定量描述系统内部物理量(或变量)之间关系的数学表达式[12]。本节介绍几种模型辨识中常用来描述系统的数学方程。

1. 微分方程

微分方程是通过理论建模得到的基本描述形式，对于集中参数系统，最终建立的数学模型是常微分方程。时间连续方程在线性情况下可表示为如下形式的常微分方程：

$$a_n y^{(n)}(t) + a_{n-1} y^{(n-1)}(t) + \cdots + a_1 \dot{y}(t) + a_0 y(t)$$
$$= b_m u^{(m)}(t) + b_{m-1} u^{(m-1)}(t) + \cdots + b_1 \dot{u}(t) + b_0 u(t) \tag{2-1}$$

式中，a_i 和 b_i 为模型参数，由过程系数 c_i 确定。过程系数指的是建立参数模型时利用各种模型机理所列出的方程组中物理意义明确的参数。这些方程组通常描述系统的基本模型结构，具有这种基本模型结构的模型称为白箱模型[13]。

2. 传递函数

对于时间连续系统，频率响应相当于频域中的脉冲响应。如果过程由谐波振荡信号激励，且一直等到稳态响应完全形成，那么频率响应定义为输出矢量和输入矢量的比值[8]，即

$$G(\mathrm{i}\omega) = \frac{\boldsymbol{y}(\omega t)}{\boldsymbol{u}(\omega t)} = \frac{y_0(\omega)\mathrm{e}^{\mathrm{i}(\omega t + \varphi(\omega))}}{u_0(\omega)\mathrm{e}^{\mathrm{i}\omega t}} = \frac{y_0(\omega)}{u_0(\omega)}\mathrm{e}^{\mathrm{i}\varphi(\omega)} \tag{2-2}$$

对于非周期信号激励的响应，则需要利用傅里叶变换。傅里叶变换可以将时域函数 $x(t)$ 映射为频域函数 $x(\mathrm{i}\omega)$，式(2-3)和式(2-4)表示的是傅里叶变换及其对应的变换。

$$\mathcal{F}\{x(t)\} = x(\mathrm{i}\omega) = \int_{-\infty}^{\infty} x(t)\mathrm{e}^{-\mathrm{i}\omega t}\mathrm{d}t \tag{2-3}$$

$$\mathcal{F}^{-1}x(\mathrm{i}\omega) = x(t) = \frac{1}{2\pi}\int_{-\infty}^{\infty} x(\mathrm{i}\omega)\mathrm{e}^{\mathrm{i}\omega t}\mathrm{d}\omega \tag{2-4}$$

如果 $x(t)$ 具有如下性质：

$$\int_{-\infty}^{\infty} |x(t)|\mathrm{d}t < \infty \tag{2-5}$$

即 $x(t)$ 逐段落连续，且绝对可积分，则傅里叶变换存在，且为有界连续函数。利用上述傅里叶变换方法则可定义非周期信号激励的频率响应为

$$G(\mathrm{i}\omega) = \frac{\mathcal{F}\{y(t)\}}{\mathcal{F}\{u(t)\}} = \frac{y(\mathrm{i}\omega)}{u(\mathrm{i}\omega)} \tag{2-6}$$

时域中输入和输出之间的卷积关系可以转变为频域中的简单乘法关系[8]，即

$$y(\mathrm{i}\omega) = G(\mathrm{i}\omega)u(\mathrm{i}\omega) \tag{2-7}$$

由于 Dirac δ 脉冲的傅里叶变换为

$$\mathcal{F}\{\delta(t)\} = 1\mathrm{s} \tag{2-8}$$

因此，由式(2-6)可得

$$G(\mathrm{i}\omega) = \frac{\mathcal{F}\{g(t)\}}{\mathcal{F}\{\delta(t)\}} = \int_{0}^{\infty} g(t)\mathrm{e}^{-\mathrm{i}\omega t}\mathrm{d}t\frac{1}{1\mathrm{s}} \tag{2-9}$$

式(2-9)表明频率响应是脉冲响应的傅里叶变换。由于某些经常遇到的输入信号，如阶跃函数或斜坡函数，它们的傅里叶变换不存在，因此更为关注的是如何利用这些非周期信号来获取传递函数。为此，引入拉普拉斯变换，即

$$\mathcal{L}\{x(t)\} = x(s) = \int_{0}^{\infty} x(t)\mathrm{e}^{-st}\mathrm{d}t \tag{2-10}$$

同时，假设 $t < 0$，$x(t) = 0$。式(2-10)中，拉普拉斯变量为 $s = \delta + \mathrm{i}\omega$，且 $\delta > 0$。相应地，定义拉普拉斯变换为

$$\mathcal{L}^{-1}\{x(s)\} = x(t) = \frac{1}{2\pi i} \int_{\delta-i\infty}^{\delta+i\infty} x(s) e^{st} ds \tag{2-11}$$

由此，传递函数可以表述为输出拉普拉斯变换与输入拉普拉斯变换之比，即

$$G(s) = \frac{\mathcal{L}\{y(t)\}}{\mathcal{L}\{u(t)\}} = \frac{y(s)}{u(s)} = \frac{b_m s^m + b_{m-1} s^{m-1} + \cdots + b_1 s + b_0}{a_n s^n + a_{n-1} s^{n-1} + \cdots + a_1 s + a_0}, \quad n \geqslant m \tag{2-12}$$

类似于式(2-9)，有

$$G(s) = \frac{\mathcal{L}\{g(t)\}}{\mathcal{L}\{\delta(t)\}} = \int_0^{\infty} g(t) e^{-st} dt \frac{1}{1s} \tag{2-13}$$

当 $\delta \to 0$ 时，有 $s \to i\omega$，传递函数演变为频率响应，即

$$\lim_{s \to i\omega} G(s) = G(i\omega) \tag{2-14}$$

对于离散时间系统，则使用 z 变换确定传递函数，其形式如下：

$$G(z^{-1}) = \frac{y(z)}{u(z)} = \frac{b_0 + b_1 z^{-1} + \cdots + b_m z^{-m}}{1 + a_1 z^{-1} + \cdots + a_n z^{-n}} = \frac{B(z^{-1})}{A(z^{-1})} \tag{2-15}$$

在许多情况下，分子多项式和分母多项式的阶次是相同的。如果包含迟延 $T_D = dT_0 (d = 1, 2, \cdots$；$T_0$ 为系统的采样时间间隔)，则相应的 z 传递函数为

$$G(z^{-1}) = \frac{B(z^{-1})}{A(z^{-1})} z^{-d} \tag{2-16}$$

3. 差分方程

如果将式(2-15)重新写成如下形式[8]：

$$y(z)(1 + a_1 z^{-1} + \cdots + a_n z^{-n}) = u(z)(b_0 + b_1 z^{-1} + \cdots + b_m z^{-m}) \tag{2-17}$$

在时域中，式(2-17)又可写成

$$y(k) + a_1 y(k-1) + \cdots + a_n y(k-n) = b_0 u(k) + b_1 u(k-1) + \cdots + b_m u(k-m) \tag{2-18}$$

其中，用符号 (k) 替代 (kT_0)。且该差分方程的系数不同于式(2-17)微分方程中的系数。如果选择 δ 脉冲作为输入，即以离散时间表示为

$$u(k) = \begin{cases} 0, & k \neq 0 \\ 1, & k = 0 \end{cases} \tag{2-19}$$

那么根据差分方程，可以导出系统的脉冲响应。将 $y(k) = g(k)$ 代入式(2-18)，有

$$\begin{cases} g(0) = b_0 \\ g(1) = b_1 - a_1 g(0) \\ g(2) = b_2 - a_1 g(1) - a_2 g(0) \\ \quad \vdots \\ g(k) = b_k - a_1 g(k-1) - \cdots - a_k g(0), \quad k \leqslant m \\ g(k) = -a_1 g(k-1) - \cdots - a_n g(k-n), \quad k > m \end{cases} \tag{2-20}$$

4. 状态空间方程

对于连续时间系统，单输入单输出(single input single output，SISO)系统的状态空间模型可描述为[8]

$$\begin{cases} \dot{\boldsymbol{x}}(t) = \boldsymbol{A}\boldsymbol{x}(t) + \boldsymbol{b}u(t) \\ y(t) = \boldsymbol{c}^{\mathrm{T}}\boldsymbol{x}(t) + \boldsymbol{d}u(t) \end{cases} \tag{2-21}$$

前者称为状态方程，后者称为输出方程。式中，$\boldsymbol{x}(t)$ 为状态向量；$\boldsymbol{A}$ 为状态矩阵；$\boldsymbol{b}$ 为输入向量；$\boldsymbol{c}^{\mathrm{T}}$ 为输出向量；$\boldsymbol{d}$ 为直接馈通量；$u(t)$ 为输入信号，通常表示系统的外部控制或驱动信号。

离散时间信号的状态空间描述为

$$\begin{cases} \boldsymbol{x}(k+1) = \boldsymbol{A}_{\mathrm{d}}\boldsymbol{x}(k) + \boldsymbol{b}_{\mathrm{d}}u(k) \\ y(k) = \boldsymbol{c}_{\mathrm{d}}^{\mathrm{T}}\boldsymbol{x}(k) + \boldsymbol{d}_{\mathrm{d}}u(k) \end{cases} \tag{2-22}$$

式中，

$$\boldsymbol{A}_{\mathrm{d}} = \boldsymbol{\Phi}(T_0) = \mathrm{e}^{AT_0}$$

$$\boldsymbol{b}_{\mathrm{d}} = \boldsymbol{H}(T_0) = \int_0^{T_0} \mathrm{e}^{A(T_0-\tau)\boldsymbol{b}}\mathrm{d}\tau$$

$$\boldsymbol{c}_{\mathrm{d}}^{\mathrm{T}} = \boldsymbol{c}^{\mathrm{T}}$$

$$\boldsymbol{d}_{\mathrm{d}} = \boldsymbol{d}$$

在任意输入信号作用下，多输入多输出(multiple input multiple output，MIMO)系统的状态空间系统响应为

$$\begin{cases} \boldsymbol{x}(k) = \boldsymbol{A}_{\mathrm{d}}^k\boldsymbol{x}(0) = \sum_{\nu=0}^{k-1}\boldsymbol{A}_{\mathrm{d}}^{k-\nu-1}\boldsymbol{B}_{\mathrm{d}}u(\nu) \\ y(k) = \boldsymbol{C}_{\mathrm{d}}\boldsymbol{x}(k) + \boldsymbol{D}_{\mathrm{d}}u(k) \end{cases} \tag{2-23}$$

2.2.3　模型辨识方法

前面提到，根据模型是否能被有限数量参数描述，可以分为参数模型和非参数模型。对于非参数模型，一般可以采用傅里叶分析、频率响应测量和相关分析等方法进行辨识，对于某些不需要获得模型结构先验假设的情况，会更倾向于采用非参数模型进行系统模型辨识[8]。由于在高速铁路混合试验中对加载设备进行系统模型辨识的目的是对控制器的设计进行帮助，因此通常采用参数模型。对于参数模型，一般采用的模型辨识方法有特征值的确定、参数估计、迭代优化、子空间法和神经网络法等[8]。

其中，参数估计是基于差分方程或者微分方程的辨识方法。参数估计的基本

任务可以表述为如下过程：

给定一个真实的系统，其参数为

$$\boldsymbol{\theta}_0^{\mathrm{T}} = (\theta_{10}, \theta_{20}, \cdots, \theta_{m0}) \tag{2-24}$$

以零输入系统为例，假设该过程服从具有参数 $\boldsymbol{\theta}_0$ 的物理定律，输出表示为

$$y_{\mathrm{u}}(k) = f(\boldsymbol{\theta}_0) \tag{2-25}$$

但是，输出的真实值 $y_{\mathrm{u}}(k)$ 无法直接得到，只能通过测量获得含有附加干扰 $n(k)$ 后的量测数据 $y_{\mathrm{P}}(k)$。

此外，所建立的模型表示为

$$y_{\mathrm{M}} = f(\boldsymbol{\theta}) \tag{2-26}$$

其中，

$$\boldsymbol{\theta}^{\mathrm{T}} = (\theta_1, \theta_2, \cdots, \theta_m) \tag{2-27}$$

这是未知的模型参数。现在的任务是寻找模型参数 $\boldsymbol{\theta}$，使得模型最优地拟合 N 个观测值 $y_{\mathrm{P}}(k)$，最优拟合的定义如下。

引入观测误差，即

$$e(k) = y_{\mathrm{P}}(k) - y_{\mathrm{M}}(k) \tag{2-28}$$

再求误差平方和的极小值，即

$$V = e^2(1) + e^2(2) + \cdots + e^2(N) = \sum_{k=1}^{N} \big(e(k)\big)^2 \tag{2-29}$$

简而言之，参数估计的基本思路是优化参数以获得代价函数的最小化，其中最小二乘法是一种常用的数学优化方法，因此在本节将着重介绍。此外，基于子空间模型辨识法作为一种不依赖模型参数化的辨识方法也将在本节进行介绍。神经网络能够很好地捕捉系统的非线性关系，以及其具有的良好泛化能力的特性使其在模型辨识领域逐渐展露拳脚，但对于多数神经网络，网络参数很难给出其物理解释，使得使用神经网络所辨识的结果缺乏物理意义。而嵌入物理信息的长短期记忆(physical long short-term memory，PhyLSTM)神经网络能在一定程度上解决神经网络辨识物理信息不明晰的问题，因此也将在本节进行介绍。

1. 最小二乘法

最小二乘法是模型辨识中常用的估计方法，该方法能基于若干含有噪声的测量数据来确定模型参数。本节将分别介绍针对 SISO 系统和 MIMO 系统的最小二乘法的基本原理[14]。

1) SISO 系统

将所辨识的系统视为一个单输入单输出的灰箱系统，因其不强调系统的输入、

输出特性，所以不强调系统的内部结构，采用如下传递函数来描述该系统：

$$G(z) = \frac{y(z)}{u(z)} = \frac{b_1 z^{-1} + b_2 z^{-2} + \cdots + b_n z^{-n}}{1 + a_1 z^{-1} + a_2 z^{-2} + \cdots + a_n z^{-n}} \tag{2-30}$$

该系统相应的差分方程可表述为

$$y(k) = -\sum_{i=1}^{n} a_i y(k-i) + \sum_{i=1}^{n} b_i u(k-i) \tag{2-31}$$

考虑系统或者观测信息中的噪声，式(2-31)可写成

$$z(k) = -\sum_{i=1}^{n} a_i y(k-i) + \sum_{i=1}^{n} b_i u(k-i) + v(k) \tag{2-32}$$

式中，$v(k)$ 为均值为 0 的随机噪声；$z(k)$、$y(k)$ 和 $u(k)$ 分别为第 k 次的观测值、系统真值和系统输入值，式(2-32)还可写为如下形式：

$$z(k) = \boldsymbol{h}(k)\boldsymbol{\theta} + v(k) \tag{2-33}$$

式中，$\boldsymbol{h}(k)$ 和 $\boldsymbol{\theta}$ 分别被定义为如下形式：

$$\boldsymbol{h}(k) = [-y(k-1), -y(k-2), \cdots, -y(k-n), u(k-1), u(k-2), \cdots, u(k-n)]$$

$$\boldsymbol{\theta} = [a_1 \ a_2 \ \cdots \ a_n \ b_1 \ b_2 \ \cdots \ b_n]^{\mathrm{T}}$$

其中，$\boldsymbol{\theta}$ 为待估计的参数。

令 $k = 1, 2, \cdots, m$，则有

$$\boldsymbol{Z}_m = \begin{bmatrix} z(1) \\ z(2) \\ \vdots \\ z(m) \end{bmatrix}, \quad \boldsymbol{H}_m = \begin{bmatrix} h(1) \\ h(2) \\ \vdots \\ h(m) \end{bmatrix} = \begin{bmatrix} -y(0) & \cdots & -y(1-n) & u(0) & \cdots & u(1-n) \\ -y(1) & \cdots & -y(2-n) & u(1) & \cdots & u(2-n) \\ \vdots & & \vdots & \vdots & & \vdots \\ -y(m-1) & \cdots & -y(m-n) & u(m-1) & \cdots & u(m-n) \end{bmatrix}$$

$$\boldsymbol{\theta} = [a_1 \ a_2 \ \cdots \ a_n \ b_1 \ b_2 \ \cdots \ b_n]^{\mathrm{T}}, \quad \boldsymbol{V}_m = [v(1) \quad v(2) \quad \cdots \quad v(m)]^{\mathrm{T}}$$

于是式(2-33)可写为如下矩阵形式：

$$\boldsymbol{Z}_m = \boldsymbol{H}_m \boldsymbol{\theta} + \boldsymbol{V}_m \tag{2-34}$$

最小二乘法的目标就是寻找一个 $\boldsymbol{\theta}$ 的估计值 $\hat{\boldsymbol{\theta}}$，使得各测量值 $\boldsymbol{Z}_i (i = 1, 2, \cdots, m)$ 与由估计值 $\hat{\boldsymbol{\theta}}$ 确定的测量估计值 $\hat{\boldsymbol{Z}}_i = \boldsymbol{H}_i \hat{\boldsymbol{\theta}}$ 之差的平方和最小，即

$$J(\hat{\boldsymbol{\theta}}) = (\boldsymbol{Z}_m - \boldsymbol{H}_m \hat{\boldsymbol{\theta}})^{\mathrm{T}} (\boldsymbol{Z}_m - \boldsymbol{H}_m \hat{\boldsymbol{\theta}}) = \min \tag{2-35}$$

要使式(2-35)达到最小，根据极值定理，有

$$\left. \frac{\partial J}{\partial \boldsymbol{\theta}} \right|_{\boldsymbol{\theta} = \hat{\boldsymbol{\theta}}} = -2\boldsymbol{H}_m^{\mathrm{T}} (\boldsymbol{Z}_m - \boldsymbol{H}_m \hat{\boldsymbol{\theta}}) = 0 \tag{2-36}$$

整理式(2-36)得

$$H_m^{\mathrm{T}} H_m \hat{\theta} = H_m^{\mathrm{T}} Z_m \tag{2-37}$$

如果 H_m 的行数大于等于列数，即 $m \geqslant 2n$，$H_m^{\mathrm{T}} H_m$ 满秩，即 $\mathrm{rank}(H_m^{\mathrm{T}} H_m) = 2n$，$(H_m^{\mathrm{T}} H_m)^{-1}$ 存在。θ 的最小二乘估计为

$$\hat{\theta} = (H_m^{\mathrm{T}} H_m)^{-1} H_m^{\mathrm{T}} Z_m \tag{2-38}$$

2) MIMO 系统

利用传递函数-矩阵的概念将 SISO 系统差分方程的最小二乘法辨识法推广到 MIMO 系统，所考虑的 MIMO 系统如图 2-3 所示。

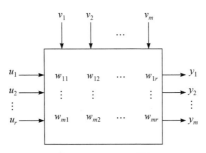

图 2-3　MIMO 系统

对于图 2-3 所示的 MIMO 系统，用典型差分方程来表示，即

$$\begin{aligned} &Y(k) + A_1 Y(k-1) + A_2 Y(k-2) + \cdots + A_n Y(k-n) \\ &= B_0 U(k) + B_1 U(k-1) + \cdots + B_n U(k-n) + V(k) \end{aligned} \tag{2-39}$$

式中，$Y(k)$ 为 m 维输出；$U(k)$ 为 r 维输入；$V(k)$ 为 m 维噪声；$A_1, A_2, \cdots, A_n$ 为待辨识的 $m \times m$ 的矩阵；$B_0, B_1, \cdots, B_n$ 为待辨识的 $m \times r$ 的矩阵。其形式分别如下：

$$Y(k) = \begin{bmatrix} y_1(k) \\ y_2(k) \\ \vdots \\ y_m(k) \end{bmatrix}, \quad U(k) = \begin{bmatrix} u_1(k) \\ u_2(k) \\ \vdots \\ u_r(k) \end{bmatrix}, \quad V(k) = \begin{bmatrix} v_1(k) \\ v_2(k) \\ \vdots \\ v_m(k) \end{bmatrix}$$

$$A_i = \begin{bmatrix} a_{11}^i & a_{12}^i & \cdots & a_{1m}^i \\ a_{21}^i & a_{22}^i & \cdots & a_{2m}^i \\ \vdots & \vdots & & \vdots \\ a_{m1}^i & a_{m2}^i & \cdots & a_{mm}^i \end{bmatrix}, \quad i = 1, 2, \cdots, n$$

$$B_i = \begin{bmatrix} b_{11}^i & b_{12}^i & \cdots & b_{1r}^i \\ b_{21}^i & b_{22}^i & \cdots & b_{2r}^i \\ \vdots & \vdots & & \vdots \\ b_{m1}^i & b_{m2}^i & \cdots & b_{mr}^i \end{bmatrix}, \quad i = 0, 1, \cdots, n$$

式(2-39)可以写成

$$A(z^{-1})Y(k) = B(z^{-1})U(k) + V(k) \tag{2-40}$$

式中，

$$A(z^{-1}) = I + A_1 z^{-1} + A_2 z^{-2} + \cdots + A_n z^{-n} = I + \sum_{i=1}^{n} A_i z^{-i} \tag{2-41}$$

$$B(z^{-1}) = B_0 + B_1 z^{-1} + \cdots + B_n z^{-n} = \sum_{i=0}^{n} B_i z^{-i} \tag{2-42}$$

式中，I 为单位矩阵。则需要辨识的参数为 $nm^2 + (n+1)mr$ 个，如果对这些数量的参数同时辨识，往往计算量很大，因此可以利用 SISO 系统差分方程的最小参数辨识结论来讨论 MIMO 系统差分方程的最小二乘参数辨识问题。

式(2-39)中的 $A_i Y(k-i)$ 和 $B_i U(k-i)$ 可以写为如下形式：

$$A_i Y(k-i) = \begin{bmatrix} a_{11}^i & a_{12}^i & \cdots & a_{1m}^i \\ a_{21}^i & a_{22}^i & \cdots & a_{2m}^i \\ \vdots & \vdots & & \vdots \\ a_{m1}^i & a_{m2}^i & \cdots & a_{mm}^i \end{bmatrix} \begin{bmatrix} y_1(k-i) \\ y_2(k-i) \\ \vdots \\ y_m(k-i) \end{bmatrix}$$

$$B_i U(k-i) = \begin{bmatrix} b_{11}^i & b_{12}^i & \cdots & b_{1r}^i \\ b_{21}^i & b_{22}^i & \cdots & b_{2r}^i \\ \vdots & \vdots & & \vdots \\ b_{m1}^i & b_{m2}^i & \cdots & b_{mr}^i \end{bmatrix} \begin{bmatrix} u_1(k-i) \\ u_2(k-i) \\ \vdots \\ u_r(k-i) \end{bmatrix}$$

式中，i 表示中间任意一项。则式(2-39)中的第 j 行可以写成

$$\begin{aligned}
& y_j(k) + a_{11}^j y_1(k-1) + \cdots + a_{1m}^j y_m(k-1) + a_{21}^j y_1(k-2) + \cdots \\
& + a_{2m}^j y_m(k-2) + \cdots + a_{n1}^j y_1(k-n) + \cdots + a_{mm}^j y_m(k-n) \\
& = b_{01}^j u_1(k) + b_{02}^j u_2(k) + \cdots + b_{0r}^j u_r(k) + b_{11}^j u_1(k-1) \\
& + b_{12}^j u_2(k-1) + \cdots + b_{1r}^j u_r(k-1) + \cdots + b_{m1}^j u_1(k-n) \\
& + b_{m2}^j u_2(k-n) + \cdots + b_{mr}^j u_r(k-n) + v_j(k)
\end{aligned} \tag{2-43}$$

将式(2-43)改写为

$$\begin{aligned}
y_j(k) = & -a_{11}^j y_1(k-1) - \cdots - a_{1m}^j y_m(k-1) - a_{21}^j y_1(k-2) - \cdots \\
& - a_{2m}^j y_m(k-2) - \cdots - a_{m1}^j y_1(k-n) \\
& - \cdots - a_{mm}^j y_m(k-n) + b_{01}^j u_1(k) + b_{02}^j u_2(k) + \cdots \\
& + b_{0r}^j u_r(k) + b_{11}^j u_1(k-1) \\
& + b_{12}^j u_2(k-1) + \cdots + b_{1r}^j u_r(k-1) + \cdots + b_{m1}^j u_1(k-n) \\
& + b_{m2}^j u_2(k-n) + \cdots + b_{mr}^j u_r(k-n) + v_j(k)
\end{aligned} \tag{2-44}$$

令 $k=1\sim N$ ，则根据式(2-44)，可得到 N 个方程，并令

$$\boldsymbol{Y}_j(k-i)=\begin{bmatrix} y_1(k-i) \\ y_2(k-i) \\ \vdots \\ y_m(k-i) \end{bmatrix}, \quad i=0,1,\cdots,n$$

$$\boldsymbol{V}_j=\begin{bmatrix} V_j(1) \\ V_j(2) \\ \vdots \\ V_j(N) \end{bmatrix}$$

$$\boldsymbol{U}(k-i)=\begin{bmatrix} u_1(k-i) \\ u_2(k-i) \\ \vdots \\ u_r(k-i) \end{bmatrix}, \quad i=1,2,\cdots,n$$

$$\boldsymbol{\theta}_j=[a_1 \ \cdots \ a_m \ \cdots \ a_{n1} \ \cdots \ a_{nm} \ b_{01} \ \cdots \ b_{0r} \ \cdots \ b_{n1} \ \cdots \ b_{nr}]^{\mathrm{T}}$$

$$\boldsymbol{H}_j=\begin{bmatrix} -\boldsymbol{Y}_j^{\mathrm{T}}(0) & \cdots & -\boldsymbol{Y}_j^{\mathrm{T}}(1-n) & \boldsymbol{U}^{\mathrm{T}}(1) & \cdots & \boldsymbol{U}^{\mathrm{T}}(1-n) \\ -\boldsymbol{Y}_j^{\mathrm{T}}(1) & \cdots & -\boldsymbol{Y}_j^{\mathrm{T}}(2-n) & \boldsymbol{U}^{\mathrm{T}}(2) & \cdots & \boldsymbol{U}^{\mathrm{T}}(2-n) \\ \vdots & & \vdots & \vdots & & \vdots \\ -\boldsymbol{Y}_j^{\mathrm{T}}(N-1) & \cdots & -\boldsymbol{Y}_j^{\mathrm{T}}(N-n) & \boldsymbol{U}^{\mathrm{T}}(N) & \cdots & \boldsymbol{U}^{\mathrm{T}}(N-n) \end{bmatrix}$$

则式(2-44)可写为矩阵形式，即

$$\boldsymbol{Y}_j = \boldsymbol{H}_j\boldsymbol{\theta}_j + \boldsymbol{V}_j \tag{2-45}$$

当随机噪声 $\{V(k)\}$ 为零均值不相关随机序列时，用最小二乘法可得到 $\boldsymbol{\theta}_j$ 的一致性和无偏估计，即

$$\hat{\boldsymbol{\theta}}_j = (\boldsymbol{H}_j^{\mathrm{T}}\boldsymbol{H}_j)^{-1}\boldsymbol{H}_j^{\mathrm{T}}\boldsymbol{Y}_j \tag{2-46}$$

令 $j=1,2,\cdots,m$ ，按式(2-46)可得各行的参数估计值 $\hat{\boldsymbol{\theta}}_1,\hat{\boldsymbol{\theta}}_2,\cdots,\hat{\boldsymbol{\theta}}_m$ ，即得到 MIMO 系统的参数估计值。

2. 子空间模型辨识法

前面介绍的最小二乘法以及各种用于系统辨识的传统方法，如预测误差方法和辅助变量法等方法均是以优化思想为基础，其辨识的思路均是通过最小化某个目标函数以得到相关系统参数。但对于实际系统，通常它们的目标函数和待

辨识的系统参数之间的关系是非线性的，因此在有些情况下需要迭代优化。同时，由于辨识算法对初始条件敏感，辨识的结果有可能陷入局部最优而非全局最优。此外，对于某些模型，由于其待确定的参数过多，其参数化过程中会遇到困难。而子空间模型辨识法可以解决和避免这些问题[15]。

　　子空间模型辨识法是系统理论、几何学和线性代数的有机结合[16]，其特点是直接由试验所得的系统输入输出数据以辨识线性时不变状态空间模型，其具有不需要对模型参数化[17]、不需要迭代优化、直接估计状态空间模型、适宜多变量系统的辨识等优点，此外，子空间模型辨识法的实现仅依赖于简单的线性代数数学工具，代码实现较为简单。

　　将子空间模型辨识法所辨识的离散时间线性时不变状态空间模型表示如下：

$$\begin{cases} \boldsymbol{x}_{k+1} = \boldsymbol{A}\boldsymbol{x}_k + \boldsymbol{B}\boldsymbol{u}_k + \boldsymbol{w}_k \\ \boldsymbol{y}_k = \boldsymbol{C}\boldsymbol{x}_k + \boldsymbol{D}\boldsymbol{u}_k + \boldsymbol{v}_k \end{cases} \tag{2-47}$$

且

$$E\left[\begin{bmatrix} \boldsymbol{w}_k \\ \boldsymbol{v}_k \end{bmatrix} \begin{bmatrix} \boldsymbol{w}_j^{\mathrm{T}} & \boldsymbol{v}_j^{\mathrm{T}} \end{bmatrix}\right] = \begin{bmatrix} \boldsymbol{Q} & \boldsymbol{S} \\ \boldsymbol{S}^{\mathrm{T}} & \boldsymbol{R} \end{bmatrix}, \quad \delta_{kj} \geqslant 0 \tag{2-48}$$

式中，$\boldsymbol{x}_k \in \mathbf{R}^n$，为过程在 k 时刻的状态向量；$\boldsymbol{u}_k \in \mathbf{R}^m$，为过程在 k 时刻的输入观测向量；$\boldsymbol{y}_k \in \mathbf{R}^l$，为过程在 k 时刻的输出观测向量；$\boldsymbol{v}_k \in \mathbf{R}^l$，为系统输出测量噪声；$\boldsymbol{w}_k \in \mathbf{R}^n$，为系统过程噪声；$E$ 为期望算子；δ_{kj} 为克罗内克(Kronecker)符号算子，如果 $k \neq j$，则 $\delta_{kj} = 0$，如果 $k = j$，则 $\delta_{kj} = 1$。

　　子空间模型辨识法的目标可以表述为，通过试验测量系统的输入输出观测序列 $\{u_k, y_k\}_{k=1}^N$ (其中 N 表示样本个数)，以确定系统矩阵 $\boldsymbol{A}$、$\boldsymbol{B}$、$\boldsymbol{C}$、$\boldsymbol{D}$ 以及协方差矩阵 $\boldsymbol{Q}$、$\boldsymbol{R}$、$\boldsymbol{S}$。

　　对于具有 α 个采样点的输入序列 u，对应的输出 y 可以写为

$$\begin{bmatrix} y(0) \\ y(1) \\ y(2) \\ \vdots \\ y(\alpha-1) \end{bmatrix} = \begin{bmatrix} \boldsymbol{C} \\ \boldsymbol{CA} \\ \boldsymbol{CA}^2 \\ \vdots \\ \boldsymbol{CA}^{\alpha-1} \end{bmatrix} x(0) + \begin{bmatrix} \boldsymbol{D} & 0 & 0 & \cdots & 0 \\ \boldsymbol{CB} & \boldsymbol{D} & 0 & \cdots & 0 \\ \boldsymbol{CAB} & \boldsymbol{CB} & \boldsymbol{D} & \cdots & 0 \\ \vdots & \vdots & \vdots & & 0 \\ \boldsymbol{CA}^{\alpha-2}\boldsymbol{B} & \boldsymbol{CA}^{\alpha-3}\boldsymbol{B} & \boldsymbol{CA}^{\alpha-4}\boldsymbol{B} & \cdots & \boldsymbol{D} \end{bmatrix} \begin{bmatrix} u(0) \\ u(1) \\ u(2) \\ \vdots \\ u(k-1) \end{bmatrix}$$

$$\tag{2-49}$$

式中，矩阵 $\boldsymbol{D}$、$\boldsymbol{CB}$、$\boldsymbol{CAB}$、$\cdots$、$\boldsymbol{CA}^{\alpha-2}\boldsymbol{B}$ 称为马尔可夫(Markov)参数，为简化上述方程以及后续推导，定义如下符号：

$$
\left\{
\begin{aligned}
&\text{增广可控性矩阵：} \boldsymbol{\Omega}_T = \begin{bmatrix} \boldsymbol{B} \\ \boldsymbol{AB} \\ \vdots \\ \boldsymbol{A}^{\beta-1}\boldsymbol{B} \end{bmatrix}^{\mathrm{T}} \\[1em]
&\text{增广可观性矩阵：} \boldsymbol{\Gamma}_s = \begin{bmatrix} \boldsymbol{C} \\ \boldsymbol{CA} \\ \boldsymbol{CA}^2 \\ \vdots \\ \boldsymbol{CA}^{\alpha-1} \end{bmatrix} \\[1em]
&\text{输入下三角特普利茨(Toeplitz)矩阵：} \boldsymbol{\Phi}_s = \begin{bmatrix} \boldsymbol{D} & 0 & 0 & \cdots & 0 \\ \boldsymbol{CB} & \boldsymbol{D} & 0 & \cdots & 0 \\ \boldsymbol{CAB} & \boldsymbol{CB} & \boldsymbol{D} & \cdots & 0 \\ \vdots & \vdots & \vdots & & 0 \\ \boldsymbol{CA}^{\alpha-2}\boldsymbol{B} & \boldsymbol{CA}^{\alpha-3}\boldsymbol{B} & \boldsymbol{CA}^{\alpha-4}\boldsymbol{B} & \cdots & \boldsymbol{D} \end{bmatrix}
\end{aligned}
\right.
$$

$$(2\text{-}50)$$

　　如果增广可控性矩阵是满秩的，则称系统是可控的；如果增广可观性矩阵是满秩的，则称系统是可观的。下三角 Toeplitz 矩阵包含系统所有的 Markov 参数，而测量噪声下三角 Toeplitz 矩阵 $\boldsymbol{\Phi}_s^\omega$ 与 $\boldsymbol{\Phi}_s$ 的定义类似，只是 $\boldsymbol{D}=0, \boldsymbol{B}=\boldsymbol{I}$。

　　此外，脉冲响应汉克尔(Hankel)矩阵形式如下：

$$
\boldsymbol{H}_{t,\alpha,\beta} = \begin{bmatrix} h_t & h_{t+1} & \cdots & h_{t+\beta-1} \\ h_{t+1} & h_{t+2} & \cdots & h_{t+\beta} \\ \vdots & \vdots & & \vdots \\ h_{t+\alpha-1} & h_{t+\alpha} & \cdots & h_{t+\alpha+\beta-2} \end{bmatrix}
$$

$$(2\text{-}51)$$

式中，$h_t \in \mathbf{R}^{l \times m}$，为系统 t 时刻的脉冲响应矩阵；下角标 t、α、β 分别表示 Hankel 矩阵的对角线上第一个元素的起始时刻、行块数和列块数。Hankel 矩阵是指每一条副对角线上的元素都相等的矩阵[18]。

　　为方便推导，在此处分别定义了过去的 Hankel 矩阵、未来的 Hankel 矩阵和当前的 Hankel 矩阵，其表示分别如下：

$$
\left\{
\begin{aligned}
&\text{过去的Hankel矩阵：} \boldsymbol{U}_\mathrm{p} = \boldsymbol{U}_{1,s,T} \\
&\text{未来的Hankel矩阵：} \boldsymbol{U}_\mathrm{f} = \boldsymbol{U}_{s+1,s,T} \\
&\text{当前的Hankel矩阵：} \boldsymbol{U}_\mathrm{c} = \boldsymbol{U}_{s,1,T}
\end{aligned}
\right.
$$

$$(2\text{-}52)$$

此外，未来的测量噪声 ν_k 和过程噪声 w_k 的 Hankel 矩阵分别记为 M_{f}、N_{f}。状态序列定义为 $X_s = [x_{s+1}, x_{s+2}, \cdots, x_{s+T}]$。

子空间模型辨识法一般由两步组成，第一步，确定增广可观性矩阵 Γ_s 或者估计出系统的状态序列 X_s；第二步，计算系统矩阵。

(1) 第一步：确定 Γ_s 或者 X_s。

实现这一步有两种策略，第一种是根据子空间等价原理，首先基于系统的输入输出矩阵等式：

$$Y_{\mathrm{f}} = \Gamma_s X_s + \Phi_s U_{\mathrm{f}} + \Phi_s^\omega M_{\mathrm{f}} + N_{\mathrm{f}} \tag{2-53}$$

通过使用(斜)投影或者辅助变量消除噪声 M_{f}、N_{f} 项以及未来输入 U_{f} 项，得到

$$O_s = \Gamma_s \hat{X}_s \tag{2-54}$$

式中，$\hat{X}_s$ 为估计的状态序列；在 Γ_s 满秩的条件下，O_s 的列空间与 Γ_s 的列空间恰好重合，且其维数等于系统的阶次 n，这时 Γ_s 可以由 O_s 的列空间计算得到。具体而言就是对 O_s 进行奇异值分解，即

$$O_s = [U_1 \quad U_2] \begin{bmatrix} S_1 & \\ & S_2 \end{bmatrix} \begin{bmatrix} V_1^{\mathrm{T}} \\ V_2^{\mathrm{T}} \end{bmatrix} \tag{2-55}$$

式中，$S_1 \in \mathbf{R}^{n \times n}$，则 $\Gamma_s = U_1 S_1^{\frac{1}{2}}$，进而得到状态序列，即 $\hat{X}_s = \Gamma_s^\dagger O_s$，其中 $(\cdot)^\dagger$ 表示摩尔-彭罗斯(Moore-Penrose)伪逆。

而第二种策略是基于典型相关分析的随机实现理论[19]，通过分解某个条件协方差矩阵可以得到增广可观性矩阵 Γ_s 和增广可控性矩阵 Ω_T。同时，也可以得到系统的估计的状态序列 $\hat{X}_s$，它被表述为 Hankel 矩阵 Z_{p} 的线性组合。

(2) 第二步：计算系统矩阵。

系统矩阵的计算有两种方法，在 Katayama 等的研究中分别称为实现法和回归法[19]。实现法是在没有估计状态序列的情况下，分步计算系统矩阵，先由 Γ_s 直接计算矩阵 A 和 C，然后根据 Toeplitz 矩阵 Φ_s 构造的最小二乘问题计算系统矩阵 B、D。回归法基于估计的状态序列，对如下线性方程组：

$$\begin{bmatrix} \hat{X}_{s+1} \\ Y_{\mathrm{c}} \end{bmatrix} = \begin{bmatrix} A & B \\ C & D \end{bmatrix} \begin{bmatrix} \hat{X}_s \\ U_{\mathrm{c}} \end{bmatrix} + \begin{bmatrix} \rho_w \\ \rho_v \end{bmatrix} \tag{2-56}$$

进行最小二乘求解，即

$$\begin{bmatrix} \hat{A} & \hat{B} \\ \hat{C} & \hat{D} \end{bmatrix} = \arg\min_{A,B,C,D} \left\| \begin{bmatrix} \hat{X}_{s+1} \\ Y_{\mathrm{c}} \end{bmatrix} - \begin{bmatrix} A & B \\ C & D \end{bmatrix} \begin{bmatrix} \hat{X}_s \\ U_{\mathrm{c}} \end{bmatrix} \right\|_F^2 \tag{2-57}$$

另外，噪声的协方差矩阵 Q、R、S 可以由该最小二乘问题的残差估计得到，即

$$\begin{bmatrix} Q & S \\ S^{T} & R \end{bmatrix} = \frac{1}{T} E \left[\begin{bmatrix} \rho_{w} \\ \rho_{v} \end{bmatrix} \begin{bmatrix} \rho_{w}^{T} & \rho_{v}^{T} \end{bmatrix} \right] \qquad (2\text{-}58)$$

式中，T 为时间步长。

3. 神经网络的辨识法

基于深度学习的快速发展，不少学者提出了基于神经网络进行模型辨识的方法。由于实际系统的参数往往不能够准确获取，因此通常采用灰箱建模和黑箱建模的方法来对系统模型进行辨识。而人工神经网络(artificial neural network，ANN)是灰箱模型和黑箱模型辨识的有效工具[20]，在实际应用中备受关注。Chen 等在1990～1992 年对三种网络结构(多层感知器(multi-layer perceptron，MLP)、径向基函数(radial basis function，RBF)网络和函数链神经网络)在非线性离散动态系统辨识应用中的优缺点进行了讨论[21,22]；He 等在 1999 年利用神经网络对液压作动器进行了建模和预测，结果表明即使是具有高度非线性的作动器，神经网络也能很好地完成建模和预测作用[23]；Knohl 等在 2000 年提出了一种使用 ANN 的非线性控制方法，该方法使用 RBF 识别了电液伺服系统的死区[24]；Kilic 等在 2012～2014年使用 MLP 和结构化的循环神经网络(recurrent neural network，RNN)预测液压缸内的腔室液压[25, 26]。上述利用神经网络进行系统辨识的方法在过去一段时间内取得了瞩目的发展，但其仍然存在不足，例如，多项式函数存在阶数的限制，MLP不包含记忆机制以及这类利用神经网络的黑箱辨识方法对数据具有强依赖性等，限制了 ANN 在模型辨识领域中的应用[27]。

近年来，随着深度学习理论的长足发展以及深度学习在各领域中的广泛应用，多种神经网络模型被提出，其中较为流行的有 RNN 和卷积神经网络[28,29]。前者擅长处理具有时序性或者序列性质的数据，而后者擅长处理具有网格状拓扑结构的数据。作为 RNN 的改进版网络长短期记忆(long short-term memory，LSTM)神经网络同样也适用于各种序列数据，两者均具有循环结构[30]。LSTM 的提出是为了解决 RNN 在处理长序列时可能会遇到的梯度消失和梯度爆炸等问题，LSTM 的解决方法是在网络中引入门控机制。如图 2-4 所示，贯穿细胞结构顶部的水平线代表单元状态，由"门单元"对细胞状态进行修改和添加[31]。此处所说的"门"是一种选择性地让信息通过的方式，其通常包含一个 sigmoid 神经网络层和一个对位操作。LSTM 具有三个这样的"门"对单元状态进行保留和修改，其分别是遗忘门、输入门和输出门。

如图 2-5 所示，遗忘门的作用是通过 sigmoid 函数将上一个时刻的细胞输出与当前时刻的输入数据二者的权重映射在[0,1]的区间内，以决定该细胞之前的记忆以多大程度被保留和遗忘。

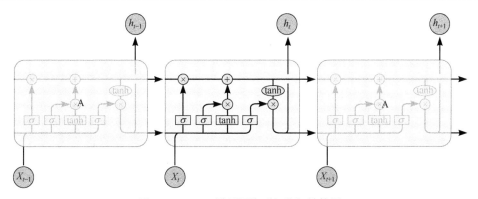

图 2-4　LSTM 循环网络"细胞"结构图

第二步，细胞单元将决定在单元状态中储存哪些新的信息，如图 2-6 所示，首先输入门的 sigmoid 函数会决定在该步骤中更新哪些值，随后 tanh 层创建一个新的候选值向量 $\tilde{C}_t$。

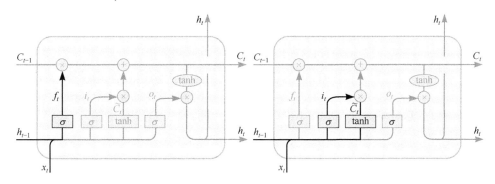

图 2-5　LSTM 细胞遗忘门　　　　　　　图 2-6　LSTM 细胞输入门

接下来是通过上述遗忘门和输入门对细胞状态进行更新，如图 2-7 所示，也就是对单元顶部的水平线进行修改。首先，将旧状态乘以 f_t 以"忘记"在遗忘门中决定忘记的信息，然后添加 $i_t * \tilde{C}_t$ 到单元状态中，即由 tanh 层生成且经过输入层缩放后的候选值。最后，细胞将决定我们要输出的内容，如图 2-8 所示，此输出值将基于过滤后的细胞状态。通过一个 sigmoid 层以决定输出细胞状态信息中的哪些部分，同时将细胞状态输入 tanh 函数以将值的范围映射在 $(-1,1)$，将两者所得的数据对位相乘即可输出我们决定输出的数据。

传统的 LSTM 网络架构一般由多个 LSTM 层、全连接(fully-connected，FC)层和输出层组成，其中 FC 层用于连接 LSTM 层和输出层，进行维度转换，从而构建指定特征维度的输出。为防止神经网络的过拟合，可在除了输出层的每个层后面添加 dropout 层，其主要思想是在训练过程中沿着连接的顺序随机在神经网络中

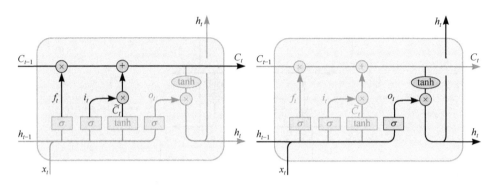

　　　　图 2-7　LSTM 细胞状态更新　　　　　　　　　图 2-8　LSTM 细胞输出门

丢弃单元，而在预测阶段不丢弃，Srivastava 等证明了这种策略能很好地防止过拟合[32]。值得注意的是，LSTM 的输入与输出都必须为三维数组，其中第一维为样本，即独立数据；第二维为时间步长；第三维为输入或者输出的特征。通常在网络训练之前需要进行数据归一化，如最小-最大归一化和零均值归一化。

　　图 2-9 为一个 LSTM 神经网络架构的例子，该例采用序列预测中常见的多对多形式，包括输入层、两个 LSTM 层、两个 FC 层和输出层。其中，输入数组为单个数据集，序列长度为 n，输入特征为 2；输出层的前两个维度(样本、时间步长)与输入层一致，但输出的特征为 1；每一个 LSTM 层都包含 3 个隐藏单元，FC 层的阶段数量分别为 $3n$ 和 n，由图 2-9 可见，第 l 个 LSTM 层的输入为第 $l-1$ 个 LSTM 层的输出，即 $y_t^{(l)} = h_t^{(l-1)}$，纵向层数的叠加使网络可以更好地捕捉输入与输出之间的映射关系；第 l 层的 LSTM 细胞在 t 时刻输出的参数为当前时刻的输出 $h_t^{(l)}$ 和此时的细胞状态 $c_t^{(l)}$，图中沿着时间轴方向的参数传递箭头表明，只要对细胞的门控进行合理的设置，$c_t^{(l)}$ 的值可以顺利地向后传递，这也就是 LSTM 能够解决数据长期依赖问题的内部机制根源[31]。

　　上述介绍的 LSTM 网络虽然有很强的时间序列处理能力，但是由于其对数据的过度依赖，LSTM 在处理系数数据或者质量较差的数据时往往效果不佳。此外，在模型辨识领域中，单纯地通过神经网络构建的黑箱模型缺乏物理意义，模型输出的参数无法解释。这些缺陷在一定程度上阻碍了 LSTM 在学术领域的应用，Guo 等提出了一种利用 PhyLSTM 并将其用于单自由度液压振动台的模型辨识[27]。在该研究中，将描述振动台系统物理原理的方程(流动性连续方程)编码到 LSTM 的训练算法中，具体实现方法是将物理方程以损失函数的形式计入总损失函数。该策略能够在很大程度上避免网络在训练和预测过程中陷入困境，此外，通过这些物理定律，LSTM 能够在训练数据中更好地捕获其特征，从而提高收敛速度和泛化能力。

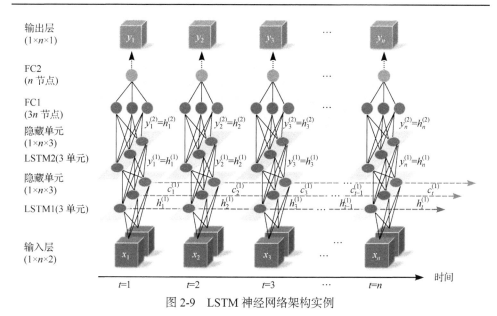

图 2-9　LSTM 神经网络架构实例

2.3　系统模型辨识实例

上述章节介绍了系统模型辨识的基本思路以及所需要的基本数学工具，本节将通过实例介绍模型辨识技术在高速轨道交通车-轨-桥混合试验中对加载设备的辨识实例。首先，介绍使用最小二乘法的辨识实例，该实例介绍对所建立的六自由度液压振动台进行黑箱辨识的过程。随后介绍使用神经网络对一个单自由度液压振动台进行模型辨识的实例，在该实例中介绍使用 PhyLSTM 进行模型辨识的过程。

2.3.1　最小二乘法辨识

在磁浮桥上行车混合试验系统中，八台阵振动台系统是主要的加载系统之一，其由八台六自由度液压振动台(图 2-10)组成。八台阵的稳定性和加载精度是整个混合试验系统能否成功的关键，因此需要完成两部分工作。第一部分是对八台阵整体进行时滞补偿控制，确定振动台的动力特性、耦合特性以及八台阵的整体动力特性；第二部分是考虑磁浮整车模型，与八台阵进行联合运行，并将磁浮反力作用于八台阵，将八台阵-整车模型视为整体，进行控制器的时滞补偿控制。因此，将会进行三个步骤的模型辨识，分别是单振动台模型的辨识、考虑电磁铁-悬浮架-车体试件的三自由度模型辨识和八台阵模型辨识。

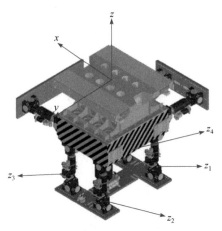

图 2-10　六自由度液压振动台模型

三个系统的辨识方法基本是一致的，均为 MIMO 系统，因此首先构建各自由度之间的传递函数并组成传递函数矩阵，按耦合特性和实际运行情况选定需要考虑的传递函数以简化工作量，并均构建为四阶传递矩阵。通过输入一段时间(60s)频带宽度为 0～60Hz 的白噪声信号，并通过输入信号与测得的输出信号对上述所构建的传递函数中的参数进行拟合。

以不加试件的单台振动台辨识为例，由于振动台系统有 6 个自由度，因此共需要 36 个传递函数以描述其输入输出关系，即

$$
\begin{bmatrix}
\text{Output}_x \\
\text{Output}_y \\
\text{Output}_z \\
\text{Output}_{\text{Roll}} \\
\text{Output}_{\text{Pitch}} \\
\text{Output}_{\text{Yaw}}
\end{bmatrix} = \boldsymbol{G}
\begin{bmatrix}
\text{Input}_x \\
\text{Input}_y \\
\text{Input}_z \\
\text{Input}_{\text{Roll}} \\
\text{Input}_{\text{Pitch}} \\
\text{Input}_{\text{Yaw}}
\end{bmatrix}
\tag{2-59}
$$

其中，

$$
\boldsymbol{G}(s) =
\begin{bmatrix}
G_{11} & G_{12} & G_{13} & G_{14} & G_{15} & G_{16} \\
G_{21} & G_{22} & G_{23} & G_{24} & G_{25} & G_{26} \\
G_{31} & G_{32} & G_{33} & G_{34} & G_{35} & G_{36} \\
G_{41} & G_{42} & G_{43} & G_{44} & G_{45} & G_{46} \\
G_{51} & G_{52} & G_{53} & G_{54} & G_{55} & G_{56} \\
G_{61} & G_{62} & G_{63} & G_{64} & G_{65} & G_{66}
\end{bmatrix}
\tag{2-60}
$$

在式(2-60)中，对角线为主自由度的传递函数，非对角线为耦合自由度的传递函数。而根据前置研究，6 个自由度中仅有 x 和 Pitch 向、y 和 Roll 向耦合

性超过 5%，判断为较强，需要设计解耦控制器；而其余自由度之间耦合性远小于 5%，便不考虑耦合性。因此，式(2-60)可被简化为

$$
\boldsymbol{G}(s) = \begin{bmatrix}
G_{11} & 0 & 0 & 0 & G_{15} & 0 \\
0 & G_{22} & 0 & G_{24} & 0 & 0 \\
0 & 0 & G_{33} & 0 & 0 & 0 \\
0 & G_{42} & 0 & G_{44} & 0 & 0 \\
G_{51} & 0 & 0 & 0 & G_{55} & 0 \\
0 & 0 & 0 & 0 & 0 & G_{66}
\end{bmatrix}
$$

$$(2\text{-}61)$$

相应地，传递输入输出关系可表示为

$$
\begin{bmatrix}
\text{Output}_x \\
\text{Output}_y \\
\text{Output}_z \\
\text{Output}_{\text{Roll}} \\
\text{Output}_{\text{Pitch}} \\
\text{Output}_{\text{Yaw}}
\end{bmatrix}
=
\begin{bmatrix}
G_{11} & 0 & 0 & 0 & G_{15} & 0 \\
0 & G_{22} & 0 & G_{24} & 0 & 0 \\
0 & 0 & G_{33} & 0 & 0 & 0 \\
0 & G_{42} & 0 & G_{44} & 0 & 0 \\
G_{51} & 0 & 0 & 0 & G_{55} & 0 \\
0 & 0 & 0 & 0 & 0 & G_{66}
\end{bmatrix}
\begin{bmatrix}
\text{Input}_x \\
\text{Input}_y \\
\text{Input}_z \\
\text{Input}_{\text{Roll}} \\
\text{Input}_{\text{Pitch}} \\
\text{Input}_{\text{Yaw}}
\end{bmatrix}
$$

$$(2\text{-}62)$$

取各传递函数为四阶传递函数，此处各传递函数表示为

$$
G_{ij}(s) = \frac{1}{a_4 s^4 + a_3 s^3 + a_2 s^2 + a_1 s + a_0}
$$

$$(2\text{-}63)$$

式中，s 为复频率变量。则通过 2.2.3 节中介绍的最小二乘法可以拟合出各传递函数中的参数。在该案例中经整理后识别到的 6 个主自由度传递函数为

$$
G_{11} = \frac{6.4 \times 10^7}{s^4 + 195 s^3 + 2.8 \times 10^7 s^2 + 1.4 \times 10^6 s + 5.7 \times 10^7}
$$

$$(2\text{-}64)$$

$$
G_{22} = \frac{1.4 \times 10^8}{s^4 + 178 s^3 + 3.3 \times 10^4 s^2 + 4.1 \times 10^6 s + 1.2 \times 10^8}
$$

$$(2\text{-}65)$$

$$
G_{33} = \frac{2.8 \times 10^8}{s^4 + 275 s^3 + 5.4 \times 10^4 s^2 + 7.3 \times 10^6 s + 2.8 \times 10^8}
$$

$$(2\text{-}66)$$

$$
G_{44} = \frac{1.5 \times 10^8}{s^4 + 482 s^3 + 1.4 \times 10^5 s^2 + 3.4 \times 10^6 s + 1.5 \times 10^7}
$$

$$(2\text{-}67)$$

$$
G_{55} = \frac{4.1 \times 10^7}{s^4 + 240 s^3 + 5.5 \times 10^4 s^2 + 1.4 \times 10^6 s + 3.98 \times 10^7}
$$

$$(2\text{-}68)$$

$$G_{66} = \frac{6.4 \times 10^7}{s^4 + 195s^3 + 2.8 \times 10^7 s^2 + 1.4 \times 10^6 s + 5.7 \times 10^7} \tag{2-69}$$

上述辨识出 6 个主自由度传递函数所表示的模型与实际试验系统的幅相频曲线对比如图 2-11 所示。可以看出，拟合度较为理想，因此可以基于此识别到的传递函数进行控制器的设计。

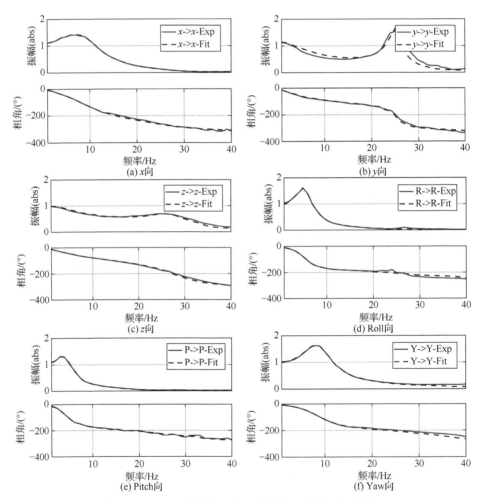

图 2-11 主自由度辨识结果与原系统的幅相频曲线对比
Exp 表示试验值；Fit 表示拟合值；abs 表示系统在不同频率下输出信号的绝对值(增益)

此外，用同样的方法辨识 4 个耦合自由度的传递函数结果如下：

$$G_{24} = \frac{4 \times 10^7}{s^4 + 132s^3 + 3.5 \times 10^4 s^2 + 3 \times 10^6 s + 2.2 \times 10^8} \tag{2-70}$$

$$G_{42} = \frac{3.9 \times 10^{20}}{s^4 + 4.5 \times 10^{15} s^3 + 9.67 \times 10^{17} s^2 + 1.3 \times 10^{20} s + 2.2 \times 10^{22}} \tag{2-71}$$

$$G_{15} = \frac{1.5 \times 10^7}{s^4 + 71s^3 + 4.1 \times 10^4 s^2 + 1 \times 10^6 s + 1.7 \times 10^8} \tag{2-72}$$

$$G_{51} = \frac{1.1s^3 - 371s^2 + 6236s - 1.4 \times 10^5}{s^4 + 50.6s^3 + 7777s^2 + 3.8 \times 10^4 s + 5.3 \times 10^6} \tag{2-73}$$

相应地，其各自的幅相频曲线对比如图 2-12 所示。

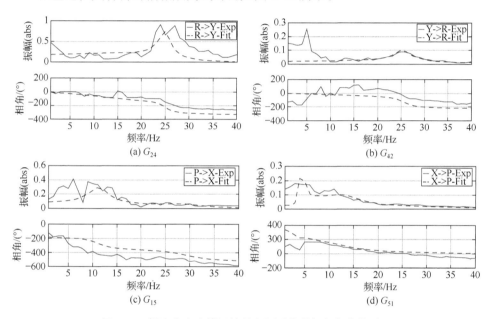

图 2-12　耦合自由度辨识结果与原系统的幅相频曲线对比

可以看出，耦合项的识别效果比主自由度项的识别效果要差，这是由耦合项相干性较低、输入与输出的不确定性导致的；即使如此，这样的辨识结果已经满足解耦控制的要求。

2.3.2　神经网络辨识

在 2.2.3 节中介绍了 LSTM 神经网络的基本结构，并基于此介绍了一种 PhyLSTM[27]。通常 LSTM 网络的权重由 Glorot 均匀初始化器随机初始化，偏置则初始化为零。在该实例中 PhyLSTM 采用的非线性激活函数为线性整流函数 (rectified linear unit，ReLU)。与 sigmoid 函数和 tanh 函数等相比，其单侧抑制和相对宽松的激励边界使其在实际应用中表现突出。在本节将介绍利用 PhyLSTM 对一单自由度液压振动台进行模型辨识的实例。

根据 Ryu 等的研究，液压振动台的非线性状态空间模型可表述为如下形式[33]：

$$k_{\mathrm{p}}k_{\mathrm{t}}[x_{\mathrm{d}}(t) - x_{\mathrm{t}}(t)] = \frac{V_{\mathrm{t}}m_{\mathrm{t}}}{4\beta_{\mathrm{e}}A_{\mathrm{p}}}\frac{\dot{F}_{\mathrm{a}}(t)}{m_{\mathrm{t}}} + k_{\mathrm{le}}m_{\mathrm{t}}\frac{F_{\mathrm{a}}(t)}{m_{\mathrm{t}}} + A_{\mathrm{p}}\dot{x}_{\mathrm{t}}(t) \tag{2-74}$$

式中，k_{p} 为比例控制增益；k_{t} 为以电压形式表示的流量增益；x_{d} 为期望位移；x_{t} 为实际位移；V_{t} 为作动器的总腔室容积；m_{t} 为总惯性负载；β_{e} 为液压油的有效体积模量；A_{p} 为活塞的有效截面面积；F_{a} 为作用在作动器上的力；k_{le} 为漏泄系数。在式(2-74)中添加 PID 控制算法的积分项，对应于振动台的 PI 控制。用隐函数 $h(t)$ 代替了难以精确计算的压缩流量和泄漏流量。由此可以获得以下表达式：

$$A_{\mathrm{p}}\ddot{u}(t) + k_{\mathrm{t}}k_{\mathrm{p}}[\dot{u}(t) - \dot{v}(t)] + k_{\mathrm{t}}k_{\mathrm{i}}[u(t) - v(t)] + h(t) = 0 \tag{2-75}$$

式中，k_{i} 为积分控制增益，此处取 0.004；k_{p} 取 0.25；$u(t) = \int_0^t x_t(t)\mathrm{d}t$，为真实位移的时间积分；$v(t) = \int_0^t x_{\mathrm{d}}(t)\mathrm{d}t$，为期望位移的时间积分。根据定义，$h(t)$ 主要是系统参数和负载压力的函数，即

$$h(t) = f(P_{\mathrm{L}}, V_{\mathrm{t}}, A_{\mathrm{p}}, k_{\mathrm{le}}) \tag{2-76}$$

式中，P_{L} 为工作压力。

　　然而，通过分析输入信号的频率和幅值，我们期望 h 也能够捕获伺服阀的非线性特征，也就是阀芯动态响应和伯努利方程。在式(2-75)中，活塞运动对应的流量占总流量的大部分，一般在 75% 以上，而 h 的比例相对较小，一般在 25% 以下，这意味着即使数据缺乏或者质量较差，模型也能够将解收敛到可接受的范围。分析对应式(2-75)的非线性系统，我们利用 LSTM 神经网络进行系统辨识构建的目的是建立输出状态空间向量 $\boldsymbol{Z}_{\mathrm{out}} = \{u(t), \dot{u}(t), h(t)\}$ 和输入状态空间向量 $\boldsymbol{Z}_{\mathrm{in}} = \{v(t), \dot{v}(t), F_{\mathrm{a}}(t)\}$ 的关系映射。此处，$F_{\mathrm{a}}(t)$ 直接采用测力传感器测量的值，或者利用转换关系 $P_{\mathrm{L}} = \dfrac{F_{\mathrm{a}}(t)}{A_{\mathrm{p}}}$，也可将 P_{L} 作为输入。相应地，数据损失函数 $J_{\mathrm{D}}(\boldsymbol{\theta})$、状态量损失函数 $J_{\mathrm{S}}(\boldsymbol{\theta})$ 和物理损失函数 $J_{\mathrm{P}}(\boldsymbol{\theta})$ 可分别表示为

$$J_{\mathrm{D}}(\boldsymbol{\theta}) = \frac{1}{N}\|u^{\mathrm{p}} - u^{\mathrm{m}}\| + \frac{1}{N}\|\dot{u}^{\mathrm{p}} - \dot{u}^{\mathrm{m}}\| + \frac{1}{N}\|h^{\mathrm{p}} - h^{\mathrm{m}}\| \tag{2-77}$$

$$J_{\mathrm{S}}(\boldsymbol{\theta}) = \frac{1}{N}\|\dot{u}^{\mathrm{p}} - u_{\mathrm{t}}^{\mathrm{p}}\| \tag{2-78}$$

$$J_{\mathrm{P}}(\boldsymbol{\theta}) = \frac{1}{N}\|A\dot{u}^{\mathrm{p}} + k_{\mathrm{t}}k_{\mathrm{p}}(\dot{u}^{\mathrm{p}} - \dot{v}^{\mathrm{p}}) + k_{\mathrm{t}}k_{\mathrm{i}}(u^{\mathrm{p}} - v^{\mathrm{p}}) + h^{\mathrm{p}}\| \tag{2-79}$$

式中，$\boldsymbol{\theta}$ 为 PhyLSTM 中可训练的权重和偏置；N 为总的时间步数；下标 t 表示状

态变量对时间的导数；上标 p 和 m 分别表示预测值和量测值。在此处，通过图结构张量求导器，即中心差分法，计算出状态空间向量 $\boldsymbol{Z}_{\mathrm{out}}$ 的倒数，其总损失函数表示如下：

$$J(\boldsymbol{\theta}) = \alpha_1 J_{\mathrm{D}}(\boldsymbol{\theta}) + \alpha_2 J_{\mathrm{S}}(\boldsymbol{\theta}) + \alpha_3 J_{\mathrm{P}}(\boldsymbol{\theta}) \tag{2-80}$$

式中，α_1、α_2 和 α_3 分别为 $J_{\mathrm{D}}(\boldsymbol{\theta})$、$J_{\mathrm{S}}(\boldsymbol{\theta})$ 和 $J_{\mathrm{P}}(\boldsymbol{\theta})$ 的权重，其用于协调每个损失函数的大小，即与每个项的大小成反比。在训练过程中，优化算法根据式(2-77)～式(2-79)所述的损失函数调整每个单元的权重和偏置，这是 PhyLSTM 能高效实现模型辨识的关键。最终的 PhyLSTM 如图 2-13 所示，其包括 LSTM 网络、张量微分器和物理约束，它通过搜索最佳参数 $\boldsymbol{\theta}$ 来完成振动台的建模，这就是优化问题，即 $\hat{\boldsymbol{\theta}} = \mathrm{argmin} J(\boldsymbol{\theta})$。

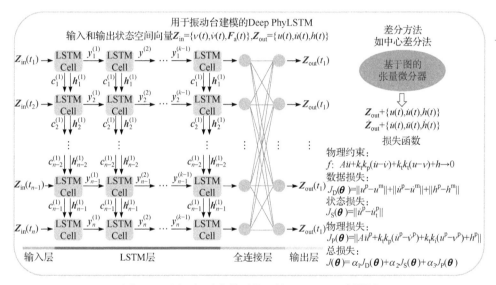

图 2-13　用于振动台模型辨识的 PhyLSTM 建模[27]

在该研究中，使用振动台对模型建模主要包含以下几个步骤，即试验的设计与实施、信号的采集与预处理、模型训练与验证等，其流程图如图 2-14 所示[21]。在试验设计中，考虑到振动台主要是复现地震动，而通常 10Hz 以上的地震波的频率分量很小。此外，由于将来需要在此振动台上使用的控制算法(如模型预测控制算法)倾向于使用位移量作为追踪目标，因此在此处使用带宽为 0.1～10Hz 的白噪声、正弦波啁啾信号和地震波作为激励信号，并以振动台的位移作为记录对象。此外，通过在振动台上安装不同数量的质量块以模拟振动台工作时试件所产生的惯性效应。最终设计出如表 2-1 所示的 4 种共 320 条工况[27]。

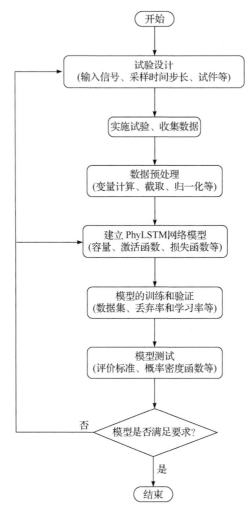

图 2-14　使用 PhyLSTM 进行振动台建模的流程示意图

表 2-1　测试工况

编号	类型	安装质量块/kg	带宽/Hz	幅值	数量
1	白噪声	585、850	1、2、4、6、8、10	$0.25\,d_{max}$、$0.5\,d_{max}$、$0.75\,d_{max}$、d_{max}	111
2	正弦信号	1050、1250	—	—	120
3	扫频信号	1450、1650	10	—	14
4	地震波	—	—	$0.01g$、$0.02g$、$0.05g$	75

注：d_{max} 为振动台的最大位移量。

在上述测试工况中，该研究对比了未考虑非线性因素建模的振动台模型和考虑非线性因素建模的振动台模型之间的预测效果。结果显示，考虑了振动台的非线性所建立的模型的时延略有降低，通常降低了 2～3ms，而预测值的均方根误差(root mean square error，RMSE)和峰值误差分别降低了 7.1%和 5.3%。由此可见，通过机理建模的方法建立白箱模型时考虑模型非线性能在一定程度上优化模型的预测误差，但效果仍然不理想。

因此，通过建立和训练 PhyLSTM 网络来对振动台进行建模，具体方法在前面已经说明。在该研究中，所建立的三阶状态空间方程对大振幅的振动预测效果较好，且为了获得更好的模型训练效果，将振幅由作动器的幅值 120mm 缩减至 10mm，并最终选取了 32 条白噪声和 8 条其他信号作为训练数据集和验证数据集。此外，还挑选了由 92 条正弦信号、12 条啁啾信号、58 条白噪声信号和 8 条地震波信号共 170 条信号组成的预测数据集上进行了适用性验证。结果表明，在上述 170 条信号组成的预测数据集上，PhyLSTM 神经网络的方均根误差和峰值误差分别为 6.6%和 10.3%，而传递函数模型的 RMSE 和峰值误差分别为 22.7%和 29.1%。并且 PhyLSTM 的单步计算仅需 0.3ms，满足控制算法的实时计算要求。

该实例证明，使用 PhyLSTM 进行加载设备的系统辨识是可行的。其主要思想是在 LSTM 的基础上将基于振动台运行机理所构建的关系式(2-80)作为物理损失计入总损失函数，并将公式中难以精确计算和获得的参数并入网络中隐藏状态函数 $h(t)$ 参加神经网络的计算。以此构建了振动台的期望状态空间变量以及实际状态空间变量之间的关系。该种利用神经网络的方法不对所构建的模型参数进行明确的辨识，而是利用神经网络的特征，利用隐藏状态函数对这些参数加以考虑，神经网络直接得出期望状态空间变量与实际状态空间变量之间的映射关系。

2.4 六自由度振动台的正向运动学求解

在高速轨道交通混合试验中，常用的加载设备之一是六自由度振动台。其本质是一种 6-6 Stewart 平台，除此之外还有 3-3、4-4、4-5、5-5、6-3、6-4 等类型的 Stewart 平台。在此处前后两个数字分别表示固定平台和运动平台的铰点数量。图 2-15 为位于中南大学的 6-6 Stewart 平台[34]。

正向运动学求解指的是在分析过程中,已知机械臂各个执行器的角度和位置，解算机器人的位置和姿态。在上述 6-6 Stewart 平台中，即通过 6 个电动缸的伸长量计算动平台的位置和姿态。由于并联机械臂正向运动学求解的复杂性和奇异性，并联机械臂在实际使用中往往被限制在较小的姿态范围内[34]。

为解决上述复杂性和奇异性，学者们提出了多种正向运动学求解方法，这些方法大多可分为数值法和解析法。其中，解析法的原理是通过消元得到一个只含有一

图 2-15　位于中南大学的 6-6 Stewart 平台(六自由度振动台)

个未知变量的高阶方程，并求解该方程以获取所有可能的平台姿态。此外，也可使用迭代数值方法和附加传感器的方法去获得该高阶方程的唯一解[35-37]。而数值法主要分为牛顿-拉弗森法和神经网络法。其中，牛顿-拉弗森法是在并联机械臂控制系统中应用最为广泛的算法，其是基于一阶泰勒级数和迭代方法进行计算的。但牛顿-拉弗森法求解的收敛性和准确性高度依赖于初始值的选择，当选择的初始值与潜在解存在明显偏离时，算法往往无法满足实际要求，而利用神经网络法进行并联机械臂的正向运动学求解也是较为常见的。例如，支持向量机[38]、多层感知器[39-41]、径向基函数神经网络[40, 41]和前馈神经网络调谐包[42]等神经网络都在并联机械臂的正向运动学求解问题中有所运用。但在工程运用中，这些神经网络具有两个致命缺陷，其一是这些神经网络的黑盒性质致使其缺乏物理可解释性；其二是这些神经网络仍然仅运用于小姿态范围的控制中，在大姿态范围中的适用性仍未得到验证[34]。

随着嵌入物理信息的神经网络(physics-informed neural network，PINN)在近些年的迅速发展，其在各领域中的发展和应用取得了瞩目的成就。与普通的神经网络相比，PINN 采用严格的物理方程优化神经网络，因而具有物理可解释性，便于在工程实践中应用。此外，得益于基于物理方程的方法，PINN 通常具有更好的泛化和外推能力。鉴于这些优点，He 等提出了一种用于并联机械臂的正向运动学求解的新型 PINN，命名为 PhyNRnet[34]。在该方法中使用了牛顿-拉弗森法来加速收敛，并在研究中重点考虑并联机械臂的大姿态运行状况。并且，为克服普通的 PINN 难以训练的缺陷，研究针对 PhyNRnet 开发了物理残差链接、半自动回归和初始条件、边界条件的硬施加技术。

2.4.1　数学表述

首先，针对 Stewart 平台建立基于动平台的局部坐标系 O'-$X'Y'Z'$ 和静平台的全局坐标系 O-XYZ，如图 2-16 所示。

该并联机器人的正向求解问题可表述为如下方程组：

$$\begin{cases} \boldsymbol{G} = \boldsymbol{T}(\alpha,\beta,\gamma,x,y,z)\boldsymbol{A} \\ \sum_{k=1}^{3}(g_{ki}-b_{ki})^2-(\Delta l_i+l_0)^2=0, \quad i=1,2,\cdots,n \end{cases} \quad (2\text{-}81)$$

式中，$\boldsymbol{G}$、$\boldsymbol{A} \in \mathbf{R}^{4\times n}$，分别为全局坐标系和局部坐标系中动平台铰点的齐次坐标矩阵，其中 n 为铰点数量；g_{ki} 和 b_{ki} 分别为 $\boldsymbol{G}$ 和 $\boldsymbol{B}$ 的元素，其中 $\boldsymbol{B} \in \mathbf{R}^{4\times n}$，为固定平台铰点的齐次坐标矩阵；$k$、$i$ 分别为行位置和列位置；Δl_i 为第 i 个作动器的伸长量；l_0 为对

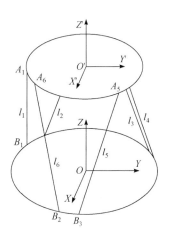

图 2-16　Stewart 平台几何示意图

应的初始长度。将动平台的广义坐标向量定义为 $\boldsymbol{q}=[\alpha,\beta,\gamma,x,y,z]^{\mathrm{T}}$，括号内的符号依次表示相对全局坐标系的 Roll、Pitch、Yaw 向的转动和 X、Y、Z 向的平动。$\boldsymbol{T}$ 表示将动平台铰点坐标从局部坐标系转换为全局坐标系的转换矩阵。最终的转换矩阵可表示为

$$\boldsymbol{T}=\begin{bmatrix} \cos\beta\cos\gamma & -\cos\alpha\sin\gamma+\sin\alpha\sin\beta\cos\gamma & \sin\alpha\sin\gamma+\cos\alpha\sin\beta\cos\gamma & x \\ \cos\beta\sin\gamma & \cos\alpha\cos\gamma+\sin\alpha\sin\beta\sin\gamma & -\sin\alpha\cos\gamma+\cos\alpha\sin\beta\sin\gamma & y \\ -\sin\beta & \sin\alpha\cos\beta & \cos\alpha\cos\beta & z \\ 0 & 0 & 0 & 1 \end{bmatrix}$$

$$(2\text{-}82)$$

2.4.2　牛顿-拉弗森法

牛顿-拉弗森法是并联机械臂正向运动学求解最常用的方法，该方法将泰勒级数与迭代相结合，因此在实际使用中非常方便。从式(2-81)中定义正向运动学方程如下：

$$f_i(\alpha,\beta,\gamma,x,y,z)=\sum_{k=1}^{3}(g_{ki}-b_{ki})^2-(\Delta l_i+l_0)^2, \quad i=1,2,\cdots,n \quad (2\text{-}83)$$

为简便起见，重新定义 $\boldsymbol{q}=[q_1,q_2,q_3,q_4,q_5,q_6]^{\mathrm{T}}$，并将 f_i 在 $\boldsymbol{q}_0$ 处展开为线性泰勒级数，即

$$f_i(\boldsymbol{q}_0)+\sum_{j=1}^{6}(\boldsymbol{q}_j-\boldsymbol{q}_{j0})\frac{\partial f_i(\boldsymbol{q}_0)}{\partial \boldsymbol{q}_j}=0 \quad (2\text{-}84)$$

式中，$\boldsymbol{q}_0 = [q_{10}, q_{20}, q_{30}, q_{40}, q_{50}, q_{60}]^{\mathrm{T}}$，为初始位置；令 $\Delta q_j = q_j - q_{j0} (j = 1, 2, \cdots, 6)$，式(2-84)可改写为

$$\sum_{j=1}^{6} \Delta q_j \frac{\partial f_i(\boldsymbol{q}_0)}{\partial \boldsymbol{q}_j} = -f_i(\boldsymbol{q}_0) \tag{2-85}$$

式(2-85)的解为

$$\Delta \boldsymbol{q} = -\boldsymbol{J}^{-1} f(\boldsymbol{q}_0) \tag{2-86}$$

式中，$\boldsymbol{J}$ 为雅可比矩阵，在此其可表示为

$$\boldsymbol{J} = \begin{bmatrix} \dfrac{\partial f_1}{\partial q_1} & \dfrac{\partial f_1}{\partial q_2} & \cdots & \dfrac{\partial f_1}{\partial q_6} \\[2mm] \dfrac{\partial f_2}{\partial q_1} & \dfrac{\partial f_2}{\partial q_2} & \cdots & \dfrac{\partial f_2}{\partial q_6} \\[2mm] \vdots & \vdots & & \vdots \\[2mm] \dfrac{\partial f_n}{\partial q_1} & \dfrac{\partial f_n}{\partial q_2} & \cdots & \dfrac{\partial f_n}{\partial q_6} \end{bmatrix} \tag{2-87}$$

通过不断更新初始位置，牛顿-拉弗森法完成迭代，即

$$q_{m+1} = q_m + \Delta q_m \tag{2-88}$$

式中，m 为迭代次数。由于传统并联机械臂的运行范围较小，通常选取零位为迭代初始值，在这种情况下牛顿-拉弗森法通常能保证快速收敛和精度要求，但机械臂的运行范围扩大到大姿态空间，这种收敛性通常不能保证。

2.4.3　PhyNRnet 求解方法

PhyNRnet 由全连接层、批量归一化(batch normalization，BN)、简化的牛顿-拉弗森法、物理残差连接、半自动回归、物理信息损失函数和初始条件、边界条件的硬施加组成。PhyNRnet 的架构如图 2-17 所示。

PhyNRnet 的架构是受 PINN 的启发所建立的，但是当原版 PINN 用并联机器人大姿态运行时的正向运动学求解时，式(2-81)所表示的前向运动学是高度非线性和强耦合的，会导致原版 PINN 在实际运用中收敛缓慢且精度较低。PhyNRnet 的解决思路是通过建立全局残差连接以使用基于偏导数的牛顿-拉弗森法来加速收敛和提高精度。而所使用的残差块实际上是简化的单步骤牛顿-拉弗森法计算。

使用简化的牛顿-拉弗森法计算的原因是雅可比矩阵在实际计算时较为复杂、算法的收敛性难以保证。简化的牛顿-拉弗森法即是在整个过程中使用零位的雅可比矩阵 $\boldsymbol{J}_0$，即式(2-86)变为

$$\Delta \boldsymbol{q} = -\boldsymbol{J}_0^{-1} f(\boldsymbol{q}_0) \tag{2-89}$$

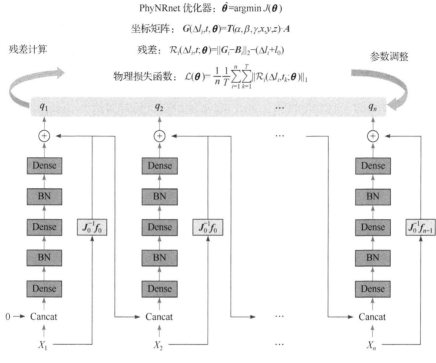

图 2-17　PhyNRnet 的架构

此外，PhyNRnet 为简化训练难度，还设计应用了半自动回归机制以降低优化难度，即在每个时间步，只有残差块的输出会被输入下一个时间步中。

同时，还将物理信息嵌入损失函数来引导网络快速收敛到正确的解空间，此举可以省略标记数据标签的工作，且使模型具有清晰的物理意义。在本方法中，基于式(2-81)建立了如下物理残差公式：

$$\mathcal{R}_i(\Delta l_i, t; \boldsymbol{\theta}) = \sqrt{\sum_{k=1}^{3}\left(g_{ki}^{\theta} - b_{ki}\right)^2} - (\Delta l_i + l_0), \quad i = 1, 2, \cdots, n \tag{2-90}$$

式中，$\boldsymbol{\theta}$ 为网络参数矩阵。

而损失函数 $\mathcal{L}(\boldsymbol{\theta})$ 通过物理残差的加权得到，在该网络中，选取平均绝对误差作为最终的损失函数，表示如下：

$$\mathcal{L}(\boldsymbol{\theta}) = \frac{1}{n}\frac{1}{T}\sum_{i=1}^{n}\sum_{k=1}^{T}\left\|\mathcal{R}_i(\Delta l_i, t_k; \boldsymbol{\theta})\right\|_1 \tag{2-91}$$

式中，$\|\cdot\|_1$ 表示 ℓ_1 范数。在训练中，网络通过最优化参数 $\hat{\boldsymbol{\theta}}$ 来最小化损失函数 $\mathcal{L}(\boldsymbol{\theta})$。

在本节，PhyNRnet 中运用的一些技术，如批量归一化、初始条件和边界条件的硬施加等在此不再赘述。在 He 等的研究中，使用牛顿-拉弗森法在 6-6 Stewart 平台中收敛的临界转角为π/3，而使用 PhyNRnet 后将这一临界值提升至π/2，在研究中使用的 92 条测试数据集中，使用 PhyNRnet 进行正向运动学计算的平均归一化 RMSE 和峰值误差分别为 1.2%和 3.2%[34]；而在 6-3 Stewart 平台中平均归一化 RMSE 和峰值误差分别为 1.1%和 2.5%。而与利用原版 PINN 的计算结果相比，平均归一化 RMSE 和峰值误差分别降低了 96.2%和 66.7%。由数据驱动的多层感知器在测试工况下则完全失效，且在测试中，PhyNRnet 的单步计算耗时约为 3ms，满足使用的实时性要求。

2.5　本章小结

　　为实现混合试验中对试件的精确加载，往往需要对加载设备的控制器进行特殊设计，而一些优选控制算法是基于模型的控制算法，因此衍生了对模型辨识技术的需求。本章主要介绍了混合试验模型辨识的基本知识，包括基本概念、数学模型表述方法及几种常用的模型辨识方法，如最小二乘法、子空间模型辨识法，以及利用神经网络进行模型辨识的基本理论，并通过介绍两个模型辨识实例解释上述理论的实际运用。此外，为解决六自由度振动台正向求解的困难，提出了一种新型的正向求解算法，即 RhyNRnet，本章也针对该方法进行了简单介绍。

参 考 文 献

[1] 周蔚吾, 李国栋. 液压控制系统的模型辨识[J]. 机床与液压, 1983, 11(4): 9-17.

[2] Kuehn J, Epp D, Patten W N. High-fidelity control of a seismic shake table[J]. Earthquake Engineering & Structural Dynamics, 1999, 28(11): 1235-1254.

[3] 洪峰. 地震模拟振动台系统频率特性分析方法的研究[J]. 世界地震工程, 2002, 18(3): 1-5.

[4] 陈建秋, 张新政, 谭平. 基于微分进化算法的模拟地震振动台频响函数辨识[J]. 液压与气动, 2010, 34(7): 17-21.

[5] 纪金豹, 孙丽娟, 占鹏云, 等. 基于频域辨识的振动台控制参数整定方法研究[J]. 工业建筑, 2014, 44(S1): 424-427.

[6] 韩桂华, 于凤丽, 李建英. 电液位置伺服系统神经网络辨识的实验研究[J]. 机床与液压, 2016, 44(5): 104-108.

[7] 朱豫才. 过程控制的多变量系统辨识[M]. 长沙: 国防科技大学出版社, 2005.

[8] 伊泽曼, 明奇霍夫. 动态系统辨识: 导论与应用[M]. 北京: 机械工业出版社, 2016.

[9] Zadeh L. From circuit theory to system theory[J]. Proceedings of the IRE, 1962, 50(5): 856-865.

[10] Eykhoff P P. Identification in measurement and instrumentation[J]. Concise Encyclopedia of Measurement and Instrumentation, 1994: 137-142.

[11] Ljung L. System Identification: Theory for the User[M]. Beijing: Tsinghua University Press, 2002.

[12] 庞中华, 崔红. 系统辨识与自适应控制 MATLAB 仿真[M]. 北京: 北京航空航天大学出版

社, 2009.

[13] Isermann R. Mechatronic Systems: Fundamentals[M]. Berlin: Springer Science & Business Media, 2007.

[14] 刘金琨, 沈晓蓉, 赵龙. 系统辨识理论及 MATLAB 仿真[M]. 北京: 电子工业出版社, 2013.

[15] 李幼凤, 苏宏业, 褚健. 子空间模型辨识方法综述[J]. 化工学报, 2006, 57(3): 473-479.

[16] Favoreel W, De Moor B, Van Overschee P. Subspace state space system identification for industrial processes[J]. Journal of Process Control, 2000, 10(2-3): 149-155.

[17] 吴亚锋, 姜节胜. 结构模态参数的子空间辨识方法[J]. 应用力学学报, 2001, 18(S1): 31-35.

[18] Aoki M . Notes on Economic Time Series Analysis: System Theoretic Perspectives[M]. Berlin: Springer Berlin Heidelberg, 1983.

[19] Katayama T, Picci G. Realization of stochastic systems with exogenous inputs and subspace identification methods[J]. Automatica, 1999, 35(10): 1635-1652.

[20] Sjöberg J. Non-linear system identification with neural networks[D]. Linköping: Linköping University, 1995.

[21] Chen S, Billings S A, Grant P M. Non-linear system identification using neural networks[J]. International Journal of Control, 1990, 51(6): 1191-1214.

[22] Chen S, Billings S A. Neural networks for nonlinear dynamic system modelling and identification[J]. International Journal of Control, 1992, 56(2): 319-346.

[23] He S, Sepehri N. Modeling and prediction of hydraulic servo actuators with neural networks[C]// Proceedings of the 1999 American Control Conference, San Diego, 1999: 3708-3712.

[24] Knohl T, Unbehauen H. Adaptive position control of electrohydraulic servo systems using ANN[J]. Mechatronics, 2000, 10(1-2): 127-143.

[25] Kilic E, Dolen M, Koku A B, et al. Accurate pressure prediction of a servo-valve controlled hydraulic system[J]. Mechatronics, 2012, 22(7): 997-1014.

[26] Kilic E, Dolen M, Caliskan H, et al. Pressure prediction on a variable-speed pump controlled hydraulic system using structured recurrent neural networks[J]. Control Engineering Practice, 2014, 26: 51-71.

[27] Guo W, He C J, Shao P. A novel system identification method for servo-hydraulic shaking table using physics-guided long short-term memory network[J]. Mechanical Systems and Signal Processing, 2022, 178: 109277.

[28] Mandic D P, Chambers J A. Recurrent Neural Networks for Prediction: Learning Algorithms, Architectures and Stability[M]. Chichester: Wiley, 2001.

[29] Atha D J, Jahanshahi M R. Evaluation of deep learning approaches based on convolutional neural networks for corrosion detection[J]. Structural Health Monitoring, 2018, 17(5): 1110-1128.

[30] Hochreiter S, Schmidhuber J. Long short-term memory[J]. Neural Computation, 1997, 9(8): 1735-1780.

[31] 胡静怡. 基于 LSTM 的悬索桥上行车竖向半主动悬挂混合试验研究[D]. 长沙: 中南大学, 2022.

[32] Srivastava N, Hinton G, Krizhevsky A, et al. Dropout: A simple way to prevent neural networks from overfitting[J]. Journal of Machine Learning Research, 2014, 15(1): 1929-1958.

[33] Ryu K P, Reinhorn A M. Real-time control of shake tables for nonlinear hysteretic systems[J]. Structural Control and Health Monitoring, 2017, 24(2): e1871.

[34] He C J, Guo W, Zhu Y X, et al. PhyNRnet: physics-informed newton-raphson network for forward kinematics solution of parallel manipulators[J]. Journal of Mechanisms and Robotics, 2024, 16(8): 081003.

[35] Merlet J P. Direct kinematics of parallel manipulators[J]. IEEE Transactions on Robotics and Automation, 1993, 9(6): 842-846.

[36] Li K, Pan B, Gao W P, et al. Miniature 6-axis force/torque sensor for force feedback in robot-assisted minimally invasive surgery[J]. Journal of Central South University, 2015, 22(12): 4566-4577.

[37] Bevilacqua V, Dotoli M, Foglia M M, et al. Artificial neural networks for feedback control of a human elbow hydraulic prosthesis[J]. Neurocomputing, 2014, 137: 3-11.

[38] Morell A, Tarokh M, Acosta L. Solving the forward kinematics problem in parallel robots using Support Vector Regression[J]. Engineering Applications of Artificial Intelligence, 2013, 26(7): 1698-1706.

[39] Yee C S, Lim K B. Forward kinematics solution of Stewart platform using neural networks[J]. Neurocomputing, 1997, 16(4): 333-349.

[40] Bevilacqua V, Dotoli M, Foglia M M, et al. Artificial neural networks for feedback control of a human elbow hydraulic prosthesis[J]. Neurocomputing, 2014, 137: 3-11.

[41] Ramanababu S, Raju V R, Ramji K. Neural network solutions of forward kinematics for 3RPS parallel manipulator[C]//National Conference on Machines and Mechanisms, Uttarakhand, 2013: 1064-1070.

[42] Durali M, Shamell E. Full order neural velocity and acceleration observer for a general 6-6 Stewart platform[C]//IEEE International Conference on Networking, Sensing and Control, Taipei, 2004: 333-338.

第3章 车-轨-桥耦合混合试验边界协调算法

3.1 引 言

作为一种新的试验技术，实时混合试验技术可以完成大比例尺甚至足尺试验，也可以获得结构体系的地震响应，在桥梁抗震和高速铁路列车运行安全评估中得到了广泛应用[1]。由于实验室空间和加载能力的限制，通常采用子结构试验方法研究工程结构的抗震性能，即将本构关系明确、易于仿真或不便于试验的部分作为数值子结构，将具有强非线性、物理特性不明确的部分则作为物理子结构进行试验测试，数值子结构与物理子结构之间通过边界处信息的实时交互实现整个系统的耦合分析[2]。边界条件分为运动边界(通常为位移、速度或加速度)、力边界、运动-力混合边界三种。结构反应由结构整体数值模型计算得到，数值子结构与物理子结构间的相互作用(位移、力的传递)和信息的联通(传感器信号)依靠边界协调算法实现，数值-物理边界条件的复现可以通过作动器、振动台、振动台和作动器联合加载，振动台阵等多种方式实现。由于振动台台面为刚性，可能无法直接复现数值子结构计算出的连续位移，因此需要边界协调算法优化台面命令让台面近似复现结构响应[3]。而数值-物理边界条件复现的精度不仅取决于控制算法的可靠性，也取决于边界协调算法的精确性。本章将着重介绍车-轨-桥耦合系统中边界协调算法的原理与边界协调算法在磁浮列车混合试验中的应用。

3.2 高速轮轨混合试验边界协调算法

在工程结构混合试验中，整体系统往往会被拆分为多个子结构，子结构之间的边界随之暴露出来。边界协调主要包括边界上变形的协调和力的平衡。子结构的划分通常选取在结构内力较简单的部位，如柱反弯点、梁跨中等位置，仅需要控制轴向和剪切向变形，加载设备完全解耦，易于控制[4]。

车桥实时混合试验的思路是以轮-轨接触点为边界，基于子结构技术将列车和轨道-桥梁系统分离为物理子结构和数值子结构两部分[5]。以一节高速铁路列车缩尺模型为数值子结构，将轨道-桥梁系统作为物理子结构。数值子结构借助积分算法或有限元软件求解其响应，将力学性能复杂的部分作为数值子结构并进行物理加载，两者之间通过边界协调实现完整结构的测试。通过数值-物理子结构的耦联仿真和试验台的高频振动，复现列车动力加载引起的轨道梁变形和轨道不平顺激励，开展不同地震动、不同行车速度下的试验工况。

接下来以单转向架线路运行状态实时混合滚振试验(以下简称单转向架滚振试验)为例介绍车-轨-桥耦合混合试验的边界协调算法的原理。

轨道车辆线路运行状态实时混合滚振试验台通常包括轮轨接触模拟装置、六自由度加载装置、列车试验模型、线路数值模型求解装置、控制系统和数据采集装置。单转向架滚振试验流程如图 3-1 所示。

线路数值模型求解装置根据当前车速确定当前时间步的列车移动荷载在线路数值模型中的作用位置，并求解线路数值模型在外部激励荷载和列车移动荷载同时作用下的动态响应；边界协调模块接收数值模型求解装置的计算结果，根据实时混合试验子结构划分方式，将线路数值模型求解装置求解得到的连续曲线转换为离散折线段，并作为六自由度加载装置的期望位姿命令进行输出；时滞补偿模块针对由六自由度加载装置自身动态特性引起的响应时间滞后误差及幅值追踪误差进行修正补偿；运动控制模块接收时滞补偿模块输出的控制位姿命令，输入至多自由度加载装置，复现列车试验模型的实际振动。

列车试验模型作为实时混合试验中的数值子结构，放置于滚动振动装置上，轮轨接触模拟装置通过连续旋转轨道轮带动列车试验模型的车轮旋转，模拟列车高速运行状态、负载特性和振动行为，实现轮轨滚动接触动态关系的复现。六自由度加载装置从运动控制模块接收控制位姿命令，实现轨道下部线路结构在外荷载作用下的动态响应复现。

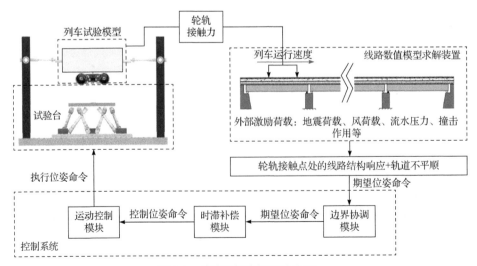

图 3-1　单转向架滚振试验流程

本节仅以单转向架滚振试验为例介绍边界协调算法在高速轮轨混合试验中的实现过程，对于其他通过作动器或振动台、作动器和振动台联合加载、振动台阵等多种方式完成的混合试验，数值-物理子结构发生改变，而边界协调算法的实现过程大致相同，受限于篇幅，此处不进行详细阐述。

3.3　高速磁浮混合试验边界协调算法

将边界协调算法应用于高速磁悬浮列车多台阵混合试验时，为了使刚性台面精确复现轨道-桥梁结构的动力响应，本节提出以直线代替曲线的边界协调算法对桥梁连续变形进行拟合，考虑到轨道不平顺的随机特性，使用基于最小二乘法的多点线性拟合对算法进行优化，并利用实例验证子结构划分边界协调算法对减小台面复现误差的有效性和稳定性。

3.3.1　算法概述

1. 数值-物理边界划分

磁浮列车走行混合试验基本的数值-物理子结构划分、编组车混合试验和电磁铁混合试验的界面划分如图 3-2 所示。基本的数值-物理子结构划分主要在车辆与轨道梁之间，以桥梁安装长定子安装面为悬浮方向划分面，导向板的安装面为导向方向划分面，桥梁整体及功能部作为数值部分，磁浮车辆作为物理部分，通过安装在长定子与二级台面之间的力传感器直接测量悬浮、导向力作为数值与物理部分的交互荷载，通过边界处的力-位移关系实现边界协调[5]。高速磁浮混合试验的特殊性在于物理子结构与数值子结构之间的界面随着列车以速度 v 在桥梁上前进而不断改变。这意味着数值子结构的加载位置，即数值-物理边界是不断变化的。高速磁浮车-桥耦合系统在实时混合试验中的运动方程表达如下：

$$\boldsymbol{M}_N\ddot{x}_N + \boldsymbol{C}_N\dot{x}_N + \boldsymbol{K}_N x_N = \boldsymbol{F}_{\mathrm{Mag}} \tag{3-1}$$

式中，$\boldsymbol{M}_N$、$\boldsymbol{C}_N$ 和 $\boldsymbol{K}_N$ 分别为数值子结构的质量矩阵、阻尼矩阵和刚度矩阵；$\ddot{x}_N$、$\dot{x}_N$ 和 x_N 分别为数值子结构的加速度、速度和位移列阵；$\boldsymbol{F}_{\mathrm{Mag}}$ 为数值子结构与物理子结构分界面处的悬浮及导向力向量，代表列车与轨道的磁轨相互作用力。

编组混合试验相对于整车混合试验的主要区别是加入了被试单节磁浮车前后的其他节磁浮车的车钩力相互影响，数值-物理车辆子结构划分如图 3-2(c)所示。

2. 算法原理

本章边界协调算法采用割线法，以分段直线代替曲线进行计算，轨道桥梁的竖向振动和横向振动形态如图 3-3 所示。

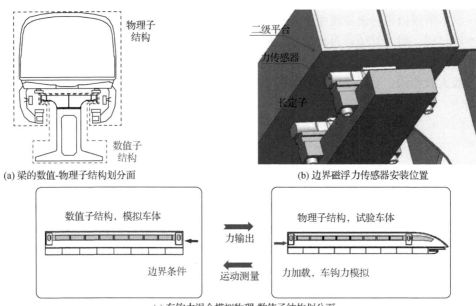

(a) 梁的数值-物理子结构划分面

(b) 边界磁浮力传感器安装位置

(c) 车钩力混合模拟物理-数值子结构划分面

图 3-2　数值-物理边界划分

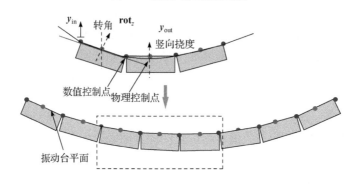

(a) 台阵复现轨道桥梁的竖向振动形态

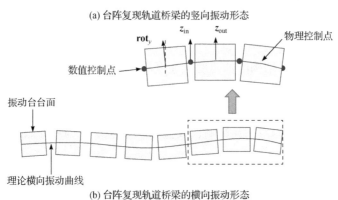

(b) 台阵复现轨道桥梁的横向振动形态

图 3-3　轨道桥梁的竖向、横向振动形态

　　边界协调算法控制平面为二级台面中心点。图 3-3 中红色台面拟合点为数值控制点，也就是数值桥梁模型计算得到的实际位移点；绿色拟合点为物理控制点，是由数值控制点计算得到的台面复现点。边界协调算法的输入是数值控制点位置处的桥梁竖向位移向量 y_{in}、横向位移向量 z_{in} 和转角向量 $\mathbf{rot}_{x,in}$，输出是物理控制点位置处的横向位移向量 z_{out}、竖向位移向量 y_{out} 和转角向量 $\mathbf{rot}_{x,out}$。当选取两台面相接点为数值控制点时，输入桥梁响应向量维度为 1×9，可以写成

$$y_{in} = \begin{pmatrix} y[1] \\ y[2] \\ \vdots \\ y[8] \\ y[9] \end{pmatrix}, \quad z_{in} = \begin{pmatrix} z[1] \\ z[2] \\ \vdots \\ z[8] \\ z[9] \end{pmatrix}, \quad \mathbf{rot}_{x,in} = \begin{pmatrix} \mathbf{rot}_x[1] \\ \mathbf{rot}_x[2] \\ \vdots \\ \mathbf{rot}_x[8] \\ \mathbf{rot}_x[9] \end{pmatrix} \tag{3-2}$$

　　此时，复现轨道梁的竖向、横向平动和三个转动自由度的命令信号 y_{out}、z_{out}、$\mathbf{rot}_x$、$\mathbf{rot}_y$、$\mathbf{rot}_z$ 等均为 1×8 的向量。横竖两个方向的平动位移输出可以通过台面振动的几何关系计算得到，绕 y、z 方向的转动输出分别根据该时步计算得到的 z、y 方向平动命令信号计算得到，绕 x 方向的转动取相邻数值控制点转动大小的均值。各自由度命令信号计算表达式如式(3-3)所示，式中 i 表示第 i 个台面，Δx 为两相邻数值控制点的距离大小，对于图 3-3 的选点方式来说就是一半的台面长度。

$$\begin{cases} y_{out}[i] = \dfrac{y_{in}[i] + y_{in}[i+1]}{2} \\[2mm] z_{out}[i] = \dfrac{z_{in}[i] + z_{in}[i+1]}{2}s \\[2mm] \mathbf{rot}_x[i] = \dfrac{\mathbf{rot}_{x,out}[i] + \mathbf{rot}_{x,out}[i+1]}{2} \\[2mm] \mathbf{rot}_z[i] = \arctan\left(\dfrac{y_{out}[i+1] - y_{out}[i]}{\Delta x} \right) \\[2mm] \mathbf{rot}_y[i] = \arctan\left(\dfrac{z_{out}[i+1] - z_{out}[i]}{\Delta x} \right) \end{cases} \tag{3-3}$$

　　边界协调算法的输出是台面中心各自由度控制命令，实际和磁浮车相互作用的应为长定子上的点，二级台面转动与长定子位移转化如图 3-4 所示。根据台面中心点实际复现长定子位移。同理，位移(z_{out}、y_{out})与转角(θ_{Pitch}、θ_{Yaw}、θ_{Roll})分别由台面中心点实际位移与转角复现得到。根据小角度下的叠加原理，由台面中心点实际复现位移计算长定子处复现的竖向位移 y_{cdz}^P 和横向位移 z_{cdz}^P 如式(3-4)所示：

$$\begin{cases} y_{\text{cdz}}^{\text{P}} = y_{\text{out}} - \text{dis}_x \sin(\theta_{\text{Pitch}}) - \text{dis}_z \sin(\theta_{\text{Roll}}) \\ z_{\text{cdz}}^{\text{P}} = z_{\text{out}} - \text{dis}_x \sin(\theta_{\text{Yaw}}) - \text{dis}_z [1 - \cos(\theta_{\text{Roll}})] \end{cases} \tag{3-4}$$

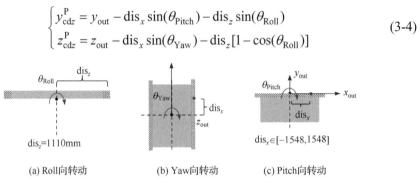

(a) Roll向转动	(b) Yaw向转动	(c) Pitch向转动

图 3-4　二级台面转动与长定子位移转化

长定子处误差点处复现位移误差大小是台面复现精度的重要评判标准，可根据数值轨道梁长定子处位移 $y_{\text{cdz}}^{\text{N}}$ 与振动台复现长定子位移做差计算得到长定子处位移复现误差：

$$\text{error}_{\text{cdz}} = y_{\text{cdz}}^{\text{P}} - y_{\text{cdz}}^{\text{N}} \tag{3-5}$$

3. 算法优化

实际行车线路上的各种轨道不平顺由不同波长、不同相位、不同幅值的随机不平顺叠加而成，是与线路里程有关的复杂随机函数[6]。因此，在实际线路试验中，需要将轨道不平顺与桥梁响应进行叠加，将得到的总位移作为边界协调算法的输入。为减小边界协调算法的误差，算法采用多点输入线性拟合的方法进行求解。振动台台面为刚性平面，其中心轴线为一条直线，其在竖平面投影(X—Y 平面)的表达式为 $y = ax + b$。线性拟合采用算法实现简单、稳定性高的最小二乘算法，以第 i 个台面为例，其最小二乘算法最优公式如式(3-6)所示：

$$\beta_i = \left(\boldsymbol{X}_i^{\text{T}} \boldsymbol{X}_i\right) \boldsymbol{X}_i^{\text{T}} \boldsymbol{Y}_i \tag{3-6}$$

式中，$\boldsymbol{X}_i = \left[x_i^1, x_i^2, x_i^3, \cdots, x_i^n\right]$，为桥梁中轴线对应点的水平方向坐标向量；$\boldsymbol{Y}_i = \left[y_i^1, y_i^2, y_i^3, \cdots, y_i^n\right]$，为当前时刻桥梁中轴线竖向位移向量，其维度均为 $1 \times N$，N 为单个台面上取拟合点的数量；β_i 为最小二乘算法拟合出的最优台面中心轴线在竖平面投影表达式的斜率与截距，由竖向和横向投影表达式可方便计算出台面中心点以及任意点的坐标。

4. 算法接口

边界协调算法采用空间近似方法来实现梁的变形信号向振动台运行信号的转

换，算法接口关系如图 3-5 所示。在单电磁铁混合试验中，除了数值桥的边界协调，数值车体与电磁铁也存在边界划分，即数值车体与物理悬架的边界 Z 向支撑点的位移考虑到电磁铁的非刚性特征，Z 向支撑 4 个连接点的位移也需要通过边界协调算法来实现点位移向自由度位移拟合的过程，以便自由度控制的振动台能够模拟车体姿态。

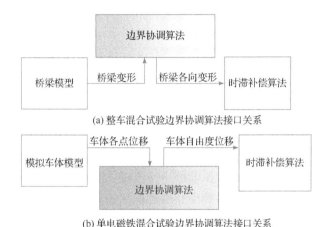

(a) 整车混合试验边界协调算法接口关系

(b) 单电磁铁混合试验边界协调算法接口关系

图 3-5　边界协调算法接口关系

本章将分别在 3.3.2 节和 3.3.3 节中对单电磁铁和整车的边界协调算法工作进展进行介绍。在每一节中，分别介绍算法的原理及实现方式，评价不同工况下算法复现误差的大小与实时性，并明确加入不平顺时满足复现误差限值的波长。

3.3.2　单电磁铁混合试验边界协调算法

单悬浮架混合试验可利用单台加载，由于悬浮架与数值车体之间通过二系悬挂相连，边界条件较为明确，本节只讨论悬浮、导向电磁铁与数值桥之间的边界协调关系。在实际应用中，单电磁铁每时步对应的桥梁变形首先需传输至边界协调算法进行计算，输出作为加载信号给液压伺服振动台系统模拟桥梁变形。

边界协调的输入是桥梁的位移响应，包括竖向位移和 Roll 方向转角。为减小单电磁铁边界协调算法的误差，算法采用多点输入线性拟合的方法进行求解(本书以采用 9 点拟合为例进行求解)，线性拟合采用最小二乘算法，最小二乘算法公式如式(3-7)所示：

$$\hat{\beta} = (X^{\mathrm{T}}X)^{-1}X^{\mathrm{T}}Y \tag{3-7}$$

式中，X 为桥梁竖向位移对应点的水平方向坐标向量；Y 为当前时刻桥梁竖向位移向量；X、Y 均为 1×9 的向量；$\hat{\beta}$ 为拟合出的台面直线表达式的斜率与截距，由此直线表达式可计算出台面任意点的坐标。

单电磁铁边界协调算法的输出是台面中心的竖向位移、Pitch 方向转角命令以及 Roll 方向转角命令。轨道不平顺作为桥梁响应的叠加输入，可在边界协调算法之前与桥梁竖向位移响应叠加，将得到叠加后的位移作为边界协调算法的输入。

1. 实时混合试验仿真框架

1) 仿真框架介绍

为验证边界协调算法的可靠性并预估在实际试验中边界协调算法带来的误差大小，需要搭建单电磁铁虚拟仿真实时混合试验仿真平台。单电磁铁虚拟仿真实时混合试验仿真平台通过 Simulink 平台搭建，单电磁铁程序运行框架中的模块包括数值车(单电磁铁)仿真模块、数值桥梁仿真模块、线性插值算法模块、边界协调算法模块、数值振动台与控制算法模块、振动台长定子位移复现计算模块等。其中，边界协调所起的作用是数值-物理子结构之间的位移协调工作。

单电磁铁虚拟仿真实时混合试验的运行流程如图 3-6 所示。在仿真初始时，列车重力施加给桥梁，桥梁数值模型利用逐步积分算法进行求解，得到单电磁铁下桥梁 9 个点的响应，由于数值子结构采用大步长进行模拟，需要将桥梁响应进行线性内插，以保证整个 Simulink 子模块之间在时间步上的协调，将插值之后的 9 点桥梁响应输入边界协调算法，输出振动台中点的位移给时滞补偿算法进行处理，之后输出给振动台，由振动台输出长定子的位移并输回单电磁铁模型，给单电磁铁输入前后两点的位移并输出电磁铁前后两点的力，并将电磁铁下的电磁力与行车速度输入数值桥模型中，完成一次程序的运行。

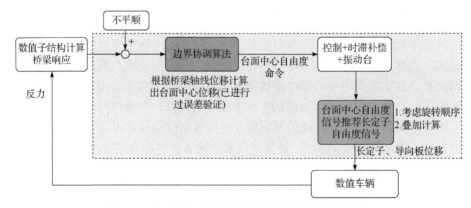

图 3-6　单电磁铁虚拟仿真实时混合试验的运行流程

将 9 点桥梁响应输入边界协调算法中，在经过边界协调算法的线性拟合之后输出台面中点的响应。

2) 边界协调算法实现

单电磁铁边界协调算法框架包括桥梁响应提取、轨道不平顺的生成与输出、桥梁响应叠加轨道不平顺、线性拟合算法等模块。

输入 9 个点的桥梁响应,每个点的桥梁响应都储存在一个 6×2 的矩阵里面,各点第二行第一列元素为桥梁响应中的竖向位移,第六行第一列元素为桥梁响应中 Pitch 方向的转角位移,第四行第一列元素为桥梁响应中 Roll 方向的转角位移。

利用功率谱得到 9 个点的轨道不平顺,将 9 个点的竖向桥梁响应与各自位置处的轨道不平顺叠加。将叠加过轨道不平顺的 9 点竖向位移输入线性拟合算法中,在算法中利用 9 个点的位置拟合出一条直线,并提取直线中点的位置作为振动台的竖向位移,取拟合出来的直线与 X 轴方向的夹角作为振动台中点 Pitch 方向的转角位移,取 9 个点 Roll 方向的转角的平均值作为振动台中点与 Roll 方向的转角位移。

3) 基本参数

单电磁铁虚拟仿真实时平台运行需定义桥梁与电磁铁的基本参数,以及数值计算所需的基本参数。其中,数值桥梁的基本参数包括数值桥跨数、数值桥伸缩缝长度、数值桥单跨长度;电磁铁的基本参数包括电磁铁长度、电磁铁的运行速度(根据工况确定);数值计算所需的基本参数包括数值桥模型的仿真时间步长 dt、数值车边界协调以及振动台的仿真时间步长、阻尼比、数值车仿真总长度。本书以表 3-1 所示的参数为例进行边界协调算法的验证与误差分析。单电磁铁边界协调输入、输出信号与复现位移如图 3-7 所示,单电磁铁模型包括两个电磁铁,单电磁铁试验仅取单电磁铁的其中一个电磁铁。

表 3-1　边界协调算法采用的基本参数

基本参数名称	参数值
数值桥跨数	50
数值桥伸缩缝长度/mm	8
数值桥单跨长度/m	24.682
电磁铁长度/m	3.096
数值桥模型仿真时间步长/s	1/128
数值车边界协调以及振动台仿真时间步长/s	1/2048
阻尼比	0.025
数值车仿真总长度/m	1238.02

2. 误差分析与可复现波长范围确定

为了保证桥梁响应与振动台复现位移误差在允许范围内,需要对单电磁铁边界协调算法进行误差分析,9 个桥梁点与台面复现对比与误差分析如图 3-8 所示。

分析内容包括以下几个方面：

(1) 振动台中点竖直方向与 Pitch 方向在整个仿真时间的位移变化分析。

(2) 9 个桥梁点与台面复现对比与误差分析。

(3) 桥梁响应点 5 与台面复现点 5 的时程对比与误差分析。

(4) 桥梁响应点 6 与台面复现点 6 的时程对比与误差分析。

(5) 桥梁响应点 5 与台面复现点 5 的频域对比。

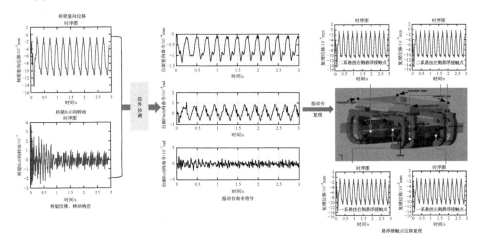

图 3-7　单电磁铁边界协调输入、输出信号与复现位移

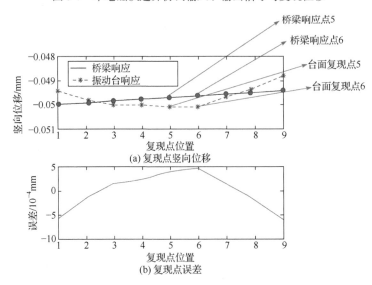

图 3-8　9 个桥梁点与台面复现对比与误差分析图

分析以上几项内容可知，轨道不平顺的影响使得桥梁响应与振动台响应的对比误差在允许范围以外。而在滤去不平顺的高频部分后，误差显著减小，可以断定桥梁

可以复现的不平顺波长具有一定的范围,因此单电磁铁边界协调算法中需要确定桥梁可以复现的不平顺的波长范围以保证误差在允许范围以内。下面介绍具体做法。

在不同波长的不平顺下对响应点与振动台点在频域上进行对比分析。以不同波长轨道不平顺与其复现结果的误差大小为判定条件达到满足误差要求限值的波长范围。在过滤掉波长 8m 以下的高频成分之后,最大复现误差可以满足误差要求,但丢失了一些高频成分。在将边界协调算法应用到其他实例时需要进行一些取舍,同时也应考虑是否应对有不平顺情况下的误差限制得如此严格。误差要求限值的波长范围分析如图 3-9 所示。

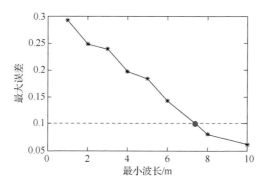

图 3-9　单电磁铁边界协调误差要求限值的波长范围分析

3. 算法实时性验证

在实时混合试验中,所有计算(包括数值桥梁计算、边界协调计算、控制与时滞补偿算法计算)要在很小的时间步长内完成,边界协调算法的计算速度需要满足实时性的要求。为了验证算法的实时性,利用本节提到的实例统计边界协调算法每一步的平均运行时间,以 i5-8400 2.8GHz 运行 $1.0×10^5$ 步,每步平均 0.19052ms,频率小于 1/2048Hz(0.488ms)。由于目前数值桥梁的计算频率为 $1/128s^{-1}$,经验证,将边界协调算法的计算时间步长改为 1/128ms 时,结果与更改前完全一致。单电磁铁边界协调算法实时性验证结果如图 3-10 所示。

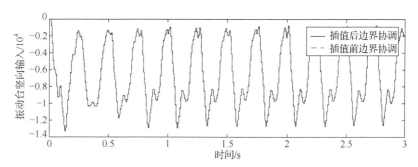

图 3-10　单电磁铁边界协调算法实时性验证结果

3.3.3　整车混合试验边界协调算法

本章以 8 个振动台为例介绍边界协调算法在整车混合试验中的应用,整车和编组车混合试验利用 8 台阵加载,每个二级台面上对应单个电磁铁。8 个振动台需要 9 个物理控制点进行两点拟合,由于台面中心点是复现误差最大点,误差分析点选在台面的中心,因此在相邻台面的中间增加 8 个误差分析点。将 17 个点的桥梁响应输入边界协调算法中,并在边界协调算法中进行两点拟合运算,通过多点线性拟合得到每个台面物理控制点的命令信号。高速磁浮边界协调的输出是整车下竖向悬浮力和导向力,分 8 份分配给数值桥模型。将数值求解点和台面复现点进行插值运算,并用得到的插值拟合出整车桥梁响应与台面在各点处的误差。

1. 实时混合试验仿真框架

1) 仿真框架介绍

整车虚拟仿真实时混合试验仿真平台通过 Simulink 平台搭建,整车虚拟仿真实时混合试验程序运行框架中的模块包括数值车(整车)仿真模块、数值桥梁仿真模块、线性插值算法模块、边界协调算法模块、数值振动台与控制算法模块、振动台长定子位移复现计算模块。

整车虚拟仿真实时混合试验的运行流程如图 3-6 所示。初始时给整车输入 28 个点的位移并输出其对应位置的 28 个力,将 28 个力与行车速度输入数值桥模型中,输出整车下桥梁 17 个点的响应,将 17 点桥梁响应输入插值算法保证整个 Simulink 模块在时程上的一致性,将 17 点桥梁响应输入边界协调算法,输出 8 个振动台中点的位移给时滞补偿算法进行处理,之后输出给振动台,由振动台输出长定子的位移并输回整车模型,完成一次程序的运行。

将 17 点桥梁响应输入边界协调算法中,在经过边界协调算法的两点拟合之后输出 8 个台面中点的响应。

2) 算法实现

整车边界协调算法框架包括桥梁响应提取、轨道不平顺的生成与输出、桥梁响应叠加轨道不平顺、两点拟合算法等模块。

桥梁与振动台两点拟合原理图如图 3-11 所示,可将 17 个桥梁响应点分成 9 个台面拟合点(红色)与 8 个误差分析点(绿色)。

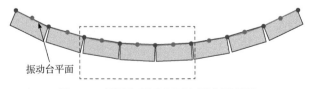

图 3-11　桥梁与振动台两点拟合原理图

输入 17 个点的桥梁响应，每个点的桥梁响应都储存在一个 6×2 的矩阵里面，提取各点第二行第一列元素得到桥梁响应中的竖向位移，提取各点第六行第一列元素得到桥梁响应中 Pitch 方向的转角位移，提取各点第四行第一列元素得到桥梁响应中 Roll 方向的转角位移，并将三个方向的位移提取到 MATLAB 工作空间。

利用功率谱得到 17 个点的轨道不平顺，将 17 个点的竖向桥梁响应与各自位置处的轨道不平顺叠加，将叠加过轨道不平顺的 9 台面拟合点竖向位移输入 8 个两点拟合算法中。在 8 个两点拟合算法中，每个算法拟合出 8 条直线作为振动台位置，并提取 8 条拟合出来的直线中点的位移作为 8 个振动台的响应，取 8 条两点拟合出来的直线与 X 轴方向的夹角作为 8 个振动台中点 Pitch 方向的转角位移，取每个两点拟合算法中台面拟合点的 Roll 方向的转角平均值作为振动台中点 Roll 方向的转角位移。整车模型示意图如图 3-12 所示。

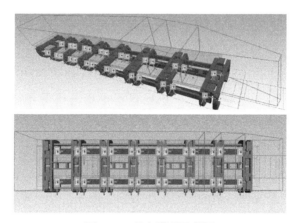

图 3-12 整车模型示意图

2. 误差分析与可复现波长确定

为了保证桥梁响应与振动台复现位移误差在允许范围内，需要对整车边界协调算法进行误差分析。内容包括以下几个方面：

(1) 8 个振动台中点竖直方向与 Pitch 方向在整个仿真时间的位移变化分析。

(2) 8 个误差分析点与台面复现点对比与误差分析。

(3) 误差分析点 5 与台面复现点 5 的时程对比与误差分析。

(4) 误差分析点 6 与台面复现点 6 的时程对比与误差分析。

(5) 误差分析点 5 与台面复现点 5 的频域对比。

提取误差较大时步下 17 个桥梁响应点的竖向位移并拟合出桥梁真实位移，提取 9 个台面拟合点并拟合出 8 个振动台的位移。将 8 个误差分析点和 8 个台面复现点进行插值运算，并用得到的插值拟合出整车桥梁响应与台面在各点处的误差。桥梁点与台面复现对比与误差分析如图 3-13 所示。

　　分析以上几项内容可知，轨道不平顺的影响使桥梁响应与振动台响应的对比误差在允许范围以外，而在滤去不平顺的高频部分后，误差显著减小，可以断定桥梁可以复现的不平顺波长具有一定的范围，因此在整车边界协调算法中需要确定桥梁可以复现的不平顺的波长范围以保证误差在允许范围以内。

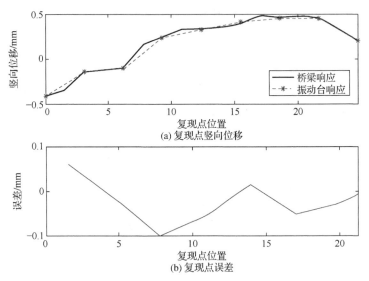

图 3-13　桥梁点与台面复现对比与误差分析图

　　在不同波长的不平顺下对响应点与振动台点在频域上进行对比分析。以不同波长轨道不平顺与其复现结果的误差大小为判定条件，得到满足误差要求限值的波长范围。在过滤掉波长 10m 以下的高频成分之后，最大复现误差可以满足误差要求，但丢失了一些高频成分。在将边界协调算法应用到其他实例时需要进行一些取舍，同时也应考虑是否应对有不平顺情况下的误差限制得如此严格。整体边界协调算法误差要求限值的波长范围分析如图 3-14 所示。

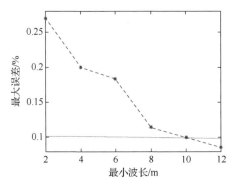

图 3-14　整体边界协调算法误差要求限值的波长范围分析

3.4　本 章 小 结

高速磁悬浮列车多台阵混合试验是列车室内测试的高效方法。为了使台面更精确地复现轨道-桥梁结构的动力响应,本章提出了以直线代替曲线的边界协调算法对桥梁变形进行拟合,具有以下优点:

(1) 可以解决振动台无法直接将桥梁结构计算出的连续位移曲线施加在列车上的问题,将桥梁的变形信号转换成振动台运行信号的方式,采用以分段直线代替曲线的割线法,以直线代替曲线实现台面以一定方式近似复现桥梁结构的响应,完成变形信号的转化。

(2) 边界协调算法中通过使用多点线性拟合进行算法的改进,有效减小了复现的误差,同时插值算法也保证和其他模块在时步上的一致性,并明确了最大复现误差可以满足误差要求,最大限度减小试验中的不利因素影响,确保试验过程中具有足够的精度和可信度。

参 考 文 献

[1] 吴斌, 王贞, 许国山, 等. 工程结构混合试验技术研究与应用进展[J]. 工程力学, 2022, 39(1): 1-20.

[2] 胡静怡. 基于 LSTM 的悬索桥上行车竖向半主动悬挂混合试验研究[D]. 长沙: 中南大学, 2022.

[3] 周惠蒙, 李梦宁, 王涛. 子结构试验的多自由度力-位移混合控制方法研究[J]. 振动工程学报, 2020, 33(1): 168-178.

[4] 杜春波. 工程结构混合试验边界协调与模型更新方法研究[D]. 哈尔滨: 中国地震局工程力学研究所, 2022.

[5] Wang Y, Guo W, Liang X, et al. Boundary coordination algorithm for real-time hybird test of high-speed maglev train-guideway coupling vibration[J]. Engineering Structures, 2024, 3-4: 118335.

[6] Yang Y B, Yau J D. An iterative interacting method for dynamic analysis of the maglev train–guideway/foundation-soil system[J]. Engineering Structures, 2011, 33(3): 1013-1024.

第4章　混合试验实时计算技术

4.1　引　　言

在结构动力试验方法中,实时混合试验(RTHS)结合了数值模拟和现场试验的优点,对试件和加载系统的承载能力与出力大小要求较低,且能反映试件的时间速率相关性,因此被广泛应用于建筑结构、桥梁结构及桥上行车的动力试验中。数值积分算法是实时混合试验能实时求解结构运动方程的关键,为了保证物理子结构与数值子结构边界交互的计算准确性,数值积分算法应当具有足够的精度与稳定性。数值子结构的实时计算结果决定下一时步加载器的驱动控制信号,对每一步求解的计算时间有很高的要求,数值方法的计算效率决定了结构体系的规模与复杂程度[1],实时混合试验要求数值子结构的求解算法具备足够的高效性与稳定性。

实际实时计算问题的解空间一般规模较大且复杂,导致求解过程非常复杂。为了减小实时计算的计算负担,代理模型广泛应用于工程设计中。代理模型是指一种近似模型,它通过建立一个简单的数学模型来近似描述原模型的行为,从而避免了直接计算原模型的复杂性。代理模型可以是一个简单的公式、多项式、插值函数、神经网络等。一般常见的有径向基模型、神经网络、响应面模型、克里金模型等。

本章首先介绍实时更新截断桥梁模型算法,该算法仅取当前列车所在桥跨及相邻跨桥梁进行计算,加快了实时计算速度;MLCIM 在前处理阶段提前在非实时计算环境中对数值子结构进行建模,提高混合试验实时计算的精度与效率;此外,还介绍了一种利用 LSTM 神经网络代替 RTHS 中数值模型的计算方法。

4.2　截断桥梁模型算法

为了考虑高速移动列车在桥上走行时桥梁模型的时变特性,实时更新截断桥梁模型算法应运而生。实时更新截断桥梁模型算法以有限元法(finite element method, FEM)为基础,是离散的数值方法,根据荷载作用位置与桥梁的相对位置判断是否需要更新模型。实时更新截断桥梁模型算法的更新规则是阶跃式的,即在一定的时间段内桥梁模型是不变的。模型更新规则可以在前处理阶段预先编写成信息矩阵以降低仿真耗时,提高计算效率。

在荷载行进的速度时程一定的情况下，在任意时刻移动荷载的作用位置 (nSpan)是一定的。如图 4-1 所示，以相邻跨桥梁的端点作为截断边界的参考点，将荷载作用范围的边界与每跨桥梁的边界进行对比判断是否更新模型。在每次更新桥梁模型时，在荷载移动的反方向删除一跨，并同时在荷载移动方向添加一跨，添加的一跨的动力响应初值归零。

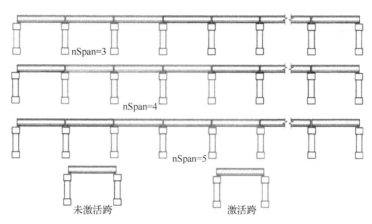

图 4-1　实时更新截断桥梁模型算法示意图

从该算法中模型更新的原理可以看出，在使用实时更新截断桥梁模型算法后，无论原始模型的复杂程度如何，桥梁模型的计算规模和计算速度仅取决于截断的计算域内的模型规模，可以保证每一时间步内计算模型规模极大缩减。在进行模型更新时需要更新模型的刚度矩阵、质量矩阵、阻尼矩阵、模型自由度编号、动力响应的列向量。

当数值桥梁系统受到时变荷载 $P(x, t)$ 作用时，基于达朗贝尔原理列出其动力平衡方程：

$$M\ddot{u} + C\dot{u} + Ku = P(x,t) \tag{4-1}$$

式中，M、C、K 分别为有限元离散化得到的桥梁模型的质量矩阵、阻尼矩阵、刚度矩阵；u 为桥梁的动力响应向量；P 为外荷载向量。

对于三维复杂的桥梁模型，时域积分法和振型叠加法是在有限元求解中运用最多的方法。接下来将分别介绍这两种方法。

1) 时域积分法

本节以 Newmark-β 法为例介绍基于时域积分法的桥梁模型截断法。

假定离散的两个时间点内的加速度是介于区间端点值的常量，记为 a，引入两个控制参数 γ、β 对 a 进行计算，即

$$\begin{cases} (1-\gamma)\ddot{u}_i + \gamma\ddot{u}_{i+1}, & 0 \leqslant \gamma \leqslant 1 \\ (1-2\beta)\ddot{u}_i + 2\beta\ddot{u}_{i+1}, & 0 \leqslant \beta \leqslant 1/2 \end{cases} \tag{4-2}$$

通过以上两个 Newmark-β 法的基本假定，可以逐步积分得到动力学问题的解。

2) 振型叠加法

将位移按振型展开，也即进行正则坐标变换：

$$\boldsymbol{u} = \boldsymbol{\phi}\boldsymbol{q} \tag{4-3}$$

式中，$\boldsymbol{q}$ 为广义坐标向量。将式(4-3)代入动力平衡方程，两边左乘 $\boldsymbol{\phi}^{\mathrm{T}}$ 可得

$$\boldsymbol{\phi}^{\mathrm{T}}\boldsymbol{M}\boldsymbol{\phi}\ddot{\boldsymbol{q}} + \boldsymbol{\phi}^{\mathrm{T}}\boldsymbol{C}\boldsymbol{\phi}\dot{\boldsymbol{q}} + \boldsymbol{\phi}^{\mathrm{T}}\boldsymbol{K}\boldsymbol{\phi}\boldsymbol{q} = \boldsymbol{\phi}^{\mathrm{T}}\boldsymbol{P} \tag{4-4}$$

根据振型正交性，

$$\begin{cases} \boldsymbol{\phi}_n^{\mathrm{T}}\boldsymbol{M}\boldsymbol{\phi}_n = \boldsymbol{M}_n \\ \boldsymbol{\phi}_n^{\mathrm{T}}\boldsymbol{C}\boldsymbol{\phi}_n = \boldsymbol{C}_n \\ \boldsymbol{\phi}_n^{\mathrm{T}}\boldsymbol{K}\boldsymbol{\phi}_n = \boldsymbol{K}_n \\ \boldsymbol{P}_n = \boldsymbol{\phi}_n^{\mathrm{T}}\boldsymbol{P} \end{cases} \tag{4-5}$$

对于经典阻尼，如瑞利阻尼，可以得到 n 个非耦联的单自由度体系的强迫振动方程为

$$\boldsymbol{M}_n\ddot{\boldsymbol{q}}_n + \boldsymbol{C}_n\dot{\boldsymbol{q}}_n + \boldsymbol{K}_n\boldsymbol{q}_n = \boldsymbol{P}_n \tag{4-6}$$

ξ_n 为对应于第 n 阶振型的阻尼比，则有

$$\boldsymbol{C}_n = 2\xi_n\omega_n\boldsymbol{M}_n \tag{4-7}$$

式中，ω_n 为第 n 阶圆频率。

由以上分析可以看出，对于满足阻尼正交条件的结构体系，当采用振型叠加法分析时，多自由度体系的动力反应问题即转化为一系列单自由度体系的反应问题，并可以考虑初始条件的影响。此时在单自由度体系分析中采用的各种分析方法都可以用于计算分析多自由度体系的动力反应问题，使问题的分析得到极大简化，因为求解 n 个独立的方程比求解一个 n 阶联立的方程组要简便得多。

对于自由度很多的结构，如具有上万个自由度的大型结构体系，计算全部的特征值(自振频率)和特征向量(振型)是不需要或者说不可能的，因为花费的计算时间太多，即便是求解几万个独立运动方程所需的时间也太多，因为每个方程的解都对应一个时间函数。在计算中发现，对于多自由度体系的动力反应问题，高阶振型起的作用小，而低阶振型起的作用大。在振型叠加法分析中，实际并不需要采用所有的振型进行计算，因高阶振型的影响极小，仅取前有限项振型即可以取得精度良好的计算结果。例如，对于 4 万个自由度超高层结构的地震反应，仅取前 30

阶振型就可以达到所需的精度。抗震规范规定，一般情况下，仅保证任何一个振动方向上有前 3 阶振型就可以。虽然振型叠加法有计算速度快、节省时间这些突出的优点，但存在局限性，主要局限是由于采用了叠加原理，原则上仅适用于分析线弹性问题，限制了使用范围。

4.3　移动荷载卷积积分法

数值子结构的实时计算一直是实时混合试验中的关键问题，数值积分算法应具有足够好的稳定性和精度以保证试验顺利安全进行。此外，还应具有较好的计算效率以满足数值子结构求解时间小于控制时间步的要求，即数值子结构求解的实时性要求。进行实时混合试验时，通常采用无需迭代的显式积分算法求解数值子结构响应。学者在改进算法稳定性及其计算效率方面已开展相关研究。Chen 等利用离散控制理论对 Newmark 算法进行改进以得到一类显式算法，该算法对于线性结构为无条件稳定，对于非线性结构为有条件稳定[2]。Gui 等提出一类显式无条件稳定的数值积分算法，利用根轨迹图分析了其应用于非线性系统的特性[3]。但现有数值积分算法计算规模有限，Chae 等实现了 514 自由度 10ms 计算步长的实时混合试验[4]，Zhu 等使用两台目标计算机实现了 1240 自由度 20ms 计算步长的实时混合试验[5]，Lu 等使用并行计算技术实现了 7000 自由度 20ms 计算步长的实时混合试验[6]，董晓辉等使用图形处理单元(graphics processing unit，GPU)并行计算技术实现了 3549 自由度 1ms 计算步长的实时混合试验[7]。在地震下高速铁路桥上行车实时混合试验中，需求解上万计算自由度的非线性轨道-桥梁结构数值模型，为保证计算精度，势必采用较小积分步长，而过小的积分步长又限制了数值子结构的实时计算规模。

4.3.1　计算原理

在传统的混合试验中，数值子结构的响应可以由一组空间离散的运动方程表示，但是在计算过程中每个自由度的响应都将严格地在一个时间步内进行计算，利用有限元法进行数值的求解十分耗时。

高速铁路系统实时混合试验中由于列车运行速度很快，需要建立足够长的桥，且必须采用精细化的车-轨-桥耦合数值模型，因此对数值计算的精度和效率都有很高的要求。陈梦晖表示实时混合试验对实时性要求也较高，每一步都需要在极短时间内完成，进一步增加了难度[8]。根据古泉等关于高速轮轨车-桥耦合系统实时混合试验的高效计算方法的研究，本节的移动荷载卷积积分法可以解决大规模桥梁模型的实时计算问题[9]。移动荷载卷积积分法在试验前将桥梁数值子结构计算所需要的数据进行存储，实际计算时对每一时步对应的数据进行抽取和计算，得到当前时步的位移响应。

移动荷载卷积积分法是一种基于卷积积分法的数值方法，它考虑了列车移动荷载的时变特性。在数学中，卷积积分是对两个函数的数学运算，从而产生第三个函数，表示第一个函数的形状如何被另一个函数修改。

用离散形式表示卷积积分，其中 $y[n]$ 为系统的输出响应，$f[n]$ 为任意的输入荷载，而 $u_i[n]$ 为系统的脉冲响应。对于一个线性系统，对任意输入荷载的系统响应可以用卷积积分根据系统的脉冲响应计算出来，可以提前完成系统的脉冲响应 $u_i[n]$ 的计算以加快实时计算速度。

MLCIM 将数值子结构的响应计算分为两步，即前处理和实时计算，基本过程如图 4-2 所示。

图 4-2　MLCIM 执行流程示意图

(1) 前处理。前处理步骤在非实时计算环境中完成，确定子结构划分界面处数值子结构的单位脉冲响应。使用脉冲分解方法分析线性系统的脉冲响应。本章中定义的数值子结构为高铁轨道-桥梁模型，可提前在非实时计算环境中对数值子结构进行建模，需要注意的是，该模型不需要在自由度数量或模型复杂程度上进行简化，且由于采用了基于叠加原理的卷积积分法，模型本身应为线弹性结构，因此进行如下假设：车-桥耦合响应只会引起轨道-桥梁结构的线弹性响应。使用 MLCIM 生成数值子结构在划分界面处的单位脉冲响应函数。

(2) 实时计算。在获得了系统的单位脉冲响应函数后，即可在实时环境中进行系统在任意荷载下的响应计算。将输入荷载分解为单位荷载的线性组合，结合系统的单位脉冲响应函数，通过卷积积分法，即可获得系统在任意荷载作用下的响应输出。计算完成后，将该目标位移发送至作动器加载物理子结构，并将实测的反力反馈至实时计算，以计算下一时间步的响应。车-桥耦合问题的时变特性，即子结构的划分界面，轮轨接触点的位置是随时间不断变化的。

首先，在有限元软件中建立了一个二维的桥梁模型(数值子结构的数值模型)

其次，生成一系列的狄拉克函数(除了零以外的点取值都等于零，而其在整个定义域上的积分等于 1，所有样本的值均为零，样本中只有一个 1，表示在对应时刻施加到轮轨接触点的竖向单位作用力)。

如图 4-3 所示，对于狄拉克函数时间序列 i，其作用在 $1+(i-1)x$ 号轨道节点上，这里假定轨道节点从左至右从 1 开始标号。且从时程上看，作用于 $1+(i-1)x$

号轨道节点的脉冲荷载，在$(1+(i-1)x)\Delta t_p$时刻作用单位荷载，在其他时刻均为零值。这种加载方式可以从移动荷载的作用过程去理解，即移动荷载在轨道上的作用位置和作用时刻均与列车运行时间相关，这种加载方式考虑到了移动荷载的时变特性，对于给定的列车运行速度，狄拉克函数时间序列的作用位置以及时间序列中脉冲荷载的作用时刻均是随着时间的变化而变化的。根据以上时间序列的生成规则，总共有m条时间序列需要依次作用在m个轨道节点上，每个时间序列中具有m个时间步。

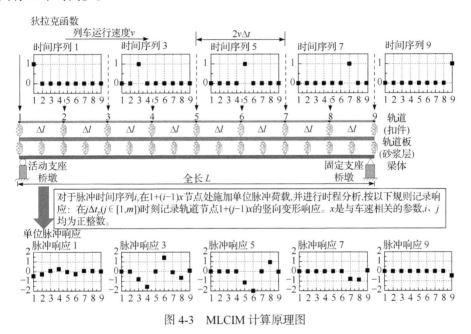

图 4-3　MLCIM 计算原理图

在生成了这些狄拉克函数时间序列后，按照上述加载规则，分别对时间序列作用下的轨道竖向响应进行时域分析，从分析结果中提取轨道的单位脉冲响应。提取的规则如下：由于移动荷载的作用位置是随着时间变化的，也就是说，轮轨接触点的竖向响应与移动荷载在桥上的行进时刻有关。对于脉冲时间序列i，在$1+(i-1)x$节点处施加单位脉冲荷载，并进行时程分析，按以下规则记录响应：在$j\Delta t_p (j \in [1,m])$时刻记录轨道节点$1+(j-1)x$的竖向变形响应。$x$是与车速相关的参数，$i$、$j$均为正整数。在这样的一次脉冲荷载分析中，我们要记录的是轨道节点的竖向位移，以i节点为例，在i节点施加单位脉冲荷载，需要记录$j\Delta t$时刻在j节点产生的位移$u_{ij}(j\Delta t)$。$j \in [1,m]$(第 1 个节点记录第 1 时间步响应，第 2 个节点记录第 2 时间步响应，以此类推)，这样处理的原因是轨道接触点位置是随着时间依次变化的，而上一个节点的作用力对接下来的节点位移响应均有影响，组成

矩阵的第 i 行。最终就得到了轨道竖向位移单位脉冲响应矩阵 $\boldsymbol{U}_{ij}$，为一个 $m \times m$ 的方阵，如式(4-8)所示，该矩阵考虑了多层轨道结构以及梁体的竖向动力特性，可用于数值子结构的计算。

$$\boldsymbol{U}_{ij} = \begin{bmatrix} u_1[1] & u_1[2] & \cdots & u_1[j] & \cdots & u_1[m] \\ u_2[1] & u_2[2] & \cdots & u_2[j] & \cdots & u_2[m] \\ \vdots & \vdots & & \vdots & & \vdots \\ u_i[1] & u_i[2] & \cdots & u_i[j] & \cdots & u_i[m] \\ \vdots & \vdots & & \vdots & & \vdots \\ u_m[1] & u_m[2] & \cdots & u_m[j] & \cdots & u_m[m] \end{bmatrix}, \quad i \in [1,m], j \in [1,m] \qquad (4\text{-}8)$$

对轨道竖向位移单位脉冲响应矩阵 $\boldsymbol{U}_{ij}$ 的物理意义进行解释。第 i 行的物理意义为对于第 i 时间步作用在 $1+(i-1)x$ 轨道节点处的脉冲荷载，在 j 时刻 $1+(j-1)x$ 轨道节点处产生的竖向响应，从图 4-4(a)可以看出，响应随着时间步 j 的增加而不断振荡衰减。第 j 列代表了所有节点($i \in [1, m]$)的脉冲荷载在第 j 时间步、第 j 号节点产生的竖向响应大小。

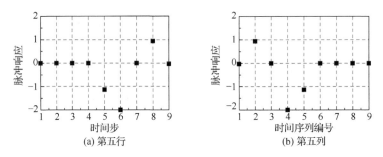

图 4-4　单位脉冲响应的物理解释

最后，在实时计算步骤中，使用 MLCIM 对列车模型进行加载，将每一时间步测得的轮轨力作为输入荷载反馈到 MLCIM，以计算轨道的动态响应，然后使用液压作动器将此位移施加到列车模型上。

根据卷积积分的定义，若已知线性系统的单位脉冲响应函数，则可以使用卷积方法求出任意输入的系统输出。对于线弹性结构，满足线性叠加原理，每一时间步的位移命令由轮轨力行向量与轨道竖向位移响应列向量相乘得到。如式(4-9)所示，在列车运行的 j 时刻，$1+(j-1)x$ 轨道节点的竖向位移响应由轮轨力向量 $\boldsymbol{F}_{\mathrm{w}}$ 和轨道竖向位移单位脉冲响应矩阵 $\boldsymbol{U}_{ij}$ 的第 j 列通过矩阵乘法运算得到，其中轮轨力向量 $\boldsymbol{F}_{\mathrm{w}}$ 在 j 时刻，只有 j 时刻之前有数值，其后均为零值[10]。

$$y[j] = \sum_{i=1}^{m} \boldsymbol{F}_{\mathrm{w}} \boldsymbol{U}_{ij} = \begin{bmatrix} \boldsymbol{F}_{\mathrm{w}}[1] & \boldsymbol{F}_{\mathrm{w}}[2] & \cdots & \boldsymbol{F}_{\mathrm{w}}[j] & \cdots & \boldsymbol{F}_{\mathrm{w}}[m] \end{bmatrix} \begin{bmatrix} u_1[j] \\ u_2[j] \\ \vdots \\ u_i[j] \\ \vdots \\ u_m[j] \end{bmatrix} \qquad (4\text{-}9)$$

图 4-5 给出了使用 MLCIM 进行车-桥耦合实时混合试验的示意图。将预先计算好的轨道不平顺记为静态不平顺，而实时计算得到的轨道响应记为动态不平顺，两者之间相加得到轮轨接触点的总响应，并将其发送至控制器驱动作动器加载物理子结构。MLCIM 的优点如下：①轮轨接触点的垂直响应的计算与轨道桥梁结构数值模型的大小和复杂性无关，仅取决于轨道桥梁结构的单位冲激响应矩阵的大小；②MLCIM 不需要求解每个时间步长的数值子结构的运动方程，而是通过简单的矩阵乘积来确保命令信号的实时计算效率。

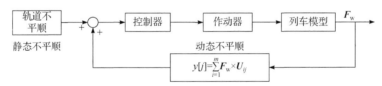

图 4-5　MLCIM 在实时混合试验中的应用示意图

4.3.2　混合试验应用

车-桥耦合实时混合试验流程如图 4-6 所示。首先，使用 MLCIM 计算在移动荷载下的轨道响应。然后，将计算出的轨道响应与控制器执行频率 1024Hz 同步，并且通过使用更高阶的多项式可以实现更好的精度。目标位移由自适应时间序列 (adaptive time series，ATS)补偿器补偿，以提高执行器控制的精度，经过补偿后，命令位移被发送到伺服液压控制器，通过执行器加载列车模型，并将测得的力反馈到 MLCIM，用于计算下一个时间步的轨道响应。基于此程序，可以在实验室中进行车-桥耦合实时混合试验，本书提出的 MLCIM 可以确保实时计算轨道响应，且计算效率与桥梁轨道结构的复杂程度无关。

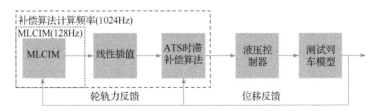

图 4-6　车-桥耦合实时混合试验流程

本节以列车速度为 200km/h 且无轨道不平顺的情况为例，将 MLCIM 与传统的 FEM 进行比较。表 4-1 比较了 MLCIM 和传统 FEM 的计算时间，结果表明 MLCIM 的计算效率更高。在传统 FEM 中，在每个时间步中均需对车-轨-桥系统的运动方程进行求解，而 MLCIM 通过简单的矩阵运算计算桥梁动态变形，耗时明显更短。比较结果表明，MLCIM 可以满足控制器时间步长间隔 9.77×10^{-4} s (即 1/4s)的要求。

表 4-1　MLCIM 和 FEM 计算时间的比较

方法	每步的平均计算时间/ms	总持续时间/s
MLCIM	8.004×10^{-3}	1.881×10^{-3}
FEM	266.200	62.564

FEM 和 MLCIM 的计算精度之间的差异很小，如图 4-7 所示。最大相对误差为 $4.69 \times 10^{-4}\%$，平均相对误差为 $5.26 \times 10^{-6}\%$。这些结果验证了 MLCIM 具有足够的计算精度，能够应用于轨道-桥梁结构的动力响应的实时计算中。

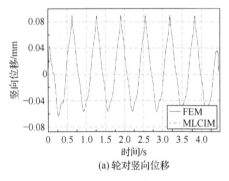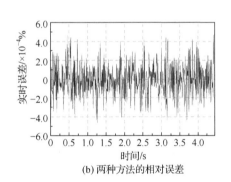

(a) 轮对竖向位移　　　　　　　　　(b) 两种方法的相对误差

图 4-7　FEM 与 MLCIM 结果比较

此外，还将一组 MLCIM 应用于 RTHS 的结果与车-轨-桥耦合系统的纯数值模拟结果进行了比较。讨论了列车速度为 200km/h 且有轨道不平顺的情况，并在后续分析中将 MLCIM 的结果转移到原型结构中。MLCIM 的结果与纯数值仿真的轮对位移值吻合得很好，如图 4-8(a)所示。经过自适应时间序列补偿后，MLCIM 的时间延迟可以缩减到 8ms，保证了计算实时性。而图 4-8(c)、(d)中的加速度响应峰值出现差异，导致轮轨力值出现差异，如图 4-8(b)所示。RTHS 中车体加速度的振荡响应如图 4-8(d)所示。加速度响应的差异说明将所有的动态物理特性都包含在数值模型中仍具挑战性，尤其是数值模型的阻尼无法与试验模型保持一致。与简化数值模型相比，列车模型具有更高阶复杂高阶模态，而轨道不平顺可能会激发列车模型的高阶模态响应。因此，图 4-8 中 RTHS 和纯数值模拟之间的差异可以归因于列车模型中阻尼的差异。综上所述，在 RTHS 中使用是可行的。

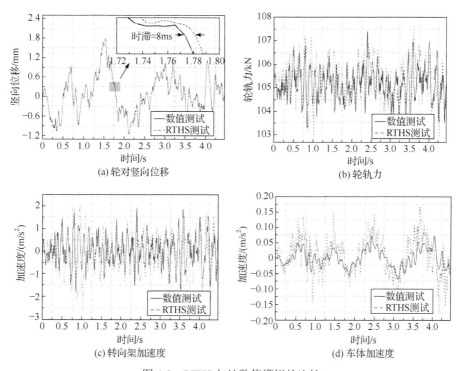

图 4-8　RTHS 与纯数值模拟的比较

4.4　基于神经网络的实时计算技术

近年来，人工智能发展迅猛，给数值计算领域注入了新的活力。相比于传统的逐步积分求解方法，神经网络模型能显著提高计算效率并降低计算成本，使用机器学习方法建立代理模型以实现高精度快速计算的研究备受关注。Lalonde 等对比了几种不同机器学习算法对风机叶片的模拟效果，其中第一个神经网络包括两个时间无关的 MLP 网络，具有完整和精简的输入数据集[11]；同时训练一个时间依赖的长短时记忆网络，以及一个类似的伪时间依赖 MLP；最后训练了一种时变卷积神经网络和一种相似的多步 MLP，最终对比结果表明全输入 MLP 和卷积神经网络都是非常准确的替代模型。Bas 等使用训练后的 LSTM 网络预测结构高度非线性响应，结果证明了深度神经网络算法在学习结构非线性动力学的能力及其优势[12]。Bas 等探索了使用 LSTM 网络作为实时混合试验中数值子结构的元模型，并与传统的基于有限元模型的混合试验结果进行了比较，结果显示了使用

Deep-LSTM 模型进行实时混合试验的潜力[13]。Wu[14]通过深度神经网络建立元模型以提高计算效率，结构构件元模型采用在线学习 LSTM 神经网络，利用实时混合仿真构建物理信息系统，与现有方法相比，所提出的框架既提高了精度，又显著降低了计算和试验成本。

相较于其他预测任务，如天气预报和股票预测[15]等，预测非线性结构的响应时程具有以下难点：

(1) 没有明确的解析表达式，虽然通过数值积分求解方法计算可以得到结构的准确响应，但是对于非线性结构而言，往往很难确定其解析式，时间序列的随机性和周期性特征也难以考虑。

(2) 存在复杂的非线性和非平稳性，结构的滞后特性导致在荷载作用下出现复杂非线性行为，与此同时，要实现众多物理参数的同步更新显著增加了模型的训练难度。

(3) 长序列预测，结构响应的采样频率通常在 100Hz 以上，序列长度可以达到数千甚至数万，这远远超出了大部分神经网络模型的信息提取能力和表达能力。

(4) 序列前后严格的短期依赖，根据积分求解方法，当前时刻的结构响应在理论上只取决于前一时刻的激励与物理状态，序列中较早的数据信息对当前时刻的影响非常有限。

(5) 结构工程设计的应用场景要求更高的可用性、实时性与准确性。

其中，LSTM 的神经网络被设计为捕捉用于建模序列数据的长期数据相关性。结构响应序列严格的时间相关特性使 LSTM 成为神经网络架构的理想选择，且 LSTM 的链式结构和独特的门控机制可以完美地模拟隐式积分求解方法[16]。因此，本节将 LSTM 应用于 RTHS 数值子结构的求解中，采用递归机制来预测大型复杂非线性结构的响应。

LSTM 引入自循环的巧妙构思，以产生梯度长时间持续流动的路径[17]，解决了长序列在训练过程中产生的梯度消失以及梯度爆炸问题。LSTM 的核心扩展在于自循环的权重并非固定，自循环的权重根据累积的时间尺度发生动态改变。由于时间常数为模型本身的输出，因此即便是具有固定参数的 LSTM，累积的时间尺度也可以因输入序列而改变。

LSTM 的详细原理及架构已在 2.3 节中进行了阐述，本节主要介绍 LSTM 在实时混合试验中的实现与应用并验证其准确性。

4.4.1　LSTM 实时计算技术

要将 LSTM 应用于 RTHS 中，建立包含数值子结构输入、输出映射关系的模型，需要满足以下三个条件：

(1) 存在一个确定的数学模型可以反映外界荷载激励与数值子结构响应之间的关系。

(2) LSTM 求解数值子结构的速度需要满足 RTHS 的实时性要求。

(3) LSTM 的求解方式符合 RTHS 递归计算的过程。

1) 数值子结构动力方程

对于条件(1)，本书的研究对象在 RTHS 中的数值子结构为悬索桥与列车模型，该系统动力方程可由式(4-10)表示。

$$\begin{cases} M_V \ddot{X}_V + C_V \dot{X}_V + K_V X_V = F_V + F_{ss} \\ M_b \ddot{X}_b + C_b \dot{X}_b + K_b X_b = F_b \end{cases} \tag{4-10}$$

式中，下标 V、b 分别表示车辆子系统与桥梁子系统；M、C、K 分别为结构的总体质量矩阵、总体阻尼矩阵、总体刚度矩阵；$\ddot{X}$、$\dot{X}$、X 分别为加速度、速度、位移向量；F_V、F_b 分别为车辆子系统、桥梁子系统的外部荷载向量；F_{ss} 为数值子结构与物理子结构分界面的力，即二系悬挂与列车之间的相互作用力。其中，车辆与桥梁的 M、C、K 均可从已建的有限元模型直接得出，是一个确定的值，因此外界激励与数值子结构间的关系只与车-桥系统的结构信息有关，不随激励大小的改变而改变，满足条件(1)。

2) LSTM 预测实时性

对于条件(2)，传统多自由度系统的时程分析是对结构动力学方程的求解过程，直接积分法是应用最广泛的求解方法之一，它包括中心差分、Newmark-α[17]、Newmark-β 和 Wilson-θ 方法[18]。这些方法执行时域上的有限微分离散化，并依据式(4-11)逐步向前计算。式中，INT 表示传统的积分过程；r_t 表示 $\ddot{u}$、$\dot{u}$、u 等结构响应参数的整体，下标 t 表示时间步长。LSTM 网络正是受此启发进行变长度时程预测的，但在输入和输出参数的选择上有所不同，概念上可以用式(4-12)表示。其中，LSTM 表示神经网络的前向计算过程，$\hat{r}$ 表示预测的结构响应参数。输入从单个时间步扩展到持续时间为 $n\tau$ 的时间序列，其中 τ 表示采样步长。

$$r_{t+1} = \text{INT}(f_t, r_t, m, c, k) \tag{4-11}$$

$$\hat{r}_{t+\tau} = \text{LSTM}(f_t, f_{t-\tau}, \cdots, f_{t-n\tau}, \hat{r}_t, \cdots, \hat{r}_{t-n\tau}) \tag{4-12}$$

式中，m、c、k 分别为结构的质量、阻尼、刚度。

传统的逐步积分算法计算过程需要对大型矩阵求逆，在非线性结构求解过程中需要迭代计算，大大降低了计算效率。而 LSTM 的预测过程只需要矩阵和向量相乘，代替了矩阵求逆的过程，且不需要迭代，可以显著提高计算效率。与将位移、速度、加速度作为输出 r 的传统积分方法相比，式(4-12)中的输出项 $\hat{r}$ 可以针对不同的分析目标，可包括单个或多个自定义的结构响应参数，从而促进端到端的预测系统的构建，还可以仅预测少数代表性节点的结构响应，省去了求解多自由度系统中大部分无用结构参数的过程，显著提高了计算效率、灵活性和适用性。从本质上来说，LSTM 不涉及求解动力学方程所有参数的过程，而是在高维空间中实现近似拟合。因此，它比通用微分方程求解器的效率更高、计算速度更快，且更适合用于大型复杂的预测模型[18]。

3) LSTM 递归预测过程

对于条件(3)，由于 RTHS 本身是一个递归仿真的过程，$t+1$ 时刻数值子结构的输入由 t 时刻物理子结构的响应决定，因此在选用神经网络作为建模工具时，也要包含递归机制。递归机制参考传统的逐步积分求解方法，其在训练和预测过程中的应用为任意长度和采样频率下的预测问题提供了更好的解决方案。常规的递归预测方法会引入累计误差，这意味着随着递归的进行，前一个时间步长的预测误差将传播至当前时步中，并且当误差超过模型容差时还会出现发散的情况。为了避免上述情况的产生，应当选择合适的递归机制及网络参数。因此，本书考虑两种递归机制的网络结构进行响应预测，分别为常规的 LSTM 预测方法与递归长短期记忆(recursive long short-term memory，R-LSTM)预测方法[19]，并从精度与实时性两个方面对网络进行评估。

1) LSTM 预测方法

采用传统的 LSTM 实现递归机制，此方法在时间维度上的预测过程如图 4-9 所示。在图 4-9 中，$Step(k) = (x_1, x_2, \cdots, x_k)\mathbf{R}^{k \times f_x}$ 为第 k 时步的激励，得到第 k 时步的输出为 $Out(k) = (y_{sk_1}, y_{sk_2}, \cdots, y_{sk_k})\mathbf{R}^{k \times f_y}$，其中 $k = 1, 2, \cdots, t$，t 为激励时程的总长度，f_x、f_y 分别为输入与预测时程数据的类型数量。在本研究中，激励时程 $Step(k)$ 为列车二系悬挂中的阻尼力和不平顺激励，即 $f_x = 2$，输出时程 $Out(k)$ 为车体点头角、车体加速度以及转向架与车体之间的相对位移(即二系悬挂的压缩量或伸长量)，即 $f_y = 3$。从图 4-9 中可以看到，每一时步的输出维度为 $k \times f_x$，但仅将结构动力响应 y_{sk_k} 的值输入给物理子结构，物理子结构的输出则添加至下一时步数值子结构的输入中，以此实现 RTHS 的递归过程。例如，第一时步的激励 $Step(1) = (x_1)$，通过 LSTM 预测得到第一时步的输出响应 $Out(1) = (y_{s1_1})$，将 y_{s1_1} 中二系悬挂的相对位移值作为命令信号输入控制器，再由作动器对物理子结构加载完成后，通过力传感器将测量到的二系悬挂力 x_2 反馈给 LSTM，此时可得到第二时步网络的输入为 $Step(2) = (x_1, x_2)$，至此一个递归步骤完成，开始下一次的递归。

2) R-LSTM 预测方法

R-LSTM 在每个递归步骤中，模型的输入和输出不是完整的激励时程或响应序列，而是进行切片处理后的时间片段。在递归预测过程中，输入的时间片段可被视为潜在物理信息(如位移、速度、滞回状态等)的容器，提供响应和结构参数

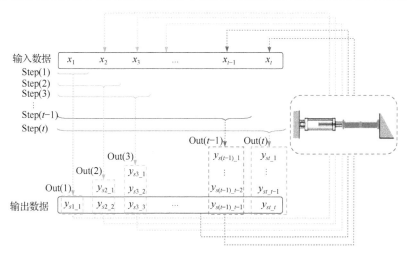

图 4-9　LSTM 时间维度上的递归预测过程

信息,其中提供的信息量是影响预测性能最关键的因素之一。对于 R-LSTM 模型,信息量可以用感受野 R 表示,即深度学习中产生特征输出的输入区域的大小,其计算如式(4-13)所示:

$$R = n \cdot \tau \cdot \Delta t \tag{4-13}$$

式中, τ 为下采样步长; n 为输入序列中的采样点数(即输入尺寸); Δt 为原始数据的采样间隔。其中,采样步长控制信息密度, τ 过小,同一长度的时间片包含的波形更少,相邻样本的幅值更一致,从而产生数据冗余; τ 过大,则响应时程,尤其是在峰值附近的时程会产生更大的误差,导致学习难度增加。输入尺寸决定信息体积,较小的 n 值可能会导致发散;而较大的 n 值需要较长的计算时间。因此,确定感受野 R 的大小,需要适当的采样步长和输入尺寸来实现计算效率和准确度之间的平衡。

　　在图 4-10 中, $X_t = \left[x_t, x_{t+\tau}, x_{t+2\tau}, \cdots, x_{t+(n-1)\tau} \right]^{\mathrm{T}} \in \mathbf{R}^n$ 为 t 时刻的激励时程,此时 t 时刻的响应时程为 $Y_t = \left[y_t, y_{t+\tau}, y_{t+2\tau}, \cdots, y_{t+(n-1)\tau} \right]^{\mathrm{T}} \in \mathbf{R}^{n \times f}$,其中 f 为预测时程数据的类型数量。在本研究中,激励时程 X_t 为列车二系悬挂中的阻尼力,响应时程 Y_t 为车体位移、车体加速度以及转向架与车体之间的相对位移(即二系悬挂的压缩或伸长量)。因此,输入数据可以表示为 $I_t = \left[X_t, Y_t \right] \in \mathbf{R}^{n \times (f+1)}$,输出数据为下一个递归步骤的结构响应,即 $Y_{t+} = \left[y_{t+1}, y_{t+1+\tau}, y_{t+1+2\tau}, \cdots, y_{t+1+(n-1)\tau} \right]^{\mathrm{T}} \in \mathbf{R}^f$ 。图 4-10 中同时也展现了输入尺寸为 3、采样步长为 4 的切片过程,根据式(4-13),此时感受野的大小为 12。此外,考虑到高采样频率下相邻时间片段的数据过于相似的问题,可以引入滑动步长来减少冗余切片。例如,图 4-10 中当滑动步长为 2 时,

$$\text{Slice}(1) = \begin{bmatrix} x_1, x_5, x_9 \end{bmatrix}^T, \quad \text{Slice}(2) = \begin{bmatrix} x_3, x_7, x_{11} \end{bmatrix}^T。$$

图 4-10　R-LSTM 时间维度上的递归预测过程

4.4.2　混合试验应用

1. 神经网络的输入输出

由前面可知，在本研究中神经网络模型被用于替代 RTHS 中的数值子结构，即车-桥系统，子结构界面划分与数据交互如图 4-11 所示。从图中可以看出，数值

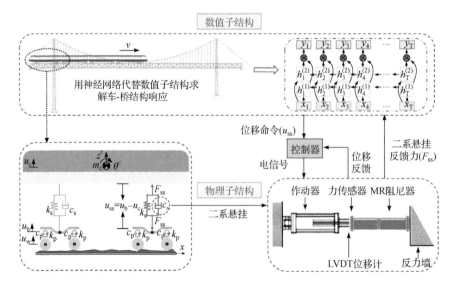

图 4-11　混合试验子结构界面划分与数据交互

子结构的输出为列车过桥时的动力响应(转向架与车体的相对位移)，即 LSTM 的输出为列车二系悬挂的相对位移。除此之外，将车体竖向加速度、车体速度、转向架速度也作为网络的输出磁流(magnetor heological，MR)阻尼器的控制算法。从 RHTS 的运动方程，即

$$M_N \ddot{x}_N + C_N \dot{x}_N + K_N x_N = F_{\text{Mag}} \tag{4-14}$$

可知，决定 LSTM 输出响应的因素之一是子结构分界面的力，也就是二系悬挂与列车之间的相互作用力，此为外部激励引起的列车动力响应变化，训练时应作为网络的输入之一。另外，从数值子结构的内部来说，轨道不平顺是影响整体结构响应的内部激励，也应作为网络的输入。

2. 数据格式化与归一化

1) 数据格式化

为了保证数据集中样本长度和对应物理信息的一致性，需要先对样本进行格式化处理。

2) 数据归一化

对于原始的训练数据来说，输入与输出每一个维度的特征来源及度量单位都不一定相同，在计算不同样本之间的欧氏距离时，容易被取值范围大的特征主导。并且当采用梯度下降法寻找最优解时，取值范围的差异会导致大部分位置的梯度方向并非其最优的探索方向，损失函数的优化路径为"之"字形，必须使用很小的学习率多次迭代后才能收敛。如果将数据归一化到相同的取值范围，梯度下降时大部分位置的梯度方向都近似于最优的搜索方向，可以大大提高训练的效率。因此，对于基于相似度比较的深度学习方法，必须先对样本进行预处理，将每一维度的特征归一化至同一区间内，并消除不同特征之间的相关性，以获得理想的训练结果。

3. 准确性分析

为了探究 LSTM 模型与 R-LSTM 模型对车-桥系统非线性结构响应的预测性能，将模型输出的响应时程(包括列车二系悬挂压缩量、车体点头角和车体加速度时程曲线)进行分析与评估。使用的评价标准主要有以下三个。

1) 时程曲线

通过参考时程曲线与模型预测时程曲线的对比，可以直观地看出曲线的吻合情况，在一定程度上可以反映网络模型的预测效果。但是由于图 4-12 展示的是在某一特定激励作用下产生的列车响应，图中只描述了网络对这一特定样本的预测情况，很难通过这种方式判断网络对整个测试集的预测效果，因此还需采用其他

的方式对网络模型进行评估。

2) 回归分析

作为一种预测性的建模技术，回归分析常被用于研究时间序列模型中目标和预测器之间的关系。为了判断自变量对象与因变量预测对象之间是否有关，它们的相关程度如何，以及对此相关程度的判断把握有多大，本书采用皮尔逊相关系数来判断二者之间的相关程度，该系数可以反映变量之间线性相关程度的统计指标(用 r 表示)，可以由式(4-15)来计算。r 的值在[−1,1]，其绝对值越大表明二者之间的相关性越强，越接近 0 表明相关性越弱。值为−1 或 1 时意味着两个变量之间可以完全通过直线方程来描述，为−1 时呈负相关，为 1 时呈正相关。

由于本书中采用网络模型的预测曲线与参考曲线之间具有时序稳定性和概率分布典型性，相关性满足时间协变的普遍性原则。通过对测试集进行回归分析，可以得到所有样本参考值与预测值之间 r 值的概率分布，表征出网络模型在未来应用中预测结果与真实结果的相关程度。但值得注意的是，两个结果之间位置和尺度的变化并不会引起该系数 r 的改变，因此 r 只能反映两条曲线变化趋势的吻合程度和整体的误差，不能体现每个数据点处的误差大小。

$$r = \frac{\sum_{i=1}^{n}\left(Y_i^{\text{true}} - \overline{Y}^{\text{true}}\right)\left(Y_i^{\text{pred}} - \overline{Y}^{\text{pred}}\right)}{\sqrt{\sum_{i=1}^{n}\left(Y^{\text{true}} - \overline{Y}^{\text{true}}\right)^2}\sqrt{\sum_{i=1}^{n}\left(Y^{\text{pred}} - \overline{Y}^{\text{pred}}\right)^2}}$$
$$= \frac{1}{n-1}\sum_{i=1}^{n}\left(\frac{Y_i^{\text{true}} - \overline{Y}^{\text{true}}}{\sigma_{Y^{\text{true}}}}\right)\left(\frac{Y_i^{\text{pred}} - \overline{Y}^{\text{pred}}}{\sigma_{Y^{\text{pred}}}}\right) \tag{4-15}$$

式中，Y_i 为某一样本的第 i 个数据；$\overline{Y}$ 和 Y 分别为样本平均值和样本标准差；上标 true 和 pred 分别表示该样本的真实值(参考值)与预测值；n 为单条样本的总数据量。

3) 归一化误差分布

为了得到单条样本中各时间点处预测值与参考值之间的差距，先计算出每个时间点对应数据之间的误差，并对其进行归一化处理；再求出归一化误差的概率密度函数(probability density function，PDF)，用来表述网络模型任意时间点的预测值与参考值误差在某个确定取值点附近的可能性；最后通过误差在某一置信区间(confidence interval，CI)的置信水平(confidence level，CL)对测试集每条样本每个时间点的归一化误差进行概率性描述。归一化误差分布 π_i 的概率密度函数的定义如式(4-16)所示：

$$\pi_i = \text{PDF}\left[\frac{y_i^{\text{true}} - y_i^{\text{pred}}}{\max\left(y_i^{\text{true}}\right)}\right] \tag{4-16}$$

式中，y_i 为第 i 条用于预测的样本。

利用训练好的 LSTM 和 R-LSTM 模型对列车二系悬挂压缩量、车体加速度、车体速度、转向架速度响应时程进行预测。受限于篇幅，仅取列车二系悬挂压缩量时程预测结果进行评估。

图 4-12 展示了测试集中两个样本预测值与参考值时程曲线的对比，其中图 4-12(a)为降温 21℃、二系悬挂阻尼 12kN·s/m 的工况，图 4-12(b)为升温 21℃、二系悬挂阻尼 17.5kN·s/m 的工况。将两个样本在峰值处的曲线放大，如图 4-12 右侧所示，可以看到两条曲线变化趋势一致，两个网络模型对上述样本的预测值均与参考值吻合得较好。

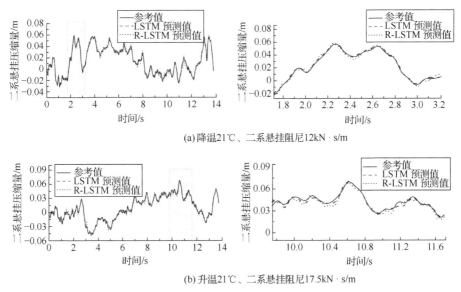

(a) 降温21℃、二系悬挂阻尼12kN·s/m

(b) 升温21℃、二系悬挂阻尼17.5kN·s/m

图 4-12　二系悬挂压缩量预测值与参考值对比

为了判断网络模型的预测结果与所有测试样本的相关程度，对结果进行回归分析，得到相关性系数 r 的概率分布，如图 4-13 所示。总体来说，LSTM 与 R-LSTM 对所有样本预测结果的相关性系数均在 0.9 以上，大部分在 0.95 以上；相对而言，LSTM 的相关系数在超过 0.95 的情况下表现得较为稳定，且结果倾向 1 的概率更大。

在图 4-14 的归一化误差分布中同样可以观察到类似的结论，LSTM 的 PDF 曲线相较于 R-LSTM 更窄、峰值更尖锐，综合来说产生的误差较小。此外，在测试集样本的归一化误差置信区间[−10%, 10%]时，LSTM 和 R-LSTM 的置信水平

CL 分别为 97%和 96%；在置信区间[–5%,5%]时，CL 分别为 90%和 87%，即通过这两个模型预测每一条样本时，样本中分别有 90%和 87%的数据点将在±5%的误差范围内[20]。

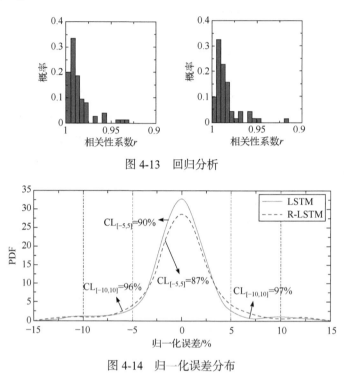

图 4-13　回归分析

图 4-14　归一化误差分布

4.5　本 章 小 结

　　本章介绍了逐步积分算法、移动荷载卷积积分法和基于长短期记忆的神经网络三种高速铁路系统实时混合试验的高效计算方法，以期在保证计算精度的同时具有较高的计算效率，满足高速铁路系统实时混合试验对数值子结构部分计算速度与精度的要求。本章首先阐述了三种实时计算方法的理论依据，详细介绍了其实现原理，在此基础上分析了各方法应用于车-桥耦合实时混合试验的计算精度。

　　经实例验证，将本章方法应用于数值算例时，相比常规有限元法，本章方法可以在保证精度的同时大幅提升计算效率；将本章方法应用于不同工况下高速铁路系统实时混合试验时，可以很好地满足实时混合试验对精度与效率的要求。当采用以上方法对本章使用的数值子结构进行计算时，实时混合试验中每一时步的操作(包括数值子结构部分的数值计算、数据交换、时滞补偿和作动器加载等环节)可在较短时间内完成，且计算结果拥有可靠的精度。

参 考 文 献

[1] 王进廷, 金峰, 徐艳杰, 等. 实时耦联动力试验理论与实践[M]. 北京: 中国建筑工业出版社, 2014.

[2] Chen C, Ricles J M. Stability analysis of SDOF real-time hybrid testing with explicit integration algorithms and actuator delay[J]. Earthquake Engineering & Structural Dynamics, 2010, 37(4): 597-613.

[3] Gui Y, Wang J T, Jin F, et al. Development of a family of explicit algorithms for structural dynamics with unconditional stability[J]. Nonlinear Dynamics, 2014, 77(4): 1157-1170.

[4] Chae Y, Kazemibidokhti K, Ricles J M. Adaptive time series compensator for delay compensation of servo-hydraulic actuator systems for real-time hybrid simulation[J]. Earthquake Engineering & Structural Dynamics, 2013, 42(11): 1697-1715.

[5] Zhu F, Wang J T, Jin F, et al. Simulation of large-scale numerical substructure in real-time dynamic hybrid testing [J]. Earthquake Engineering and Engineering Vibration, 2014, 13(4): 599-609.

[6] Lu L Q, Wang J T, Zhu F. Improvement of real-time hybrid simulation using parallel finite- element program [J]. Journal of Earthquake Engineering, 2020, 24(10): 1547-1565.

[7] 董晓辉, 唐贞云, 李振宝, 等. 应用 Python-GPU 求解的实时混合试验方法研究[J]. 振动工程学报, 2023, 36(2): 517-525.

[8] 陈梦晖. 实时混合模拟试验方法研究与软件开发[D]. 南京: 东南大学, 2018.

[9] 古泉, 张德宇, 国巍, 等. 高速铁路车-轨-桥耦合系统实时混合试验的高效计算方法[J]. 华南理工大学学报(自然科学版), 2021, 49(3): 123-130.

[10] Guo W, Zeng C, Gou H Y, et al. Real-time hybrid simulation of high-speed train-track-bridge interactions using the moving load convolution integral method[J]. Engineering Structures, 2021, 228: 111537.

[11] Lalonde E R, Vischschraper B, Bitsuamlak G, et al. Comparison of neural network types and architectures for generating a surrogate aerodynamic wind turbine blade model[J]. Journal of Wind Engineering & Industrial Aerodynamics, 2021, 216: 104696.

[12] Bas E E, Aslangil D, Moustafa M A. Predicting nonlinear seismic response of structural braces using machine learning[C]//International Mechanical Engineering Congress and Exposition, 2020: 1-6.

[13] Bas E E, Moustafa M A. Real-time hybrid simulation with deep learning computational substructures: System validation using linear specimens[J]. Machine Learning & Knowledge Extraction, 2020, 2(4): 469-489.

[14] Wu J Z. Seismic Resilience-Based Design and Optimization: A Deep Learning and Cyber-Physical Approach[D]. Maryland: University of Maryland, 2018.

[15] Kingma D P, Ba J. Adam: A method for stochastic optimization[J]. Computer Science, 2014.

[16] Raissi M, Perdikaris P, Karniadakis G E. Physics-informed neural networks: A deep learning framework for solving forward and inverse problems involving nonlinear partial differential equations[J]. Journal of Computational Physics, 2019, 378: 686-707.

[17] Chung J, Hulbert G M. A time integration algorithm for structural dynamics with improved

numerical dissipation: The generalized-α method[J]. Journal of Applied Mechanics, 1993, 60(2): 371-375.

[18] Sirignano J , Spiliopoulos K. DGM: A deep learning algorithm for solving partial differential equations[J]. Journal of Computational Physics, 2018, 375: 1339-1364.

[19] Xu Z K, Chen J, Shen J X, et al. Recursive long short-term memory network for predicting nonlinear structural seismic response[J]. Engineering Structures, 2022, 250: 113406.

[20] 胡静怡. 基于 LSTM 的悬索桥上行车竖向半主动悬挂混合试验研究[D]. 长沙: 中南大学, 2022.

第5章　混合试验实时控制技术

5.1　引　　言

实时混合试验中物理子结构与数值子结构的边界条件能否精度复现，是试验成功与否的关键，而要实现这一点，加载设备(作动器或振动台)必须精确跟踪数值子结构传递过来的位移指令[1]。加载设备是一个复杂的动力学系统，且数值子结构命令具有不确定性。加载设备从接收响应命令到完成该命令之间必然存在时滞，这种时滞相当于在试验系统中引入负阻尼。当负阻尼大于系统阻尼时，会降低试验精度，并对系统稳定性产生负面影响[2]。因此，加载设备的控制是实时混合试验中的关键环节之一。为了提高实时混合试验的精度和稳定性，保证试验能够安全进行，需要采用高精度时滞补偿控制方法来补偿时滞。

由于时滞是不可避免的，Horiuchi 等基于多项式外插对时滞进行补偿，此方法是最经典的时滞补偿方法之一[3]。之后诸多学者对此方法进行了改进[4, 5]，进一步提高了时滞补偿的效果，但该方法不能很好地描述信号速度反馈、结构与作动器动力特性的耦合关系。

许多外环控制策略被用来提高 RTHS 的准确性与稳定性，减少延迟误差。Carrion 等提出了一种基于模型响应的前馈补偿方法[6]，Phillips 等改进了该方法，提出了基于模型的前馈-反馈控制方法[7, 8]。此方法中，前馈控制器实现了较大频率范围内的时滞补偿，而反馈控制器保证了追踪控制的鲁棒性，但其对作动器模型具有较强的依赖性。Chen 等通过将作动器简化为一阶传递函数，提出了逆补偿方法，之后又对作动器时滞在线进行估计，提出了自适应逆补偿法[9, 10]。Gao 等提出了 H_∞ 回路成形控制策略，并将此方法应用于强动力耦合的多作动器 RTHS 中[11, 12]。Ou 等将 H_∞ 整形特性、线性二次估计器和前馈控制结合形成鲁棒积分作动器控制策略，通过试验验证了该控制策略对不同加载设备的可行性和有效性[13]。Wu 等将非线性滑动模态控制应用于实时混合试验的作动器控制[14]。Ning 等提出了一种综合 H_∞ 控制器、多项式外插补偿及滤波器的动力系统补偿方法，并证明了该方法具有较好的追踪性与鲁棒性[15]。

随着 RTHS 的应用范围越来越广泛，物理子结构通常具有强非线性行为，许多学者提出了将试件与物理加载设备的非线性行为考虑到系统控制过程中的方法[16, 17]。由于物理加载设备的非线性与不确定性，线性控制器会使系统的鲁棒性降低, 甚至失稳。自适应控制器能够适应动力系统的变化, 产生较好的控制效果。Chen 等对作动器时变时滞进行在线估计, 提出了自适应逆补偿法[18]。之后, 他们又在实测位移与指令位移相位差的跟踪指示器中设置了比例与积分增益系数, 对系统时滞增量进行了在线估计, 使逆补偿方法得到了进一步改进[19]。Chae 等基于最小二乘法实时估计动力系统, 实时计算控制律, 提出自适应时间序列补偿器, 对 RTHS 中边界误差的降低十分有效[20]。Alejandro 等对 ATS 方法进行了改进, 提出了一阶有条件自适应时间序列时滞补偿控制器, 验证了此方法的补偿性能与鲁棒性[21]。Wang 等提出了自适应两阶段时滞补偿方法, 并与经典多项式外插时滞补偿方法与逆补偿方法进行比较, 验证了该方法能实现信号追踪的同时使系统具有较好的鲁棒性[22]。

本章首先介绍以传统线性系统理论为基础的 PID 控制方法[23]和三参量控制方法[23], 由于其控制效果不足, 时滞补偿控制方法被提出。本章介绍的时滞补偿控制方法包含自适应复合控制[24]和 MPC, 自适应复合控制针对实时混合试验过程中由于加载设备信号传输装置等导致的时滞情况, 该算法由自适应状态反馈控制(adaptive state feedback control, ASFC)和内插预测算法组成; MPC 是一种基于模型对控制对象进行预测及最优化控制的控制算法, 通过验证, 该算法有较好的补偿时滞以及提升控制精度的能力。Zeng 等通过在 MPC 之前引入基于多项式的前向参考预测方法, 即一种基于 MPC 和多项式的前向参考预测方法的改进跟踪控制器(model predictive control with reference prediction, MPC-RP), 进一步优化了MPC 的控制性能[25]。

5.2　传统控制方法

早期的控制系统大部分采用 PID 控制, 该算法参数少、泛用性广、鲁棒性高, 对于绝大部分系统都有不错的控制效果。但随着控制系统的精度需求不断提高, 发展出了应用于振动台场景的三参量控制算法, 该算法主要针对振动台控制系统只有位移变量反馈而导致系统带宽不足等缺陷进行改善; 由于 PID 控制采用固定的参数, 对于不同系统的测试, 控制精度不够, 迭代控制系统(iterative control system, ICS)[26]被选择用来提高控制精度。ICS 是一种识别振动台模型并离线迭代修改驱动信号以使振动台的输出与期望信号一致的控制方法, 该控制策略在振动台系统中得到了广泛的应用, 本章重点对实时控制技术进行介绍, 该方法不再进行过多阐述。本节简单介绍两种传统的控制方法, 即 PID 控制和三参量控制。

5.2.1　PID 控制

PID 控制是控制工程中经常使用的控制方法, 其系统原理流程图如图 5-1 所示, 包含了 PID 控制器和被控对象。图 5-1 中, $r(t)$ 为系统输入信号, $u(t)$ 为控制信号，$y(t)$ 为系统输出信号。控制系统主要由三个环节组成，即比例、积分和微分三个单元，分别由 P、I 和 D 三个符号来表示，系统误差经由控制器三个单元运算和线性组合来决定控制量，其中系统误差 $e(t) = r(t) - y(t)$。

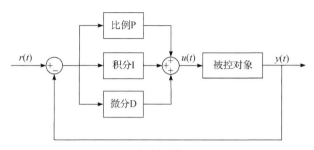

图 5-1　PID 控制系统原理流程图

PID 的控制规律公式为

$$u(t) = C_{\mathrm{P}} \left[e(t) + \frac{1}{T_1} \int_0^t e(t)\mathrm{d}t + T_{\mathrm{D}} \frac{\mathrm{d}e(t)}{\mathrm{d}t} \right] \qquad (5\text{-}1)$$

将式(5-1)转换成传递函数的形式，即

$$H(s) = C_{\mathrm{P}} \left(1 + \frac{1}{T_{1s}} T_{\mathrm{D}}s \right) \qquad (5\text{-}2)$$

式中，C_{P} 为比例系数；T_1 为积分时间常数；T_{D} 为微分时间常数；s 为拉普拉斯变量。

PID 为线性控制器，利用 P 单元来降低系统误差 $e(t)$，P 单元以比例的形式来反映系统输入 $r(t)$ 和系统输出 $y(t)$ 之间的关系，使控制系统可以尽早降低误差；I 单元在零点处提供了一极点，可以帮助消除系统的静态误差，并提升系统进入稳态后的无差度，式(5-1)和式(5-2)中的 T_1 越大，该环节的作用越不明显；D 单元可以表示系统误差变化的趋势，使控制系统的调节速度加快以减少调节时间，式(5-1)和式(5-2)中的 T_1 越大，该环节的作用越强。PID 控制器有着系统简单、控制参数调整方法完善、不需要建立被控对象的精准数学模型和高稳定性等优点，通过各单元互相结合与校正，展现出优良的控制表现。

5.2.2　三参量控制

三参量控制主要由前馈控制部分和反馈控制部分组成，它通过引入位移、速度、加速度三个参量，对系统进行伺服控制，通过前馈环节与反馈环节的配置，该算法能够提高振动台的固有频率、阻尼比等系统参数，进而降低共振峰，拓展系统带宽。

三参量控制系统的流程图如图 5-2 所示，r_d、$\dot{r}_d$ 和 $\ddot{r}_d$ 分别代表参考位移、参考速度和参考加速度信号，x_d、$\dot{x}_d$ 和 $\ddot{x}_d$ 则分别代表系统实测位移、实测速度和实测加速度信号，u_v 为结合前馈和反馈部分的三参量控制器输出信号。三参量控制器共有 6 个参数可以调整，前馈控制器通过调整位移前馈增益 K_{dr}、速度前馈增益 K_{vr} 和加速度前馈增益 K_{ar}，可以延伸系统的加速度频率带宽，提升被控对象跟踪参考信号性能，提高控制精度；反馈控制器通过调整位移反馈增益 K_{df}、速度反馈增益 K_{vf} 和加速度反馈增益 K_{af}，可以增加控制系统的稳定性，提高整体系统的动态特性。在实际试验中，反馈信号通常只测量位移变量和加速度变量，再使用互补滤波器来估计速度变量，而前馈部分中需要的参考位移、参考速度和参考加速度信号，由参考信号发生器来生成。

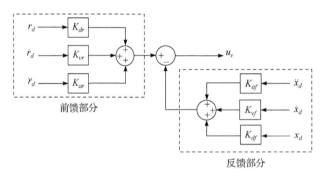

图 5-2　三参量控制系统流程图

参考信号发生器利用参考加速度信号生成参考位移信号和参考速度信号，如图 5-3 所示。

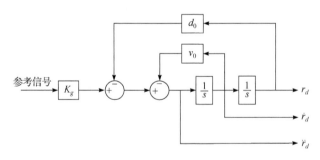

图 5-3　参考信号发生器流程图

参考信号发生器的传递函数可以表示为

$$H_G(s) = \frac{K_g}{s^2 + v_0 s + d_0} = \frac{K_g}{d_0\left(\dfrac{s^2}{\omega_0^2} + \dfrac{2\xi_0}{\omega_0}s + 1\right)} \tag{5-3}$$

式中，K_g 为加速度增益；d_0 和 v_0 分别为 r_d 和 $\dot{r}_d$ 的积分常数，在三参量控制中，d_0 和 v_0 通常取 ω_0^2 和 $2\dfrac{\xi_0}{\omega_0}$；ξ_0、ω_0 分别为加速度控制的阻尼比和固有频率；s 为拉普拉斯变量。

　　本节介绍的 PID 控制和三参量控制都属于以传统线性系统理论为基础的控制方法，即在试验过程中，控制器的参数固定不变，且对于被控对象的不确定性、模型的简化因素的影响、系统的非线性和时变性等特性，该理论的控制效果仍可进一步加强，进而发展出了高精度的时滞补偿控制方法，用来提高控制的精度和稳定性。下面将详细介绍两种时滞补偿控制方法，即自适应复合控制和 MPC。自适应复合控制无需物理子结构的先验知识即可减小系统的时滞；MPC 则可以通过预测模型对目标进行最优化控制。

5.3　自适应复合控制

　　自适应复合控制器由 ASFC 和内插预测算法组成，在物理子结构先验知识未知的前提下，补偿 RTHS 中加载设备的时滞，图 5-4 为其完整的控制流程图。其中，使用 ASFC 提高加载设备的追踪精度和响应速度，使用内插预测算法作为前馈补偿器，以进一步减小时滞。

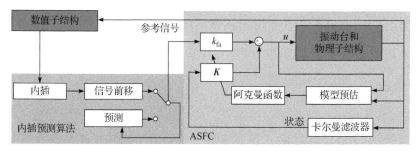

图 5-4　RTHS 自适应复合控制流程图

5.3.1　自适应状态反馈控制

　　以振动台作为桥上行车 RTHS 中物理子结构的加载设备，ASFC 将振动台和物理子结构视为被控对象，通过将极点配置到目标极点来调整被控对象的瞬时响应特性。在计算控制参数时，需要一个模型来描述被控对象，由于振动台具有非线性，且试验前很难获得物理子结构的精确模型，因此该模型通常是不确定的。因此，采用在线模型估计，在物理子结构先验知识未知的情况下，实时辨识被控对象的动态特性，并根据估计模型自动调整控制参数，以提高振动台的跟踪精度，减小振动台的时滞。以下对在线模型估计和状态反馈控制进行进一步的说明。

1. 在线模型估计

如果将物理子结构视为具有扰动的等效质量，则受控对象可以用三阶模型表示。此外，Phillips 等提出，三阶线性模型可以模拟振动台和物理子结构。因此，采用式(5-4)中给出的三阶离散模型作为在线估计的模型结构[27]。

$$\begin{cases} \boldsymbol{A}(z^{-1})y(k) = \boldsymbol{B}(z^{-1})u(k) + v(k) \\ \boldsymbol{A}(z^{-1}) = 1 + a_1 z^{-1} + a_2 z^{-2} + a_3 z^{-3} \\ \boldsymbol{B}(z^{-1}) = b_1 z^{-1} + b_2 z^{-2} + b_3 z^{-3} \end{cases} \tag{5-4}$$

式中，$\boldsymbol{A}$、$\boldsymbol{B}$ 为系统矩阵；$u(k)$ 和 $y(k)$ 分别为振动台的输入命令信号和输出位移；a_i、$b_i(i=1,2,3)$ 为需要在线辨识的模型参数；z^{-1} 为差分算子；$v(k)$ 为传感器噪声，传感器噪声方差 $R(k) = E\mid vv^t \mid$。采用式(5-5)的递推最小二乘法进行模型参数估计。模型参数初始值通过最小二乘法对空载振动台进行离线辨识得到，整个辨识过程不需要物理子结构的先验知识。振动台输出位移的传感器噪声通过增益矩阵 $\boldsymbol{G}_{\mathrm{LS}}(k)$ [28]进行考虑。

$$\begin{cases} \hat{\theta}(k) = \hat{\theta}(k-1) + \boldsymbol{G}_{\mathrm{LS}}(k)[y(k) - \varphi(k)^{\mathrm{T}}\hat{\theta}(k-1)] \\ \hat{\theta}(k) = [a_1, a_2, a_3, b_1, b_2, b_3]^{\mathrm{T}} \\ \varphi(k) = [-y(k-1), \cdots, -y(k-3), u(k-1), \cdots, u(k-3)]^{\mathrm{T}} \end{cases} \tag{5-5}$$

式中，$\hat{\theta}(k)$ 为第 k 控制步的参数向量的估计值；$\varphi(k)$ 为第 k 控制步的输入-输出；增益矩阵 $\boldsymbol{G}_{\mathrm{LS}}(k) = \dfrac{\boldsymbol{P}_{\mathrm{LS}}(k-1)\varphi(k)}{R_k + \varphi(k)^{\mathrm{T}}\boldsymbol{P}_{\mathrm{LS}}(k-1)\varphi(k)}$ ，其中，协方差矩阵 $\boldsymbol{P}_{\mathrm{LS}}(k) = \boldsymbol{P}_{\mathrm{LS}}(k-1) - \boldsymbol{G}_{\mathrm{LS}}(k)\varphi(k)^{\mathrm{T}}P(k-1)$ 。

在进行控制器设计之前，需要将估计得到的三阶传递函数模型转换为如式(5-6)所示的状态空间方程的能控规范形。

$$\begin{aligned} \boldsymbol{x}(k+1) &= \boldsymbol{F}x(k) = \boldsymbol{G}u(k) \\ y(k) &= [b_3 \ b_2 \ b_1]\boldsymbol{x}(k) \end{aligned} \tag{5-6}$$

式中，$\boldsymbol{x}(k)$ 为被控对象的状态。

$$\boldsymbol{F} = \begin{bmatrix} 0 & 1 & 0 \\ 0 & 0 & 1 \\ -a_3 & -a_2 & -a_1 \end{bmatrix}, \quad \boldsymbol{G} = \begin{bmatrix} 0 \\ 0 \\ 1 \end{bmatrix}$$

模型参数的改变会导致控制命令波动，甚至使被控对象的响应发散，限制其改变将有助于提高被控对象的鲁棒性。选择当前和前几步模型估计参数之间的相对误差作为指标,当指标小于设定的容许值时,当前模型估计参数视为合理。被控对象模型参数在每个控制步均进行估计,仅当估计参数被视为合理时,方可采用该估计参数对控制器设计所用模型进行更新。模型一经更新,控制参数立刻适应新模型,从而保证控制器的适用性。

2. 状态反馈控制

采用基于极点配置的状态反馈控制作为 ASFC 的控制律。为保证被控对象的稳定性,根据二阶离散线性系统的瞬时响应经验公式在复平面的单位圆内选择目标极点。峰值时间和阻尼比确定一对共轭极点作为目标主极点。当阻尼比为 $0.5 \sim 0.8$ 时[29],系统的响应速度和超调量可以同时在合理的范围内。反馈控制矩阵 $\boldsymbol{K}$ (图 5-4)由阿克曼函数计算,即

$$\boldsymbol{K} = [1\ 0 \cdots 0\ 0]\boldsymbol{P}_{\mathrm{c}}^{-1}\boldsymbol{q}(\boldsymbol{F}) \tag{5-7}$$

式中,能控型矩阵 $\boldsymbol{P}_{\mathrm{c}} = [F^{(n-1)}\ F^{(n-2)}G \cdots FG\ G]$;$\boldsymbol{q}(\boldsymbol{F})$ 为目标极点的特征方程。控制命令信号 $u(k)$ 由式(5-8)生成。

$$u(k) = -\boldsymbol{K}\boldsymbol{x}(k-1) + k_{\mathrm{fa}}r(k) \tag{5-8}$$

式中,$\boldsymbol{x}(k-1)$ 为第 $k-1$ 步被控对象的状态,由卡尔曼滤波器观测得到;k_{fa} 为前向放大增益;$r(k)$ 为振动台的输入参考位移信号。

3. 稳态误差补偿

通过配置被控对象的极点,可以改善瞬态响应特性,但稳态误差仍然存在,需要对其进行补偿。根据终值定理[29],采用式(5-9)中的前向放大增益 k_{fa} 对稳态误差进行补偿。

$$k_{\mathrm{fa}} = \cfrac{1}{\cfrac{b_1 + b_2 + b_3}{1 + a_1^* + a_2^* + a_3^*}} \tag{5-9}$$

式中,b_1、b_2、b_3 为估计模型的参数;a_1^*、a_2^*、a_3^* 为目标极点本征函数的参数。

5.3.2　内插预测算法

ASFC 可以缩短振动台的响应时间,但无法将其消除。此外,振动台的控制步长通常小于数值子结构的分析步长。在此基础上,采用由内插算法和预测算法组成的内插预测算法[30]作为 ASFC 回路外的前馈控制器。

为协调数值子结构和物理子结构交互信号的时间步长,将数值子结构的位移响应作为振动台的输入参考位移信号,内插到与振动台控制相同时间间隔的信号中。五阶多项式内插算法可以保证位移、速度和加速度的连续[31],因此,采用

式(5-10)中的五阶多项式内插算法对数值子结构的位移响应进行内插。

$$
\begin{cases}
I(k) = c_0 + c_1 k + c_2 k^2 + c_3 k^3 + c_4 k^4 + c_5 k^5 \\
\dot{I}(k) = c_1 + 2c_2 k + 3c_3 k^2 + 4c_4 k^3 + 5c_5 k^4 \\
\ddot{I}(k) = 2c_2 + 6c_3 k + 12c_4 k^2 + 20c_5 k^3
\end{cases}
\tag{5-10}
$$

式中，$I(k)$、$\dot{I}(k)$ 和 $\ddot{I}(k)$ 分别为内插后的位移、速度和加速度；k 为当前控制步；$c_\alpha(\alpha \in [0,5])$ 为五次内插多项式系数。

为补偿时滞，对任意两个相邻的数值子结构分析步，即如图 5-5(a)中的 N 和 $N+1$，对其之间的一组内插数据进行处理。如图 5-5(b)所示，内插信号的前 $M-1$ 个值被忽略，将第 M 个值视为第 k 步的振动台输入参考位移信号。为保持参考位移信号的连续性，在该组内插信号后采用图 5-5(b)中的三角标识数据，即该组内插信号的一步前向预测值，作为参考位移信号，直至在第 $N+1$ 步将第 $N+1$ 和第 $N+2$ 步的内插信号作为参考位移信号。该算法只需一步前向预测即可补偿大于一个控制步长的时滞，从而减小多步前向预测带来的误差。

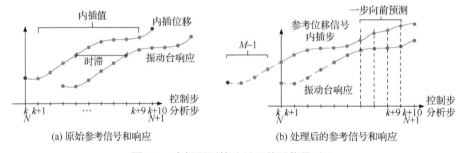

(a) 原始参考信号和响应   (b) 处理后的参考信号和响应

图 5-5　内插预测算法处理前后信号对比

5.3.3　有效性验证

本节将自适应复合控制与 ATS 和 ASFC 的组合进行比较，验证了自适应复合控制的有效性。

采用同步子空间图(synchronization subspace plot, SSP)评估控制器的时滞补偿效果。理想的 SSP 是斜率为 1 的直线，SSP 的椭球越宽时滞越大。

将 ATS 和内插预测算法分别与 ASFC 集成，采用式(5-11)作为 ATS 的控制函数，并通过递推最小二乘法在线估计参数。

$$
u = a_0 r + a_1 \dot{r}
\tag{5-11}
$$

式中，a_0 与 a_1 为 ATS 的控制参数，其初始值通过对 ASFC 控制下的被控对象进行离线辨识获得。

如图 5-6 所示，内插预测算法与 ASFC 组合的椭圆比 ATS 与 ASFC 组合的椭圆更扁,即自适应复合控制下振动台的时滞更小。为评估控制效果,将虚拟 RTHS 平台中轮轨接触点的位移与理想桥上行车模型响应进行比较。理想的 RTHS 模型的控制下振动台模型为 1,其余部分与虚拟 RTHS 平台相同,这意味着轨道的位移插值直接被用来作为列车的激励。通过比较图 5-7 中不同控制下的虚拟 RTHS 平台和理想桥上行车模型的列车激励位移,内插预测算法与 ASFC 组合控制下虚拟 RTHS 平台的列车受到的位移激励更接近理想模型。

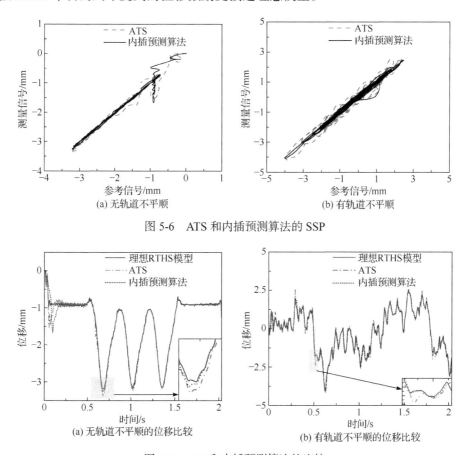

图 5-6　ATS 和内插预测算法的 SSP

图 5-7　ATS 和内插预测算法的比较

对于无轨道不平顺的工况,为了减小试验开始阶段激励信号成分不足时造成的控制误差,采用小幅值白噪声离线辨识固定有物理子结构的振动台的方法,对在线模型估计器的初始模型参数进行修正。图 5-8 表明,修正初始模型参数后,自适应复合控制下虚拟 RTHS 平台的列车激励位移误差明显减小。由上可知,在物理子结构未知的前提下,由内插预测算法和 ASFC 组成的自适应复合控制可以适应性地调整控制参数并达到较好的振动台追踪精度和时滞补偿效果。

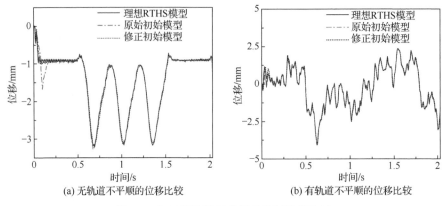

(a) 无轨道不平顺的位移比较   (b) 有轨道不平顺的位移比较

图 5-8 初始模型修正前后的控制效果比较

5.4 MPC

5.4.1 MPC 策略简介

实时混合试验用于模拟行车过程中的车-轨-桥耦合作用，从而得到列车和桥梁的行车试验数据，为设计提供参考，且物理子结构在试验过程中不发生破坏性损伤，MPC 策略可以满足以上需求和特点。MPC 的中心思想在于通过对控制对象建立数值模型，并在线对控制对象的未来行为进行预测，利用模型预测及成本函数的制定进行最佳化控制命令计算，是一种基于模型对控制对象进行预测及最优化控制的控制算法。其示意图如图 5-9 所示，在每一步长都基于预测区间对控制对象的输出进行预测并进行控制命令计算，进而得到最佳控制命令序列，并加载序列中的第一步控制命令，然后在下一步长根据收到的反馈信号更新模型预测输出及最佳控制命令序列。

MPC 控制器的基本架构如图 5-10 所示，目标输入为需要追踪的命令，控制对象为需要控制的物理系统，预测模型为针对控制对象建立的数值模型，用来生

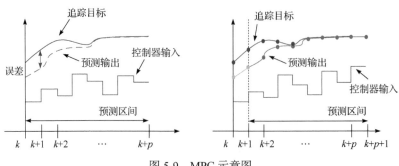

图 5-9 MPC 示意图

成预测未来输出。成本函数定义了最佳化问题中的优化目标，并包含了各控制变量的权重，各变量的上下限值可以手动输入，最佳化求解器结合了目标输入、预测未来输出、成本函数及限值等输入，进行限制条件下的二次规划问题求解，得出预测未来控制命令，并输出当下控制命令对控制对象进行控制。以下针对预测模型与成本函数及最佳化求解器进行进一步的说明。

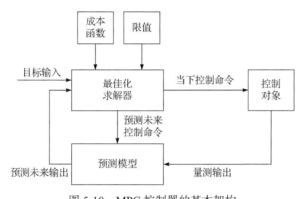

图 5-10　MPC 控制器的基本架构

1. 预测模型

预测模型通过对控制模型建立数值模型，并利用此模型在给定预测区间内进行输出预测，最佳化求解器就能依据成本函数及预测输出进行最佳化计算，达到优化控制效能的效果。建立数值模型的过程称为系统识别，通过给控制对象一组输入信号及记录反馈，建立输入与输出的模型，MPC 采用的是离散状态空间模型，如式(5-12)所示：

$$
\begin{aligned}
x(k+1) &= Ax(k) + Bu(k) \\
y(k) &= Cx(k)
\end{aligned}
\tag{5-12}
$$

由于预测模型中的状态有些是不可直接测量的，因此需要利用卡尔曼滤波器进行状态估测，得到当前的状态。卡尔曼滤波器的设计如下：通过求解式(5-13)中的离散时间代数里卡蒂(Riccati)方程得到后验状态误差估计 M，代入式(5-12)中可求得卡尔曼增益 K。

$$
AMA^{\mathrm{T}} - M + Q - AMC^{\mathrm{T}}(R + CMC^{\mathrm{T}})^{-1}CMA^{\mathrm{T}} = 0
\tag{5-13}
$$

$$
K = MC^{\mathrm{T}}(CMC^{\mathrm{T}} + R)^{-1}
\tag{5-14}
$$

根据测量得到的输出(y_{m})，可以根据式(5-15)更新系统状态，并利用式(5-16)～式(5-18)对模型未来输出进行预测，提供给最佳化求解器进行计算。

$$
x_{\mathrm{c}}[k\,|\,k] = x_{\mathrm{c}}[k\,|\,k-1] + K(y_{\mathrm{m}} - Cx_{\mathrm{c}}[k\,|\,k-1])
\tag{5-15}
$$

$$x_c[k+1|k] = A[k|k] + Bu[k] \qquad (5\text{-}16)$$

$$x_c[k+i|k] = Ax_c[k+i-1|k] + Bu[k+i-1|k], \quad i = 2,3,\cdots,p \qquad (5\text{-}17)$$

$$y[k+i|k] = Cx_c[k+i-1|k], \quad i = 2,3,\cdots,p \qquad (5\text{-}18)$$

2. 成本函数及最佳化求解器

图 5-11 为三自由度振动台及负载示意图，上方加载了电磁铁。图 5-12 为三自由度振动台流程图，通过 MPC 算法尽量减少三自由度上的输入及输出之间的误差。MPC 在每一个控制时间步长，通过预测区间内的模型预测输出及输入，计算出最佳控制命令序列，并执行控制命令序列的第一个命令，而在下一个时间步长为了定义最佳化问题需要先定义成本函数。

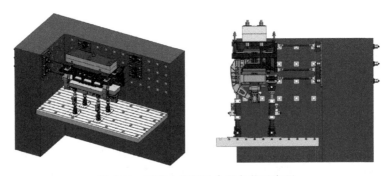

图 5-11　三自由度振动台及负载示意图

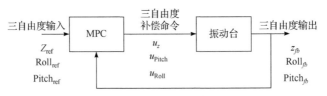

图 5-12　三自由度振动台流程图

首先，需要定义控制命令序列，如式(5-19)和式(5-20)所示，每一步的控制变量都包含了三向的加载控制命令。

$$Z_k = [u[k|k]^{\mathrm{T}}\ u[k+1|k]^{\mathrm{T}}\cdots u[k+p-1|k]^{\mathrm{T}}] \qquad (5\text{-}19)$$

$$u[k|k] = [u_z\, u_{\mathrm{Pitch}} u_{\mathrm{Roll}}] \qquad (5\text{-}20)$$

至此可以定义成本函数，如式(5-21)～式(5-24)所示，其中式(5-21)代表考虑三自由度上的追踪误差，让追踪误差尽量减小；式(5-22)代表考虑三自由度命令的变化量，目的是保持控制的平稳，避免命令的大幅度跳动；式(5-23)代表考虑限值，惩罚违反限值设定的命令，避免超过限值。定义此成本函数后可利用 KWIK 算法求解式(5-24)，达到限制条件下的最佳化控制解。

$$J(Z_k) = J_y(Z_k) + J_{\Delta u}(Z_k) + J_\varepsilon(Z_k) \tag{5-21}$$

$$J_y(Z_k) = \sum_{i=1}^{p}\left\{ w_z\left(Z_{ref}[k+i\,|\,k] - Z_{fb}[k+i\,|\,k]\right)^2 + w_{\text{Pitch}}\Big(\text{Pitch}_{ref}[k+i\,|\,k] \right.$$
$$\left. -\text{Pitch}_{fb}[k+i\,|\,k]\Big)^2 + w_{\text{Roll}}\left(\text{Roll}_{ref}[k+i\,|\,k] - \text{Roll}_{fb}[k+i\,|\,k]\right)^2 \right\}$$

$$\tag{5-22}$$

$$J_{\Delta u}(Z_k) = \sum_{i=0}^{p-1}\left\{ w_{\Delta z}\left(u_z[k+i\,|\,k] - u_z[k+i-1\,|\,k]\right)^2 + w_{\Delta\text{Pitch}}\Big(u_{\text{Pitch}}[k+i\,|\,k] \right.$$
$$\left. -u_{\text{Pitch}}[k+i-1\,|\,k]\Big)^2 + w_{\Delta\text{Roll}}\left(u_{\text{Roll}}[k+i\,|\,k] - u_{\text{Roll}}[k+i-1\,|\,k]\right)^2 \right\}$$

$$\tag{5-23}$$

$$J_\varepsilon(Z_k) = \rho_\varepsilon \varepsilon_k^2 \tag{5-24}$$

5.4.2　MPC-RP 策略简介

1. 控制原理

MPC 算法的核心是在预测范围内对振动台模型进行优化，因此 MPC 的控制精度依赖于振动台模型的准确性和对未来参考信号的预测。但是输入给加载设备的命令，是数值子结构根据物理子结构的反馈响应计算出来的，因此无法提前获得试验过程中的参考信号，即在未来的时间步长中，参考信号仍然是未知的。

针对这一缺点，在 MPC 之前引入了参考预测算法，即 MPC-RP，以进一步提高控制效果。MPC 算法原理在前面已进行介绍，本节介绍基于多项式的前向参考预测方法。图 5-13 为 RTHS 中 MPC-RP 控制的流程图，在 MPC 控制之前引入了参考预测方法。

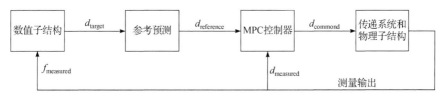

图 5-13　MPC-RP 控制流程图

d_{target} 为目标位移；$d_{\text{reference}}$ 为参考位移；d_{command} 为命令位移；d_{measured} 为测量位移；f_{measured} 为测量力

2. 参考预测

基于多项式的前向参考预测方法通过利用前向有限时间步长的参考信号预测

未来时间步长的参考轨迹，如图 5-14 所示。设位移命令 d^c 在时间 t 为 N 阶多项式形式，系数为 $a_i(i=0,1,\cdots,N)$，如式(5-25)所示：

$$d^c = a_0 + a_1 t + \cdots + a_N t^N \tag{5-25}$$

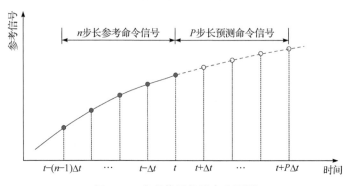

图 5-14　参考信号的拟合和预测

考虑当前控制区间之前有 n 个参考信号可用，位移参考向量 $\boldsymbol{d}^c = \left[d^c_{t-(n-1)\Delta t}, \cdots, d^c_{t-\Delta t}, d^c_t \right]^{\mathrm{T}}$ 可表示为

$$\begin{bmatrix} d^c_{t-(n-1)\Delta t} \\ \vdots \\ d^c_{t-\Delta t} \\ d^c_t \end{bmatrix} = \begin{bmatrix} 1 & -(n-1)\Delta t & \cdots & [-(n-1)\Delta t]^N \\ \vdots & \vdots & & \vdots \\ 1 & -\Delta t & \cdots & (-\Delta t)^N \\ 1 & 0 & \cdots & 0 \end{bmatrix} \cdot \begin{bmatrix} a_0 \\ a_1 \\ \vdots \\ a_N \end{bmatrix} \tag{5-26}$$

将该多项式转化为如下矩阵形式：

$$\boldsymbol{d}^c = \boldsymbol{X} \cdot \boldsymbol{a} \tag{5-27}$$

用标准最小二乘法求解多项式系数 $\boldsymbol{a} = [a_0, a_1, \cdots, a_N]^{\mathrm{T}}$，即

$$\boldsymbol{a} = \left(\boldsymbol{X}^{\mathrm{T}} \boldsymbol{X} \right)^{-1} \boldsymbol{X}^{\mathrm{T}} \boldsymbol{d}^c \tag{5-28}$$

预测区间内的参考轨迹可以根据多项式系数 $\boldsymbol{a}$ 计算得到，前向 P 步长预测的参考预测点 d' 由式(5-29)给出：

$$d' = a_0 + a_1 P\Delta t + \cdots + a_N (P\Delta t)^N \tag{5-29}$$

将参考预测方法与 MPC 相结合，选取前向预测步长 P 小于等于 MPC 的预测区间步长 N_P，预测参考位移向量 $\boldsymbol{d}' = \left[d'_{t+\Delta t}, d'_{t+2\Delta t}, \cdots, d'_{t+P\Delta t} \right]^{\mathrm{T}}$ 计算为

$$\begin{bmatrix} d'_{t+\Delta t} \\ d'_{t+2\Delta t} \\ \vdots \\ d'_{t+P\Delta t} \end{bmatrix} = \begin{bmatrix} 1 & \Delta t & \cdots & (\Delta t)^N \\ 1 & 2\Delta t & & (2\Delta t)^N \\ \vdots & \vdots & & \vdots \\ 1 & P\Delta t & \cdots & (P\Delta t)^N \end{bmatrix} \cdot \begin{bmatrix} a_0 \\ a_1 \\ \vdots \\ a_N \end{bmatrix} \tag{5-30}$$

至此可以计算出预测区间的参考信号，并作为 MPC 在每个控制区间内的参考轨迹。该参考预测方法的优点是只需要前几步的参考信号就可以计算参考轨迹。该预测提供了参考轨迹的走向，然后 MPC 将处理包括幅值和时滞在内的信号跟踪问题，且参考预测方法不需要在线估计时滞，从而避免了在线辨识引起的参数突变问题[24, 32]。

5.4.3　混合试验应用

本节对所介绍的 MPC 算法和 MPC-RP 算法进行有效性验证。通过仿真和试验对 MPC 的可行性及有效性进行验证；通过仿真对 MPC-RP 的时滞补偿效果与控制精度进行验证。

1. MPC 验证

1）仿真测试

本节介绍在虚拟仿真平台上进行的 MPC 测试工作，对 MPC 的性能进行验证，为 MPC 控制器提供一个验证的基础。

将 MPC 控制器于 xPC Target 平台上接合虚拟振动台进行测试，以 0～50Hz 白噪声为输入，其 Z 向及 Pitch 向测试结果如图 5-15～图 5-17 所示。

由 Z 向和 Pitch 向的时域比对图可知，补偿之后的时滞非常小，大约为 5ms，但都有过冲的现象。频域上更加明显，可以看出，Z 向在 20～30Hz 及 Pitch 向在 15～

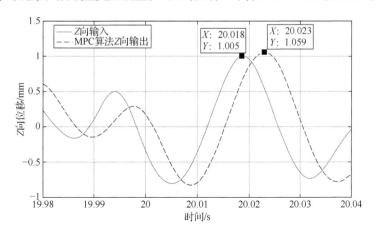

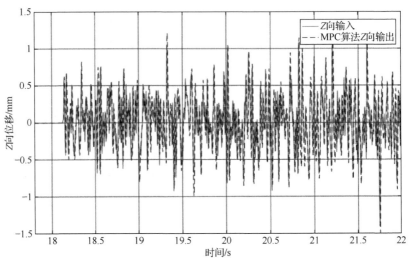

图 5-15 　Z 向时域实测结果

25Hz 区间的信号放大较多，可能是模型与实际控制对象的差异所造成的，但该测试也验证了 MPC 算法对于数值平台上控制多自由度振动台的可行性及补偿效果。

2) 试验测试

经过前面的数值仿真工作，已对 MPC 算法于多自由度振动台上的补偿效果有了初步的验证，本节介绍实际测试阶段所进行的验证工作。将振动台加装电磁铁增加负载，先进行有负载下单自由度 Z 向时滞补偿测试，然后进行有负载下多自由度 Z 向及 Pitch 向的时滞补偿测试。该部分工作在中国地震局工程力学研究所的单自由度振动台和北京博科测试系统股份有限公司(以下简称博科)的多自由度振动台完成。

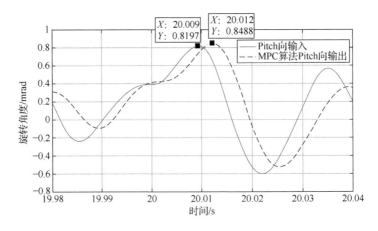

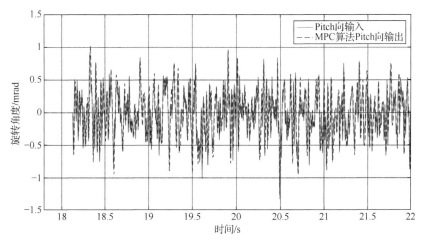

图 5-16　Pitch 向时域实测结果

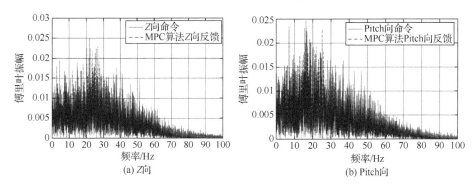

图 5-17　Z 向和 Pitch 向频域实测结果

1) 单自由度平台

图 5-18 为单自由度振动台示意图,并在表 5-1 中给出了该振动台的主要性能参数。

图 5-18　单自由度振动台示意图

表 5-1　单自由度振动台主要性能参数

属性	参数	属性	参数
台面尺寸/m	1.05 × 1.05	最大倾覆力矩/kg·m	1000
动力/kN	±15	最大速度/(m/s)	0.9
静力/kN	±20	最大加速度/g	2.0
活塞杆直径/mm	50	最大负载/kg	500
冲程/mm	100	最大频率/Hz	100
额定倾覆力矩/kg·m	500	总质量/kg	2900

　　将振动台加上电磁铁增加负载后进行单自由度 Z 向的时滞补偿,采样率为 1024Hz,工况包含车速为 100～600km/h 及有无轨道不平顺所生成的 12 种工况。测试结果如表 5-2 及表 5-3 所示,图 5-19 和图 5-20 分别为有无轨道不平顺下的时滞补偿效果图。

表 5-2　单自由度 Z 向 MPC 时滞补偿效果表(有轨道不平顺)

车速/(km/h)	时滞 J_1/ms	均方根误差 J_2/%	尖峰误差 J_3/%
100	10.7	3.7146	3.7003
200	8.8	5.3069	5.5401
300	7.8	6.9494	7.9608
400	6.8	8.3698	10.7341
500	6.8	9.3989	13.2816
600	5.9	11.8147	15.3959

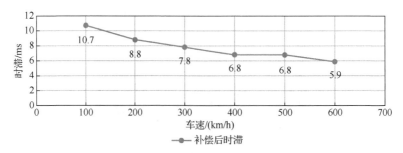

图 5-19　单自由度 Z 向 MPC 时滞补偿效果图(有轨道不平顺)

表 5-3　单自由度 Z 向 MPC 时滞补偿效果表(无轨道不平顺)

车速/(km/h)	时滞 J_1/ms	均方根误差 J_2/%	尖峰误差 J_3/%
100	10.7	6.8657	19.2464
200	11.7	9.7327	23.7394
300	10.7	11.7915	20.3431
400	9.8	13.9322	27.4469
500	8.8	14.8925	24.7994
600	7.8	16.7309	26.5893

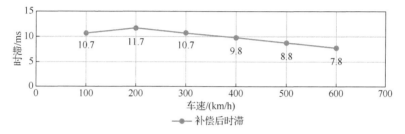

图 5-20　单自由度 Z 向 MPC 时滞补偿效果图(无轨道不平顺)

由以上测试结果可知，车速越快的工况，其时滞越小，而有轨道不平顺比无轨道不平顺的工况补偿较好。

2) 多自由度平台

图 5-21 为六自由度振动台示意图，表 5-4 为六自由度振动台主要性能参数。

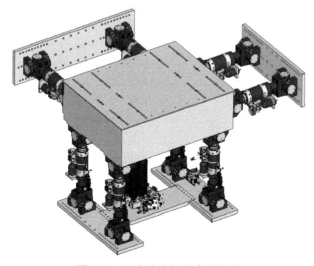

图 5-21　六自由度振动台示意图

表 5-4　六自由度振动台主要性能参数

属性	参数	属性	参数
工作频率/Hz	0.1~60	最大速度/(m/s)	$X/Y/Z$：±0.6
一级台面尺寸/m	3×2.4	最大位移/mm	$X/Y/Z$：±25
二级台面尺寸/m	3.05×2.8	60Hz 最大位移/mm	X：±0.25；Y/Z：±0.35
最大运动载荷/t	19.5	单方向叠加性能 (Y/Z 分别运动)	10Hz@±2.5mm+60Hz@±0.15mm
最大加速度/g	X：±4；Y/Z：±5	单台两方向叠加 (Y/Z 同时运动)	Z：10Hz@±2.5mm+60Hz@±0.15mm Y：0Hz@±0.15mm

　　完成单自由度时滞补偿测试后，考虑多自由度加载。由于 Roll 向数值命令过小，约等于传感器噪声等级，以 Z 向加 Pitch 向为补偿目标进行测试，采用与单自由度实测时一样的数值模型计算出来的不同时速下有轨道不平顺及无轨道不平顺的 12 组工况进行测试。测试结果如表 5-5 及表 5-6 所示，图 5-22 和图 5-23 分别为有无轨道不平顺下的时滞补偿效果图。

表 5-5　多自由度 MPC 时滞补偿效果表(有轨道不平顺)

车速 /(km/h)	Z 向			Pitch 向		
	时滞 J_1 /ms	均方根误差 J_2/%	尖峰误差 J_3/%	时滞 J_1/ms	均方根误差 J_2/%	尖峰误差 J_3/%
100	9.8	3.0279	3.5232	20.5	14.5897	21.8945
200	7.8	4.8344	5.5233	17.6	22.294	34.7169
300	7.8	6.7588	7.4023	16.6	29.4382	49.5567
400	6.8	8.0849	10.3114	16.6	36.2138	60.0215
500	5.9	9.81	13.5414	16.6	44.0159	69.5298
600	5.9	12.6299	16.2243	16.6	45.3252	76.719

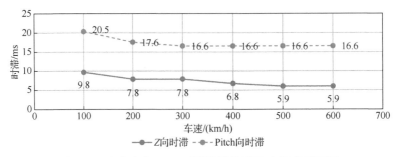

图 5-22　多自由度 MPC 时滞补偿效果图(有轨道不平顺)

表 5-6　多自由度 MPC 时滞补偿效果表(无轨道不平顺)

车速/(km/h)	Z 向			Pitch 向		
	时滞 J_1/ms	均方根误差 J_2/%	尖峰误差 J_3/%	时滞 J_1/ms	均方根误差 J_2/%	尖峰误差 J_3/%
100	11.7	8.4958	21.2133	20.5	35.4428	88.3668
200	11.7	9.4902	25.5042	19.5	44.5248	85.4475
300	11.7	11.9409	24.094	22.5	74.7142	96.6667
400	9.8	13.7557	26.9888	22.5	79.1836	96.49
500	8.8	15.009	26.9584	17.6	75.7937	98.0943
600	8.8	17.1047	27.2028	16.6	98.2501	121.2008

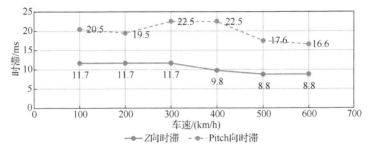

图 5-23　多自由度 MPC 时滞补偿效果图(无轨道不平顺)

由数据观察可知，Pitch 向由于追踪工况的幅值较小，在 J_2 及 J_3 两项量化指标上表现较差，Z 向则维持与单自由度补偿时差不多的效能。

2. MPC-RP 验证

为了验证 MPC-RP 控制器的可行性和有效性，基于虚拟 RTHS 基准问题进行四种工况下的数值仿真，该问题提供了一个虚拟 RTHS 框架来评估所设计的控制器的性能和鲁棒性[33]。选择如图 5-24 所示的三自由度框架结构作为参考模型，其中第一个自由度划分为物理子结构，其余自由度划分为数值子结构。

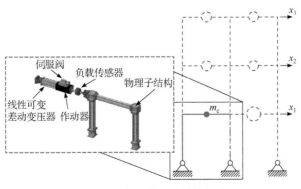

图 5-24　参考模型子结构划分

表 5-7 为各个工况的参数情况，考虑了参考模型四种不同的楼层质量和阻尼比。

表 5-7　参考模型的工况参数

工况	楼层质量/kg	阻尼比/%	物理子结构质量/kg	物理子结构刚度/(N/m)	物理子结构阻尼/(kg/s)
1	1000	5			
2	1100	4	29.1	1.19×10^6 $+5 \times 10^5 \cdot \mathrm{randn}$	114.6
3	1300	3			
4	1000	3			

数值子结构参数：$M_n = M_r - M_e, K_n = K_r - K_e, C_n = C_r - C_e$

注：M 为质量；K 为刚度；C 为阻尼；下标 n、r、e 分别表示数值子结构、参考模型、物理子结构；randn 为正态分布的随机数。

为了评估 MPC-RP 的时滞补偿效果，将其进行仿真测试。由图 5-25～图 5-28 可以看出，在四种工况下，虚拟 RTHS 的位移响应与参考位移响应都有较好的匹配性，此外，命令位移总是在参考位移之前且稍大于参考位移。可以看出 MPC-RP 具有较好的时滞补偿效果，且有较好的调节振幅误差的能力。

为了进一步评估 MPC-RP 的性能和控制精度，采用了虚拟 RTHS 基准问题中定义的 9 个评估指标，并将 MPC-RP 控制器与虚拟 RTHS 基准问题中提供的带有相位导线补偿器的 PI 控制器以及 MPC 控制器进行比较。由表 5-8 可知，MPC-RP 的跟踪性能更好，其中，评估指标 J_1 为 0，J_2 和 J_3 也均小于 2%。此外，MPC-RP

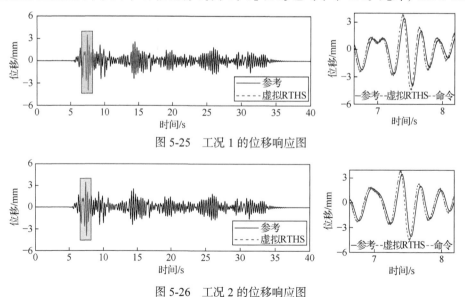

图 5-25　工况 1 的位移响应图

图 5-26　工况 2 的位移响应图

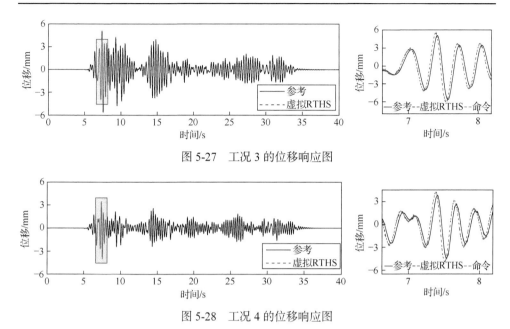

图 5-27　工况 3 的位移响应图

图 5-28　工况 4 的位移响应图

的其他 6 个指标($J_4 \sim J_9$)也远小于另外两种控制器(具体指标含义见 6.3.1 节),表明了 MPC-RP 有着更高的控制精度。

表 5-8　虚拟 RTHS 评估结果

工况	评估指标	J_1/ms	J_2/%	J_3/%	J_4/%	J_5/%	J_6/%	J_7/%	J_8/%	J_9/%
1	PI-PL	4.9	10.38	11.17	46.79	21.87	43.01	43.16	19.21	19.17
	MPC	3.9	9.24	9.89	41.15	19.36	37.96	38.1	17.05	17.02
	MPC-RP	0	1.6	1.25	5.86	3.46	5.52	5.54	2.88	2.87
2	PI-PL	4.9	9.8	10.66	43.16	21.32	40.66	40.77	19.59	19.52
	MPC	3.9	8.71	9.7	37.83	18.95	35.76	35.86	17.6	17.54
	MPC-RP	0	1.51	1.25	5.53	3.34	5.19	5.2	2.79	2.79
3	PI-PL	4.9	9.08	9.73	68	49.55	68.01	68.03	48.76	48.82
	MPC	3.9	8.07	8.81	59.21	43.12	59.36	59.37	42.46	42.52
	MPC-RP	0	1.12	1.02	8.2	6	7.85	7.85	5.44	5.46
4	PI-PL	4.9	10.52	10.9	105.03	49.73	100.74	100.95	48.24	48.04
	MPC	3.9	9.39	9.84	88.02	42.26	84.49	84.67	41.06	40.89
	MPC-RP	0	1.34	1.21	9.75	5.33	9.61	9.63	4.82	4.8

注：PI-PL 指带有相位导线补偿器的 PI 控制器。

5.5　本　章　小　结

实时控制技术在实时混合试验中起着关键作用，本章主要介绍了五种控制算法，控制算法是提高控制系统稳定性、快速性和准确性的主要手段。

(1) 简单介绍了传统控制方法中的 PID 控制以及三参量控制方法的原理，由于实时混合试验中时滞的存在，需要高精度的时滞补偿控制方法。

(2) 首先介绍了自适应复合控制算法，通过验证，该算法能够达到较好的振动台追踪精度和时滞补偿效果；然后从控制器原理、数值仿真到实际试验结果，系统性地验证了 MPC 时滞补偿策略在多自由度运动平台中的可行性，通过仿真及试验成功展现了 MPC 在时滞补偿方面的能力及其在控制精度方面的提升效果；为了进一步提升 MPC 的优化能力，介绍了 MPC-RP 控制方法，该方法通过使用参考预测在每个 RTHS 控制区间给 MPC 控制器提供未来参考，充分发挥了 MPC 控制器的优化能力。

参 考 文 献

[1] 周惠蒙. 单自由度实时混合试验的控制方法[D]. 哈尔滨: 哈尔滨工业大学, 2013.

[2] Horiuchi T, Nakagawa M, Sugano M, et al. Development of a real-time hybrid experimental system with actuator delay compensation[C]. 11th World Conference on Earthquake Engineering, Acapulco, 1996.

[3] Horiuchi T, Inoue M, Konno T, et al. Real-time hybrid experimental system with actuator delay compensation and its application to a piping system with energy absorber[J]. Earthquake Engineering & Structural Dynamics, 1999, 28(10): 1121-1141.

[4] Darby A P, Williams M S, Blakeborough A. Stability and delay compensation for real-time substructure testing[J]. Journal of Engineering Mechanics, 2002, 128(12): 1276-1284.

[5] Bonnet P A, Lim C N, Williams M S, et al. Real-time hybrid experiments with Newmark integration, MCSmd outer-loop control and multi-tasking strategies[J]. Earthquake Engineering & Structural Dynamics, 2007, 36 (1): 119-141.

[6] Carrion J E, Spencer F B. Model-based strategies for real-time hybrid testing[J]. Dissertations & Theses Gradworks, 2007: 3301110.

[7] Phillips B M, Spencer B F. Model-based feedforward-feedback actuator control for real-time hybrid simulation[J]. Journal of Structural Engineering, 2013, 139 (7): 1205-1214.

[8] Phillips B M, Spencer B F. Model-based multiactuator control for real-time hybrid simulation[J]. Journal of Engineering Mechanics, 2013, 139 (2): 219-228.

[9] Chen C, Ricles J M. Analysis of actuator delay compensation methods for real-time testing[J]. Engineering Structures, 2009, 31 (11): 2643-2655.

[10] Chen C, Ricles J M. Improving the inverse compensation method for real-time hybrid simulation

through a dual compensation scheme[J]. Earthquake Engineering & Structural Dynamics, 2009, 38 (10): 1237-1255.

[11] Gao X Y, Castaneda N, Dyke S J. Real-time hybrid simulation: From dynamic system motion control to experimental error[J]. Earthquake Engineering & Structural Dynamics, 2013, 42(6): 815-832.

[12] Gao X Y, Castaneda N, Dyke S J. Experimental validation of a generalized procedure for MDOF real-time hybrid simulation[J]. Journal of Engineering Mechanics, 2014, 140 (4): 04013006.

[13] Ou G, Ozdagli A I, Dyke S J, et al. Robust integrated actuator control: Experimental verification and real-time hybrid-simulation implementation[J]. Earthquake Engineering & Structural Dynamics, 2015, 44(3): 441-460.

[14] Wu B, Zhou H M. Sliding mode for equivalent force control in real-time substructure testing[J]. Structural Control and Health Monitoring, 2014, 21(10): 1284-1303.

[15] Ning X Z, Wang Z, Zhou H M, et al. Robust actuator dynamics compensation method for real-time hybrid simulation[J]. Mechanical Systems and Signal Processing, 2019, 131: 49-70.

[16] Jung R Y. Development of real-time hybrid test system[D]. Boulder: University of Colorado at Boulder, 2005.

[17] Maghareh A, Dyke S J, Silva C E. A self-tuning robust control system for nonlinear real-time hybrid simulation[J]. Earthquake Engineering & Structural Dynamics, 2020, 49(7): 695-715.

[18] Chen C, Ricles J M. Tracking error-based servohydraulic actuator adaptive compensation for real-time hybrid simulation[J]. Journal of Structural Engineering, 2010, 136(4): 432-440.

[19] Chen C, Ricles J M. Large-scale real-time hybrid simulation involving multiple experimental substructures and adaptive actuator delay compensation[J]. Earthquake Engineering & Structural Dynamics, 2012, 41(3): 549-569.

[20] Chae Y, Kazemibidokhti K, Ricles J M. Adaptive time series compensator for delay compensation of servo-hydraulic actuator systems for real-time hybrid simulation[J]. Earthquake Engineering & Structural Dynamics, 2013, 42(11): 1697-1715.

[21] Alejandro P B, Mariantonieta G S. Adaptive tracking control for real-time hybrid simulation of structures subjected to seismic loading[J]. Mechanical Systems and Signal Processing, 2019, 134: 106345.

[22] Wang Z, Ning X Z, Xu G S, et al. High performance compensation using an adaptive strategy for real-time hybrid simulation[J]. Mechanical Systems and Signal Processing, 2019, 133: 106262.

[23] 蔡雅钧. 地震模拟振动台的控制算法研究[D]. 北京: 清华大学, 2018.

[24] Shao P, Guo W, Lei Q, et al. Adaptive compound control for the real-time hybrid simulation of high speed railway train-bridge coupling vibration[J]. Structural Control and Health Monitoring, 2021, 28(11): 1-20.

[25] Zeng C, Guo W, Shao P. Performance study of model predictive control with reference prediction for real-time hybrid simulation[J]. Journal of Vibration and Control, 2024, 30(7-8): 1659-1673.

[26] Guo W, Shao P, Li H Y, et al. Accuracy assessment of shake table device on strong earthquake output[J]. Advances in Civil Engineering, 2019, 2019: 9372505.

[27] Phillips B M, Wierschem N E, Spencer B F. Model-based multi-metric control of uniaxial shake

tables[J]. Earthquake Engineering & Structural Dynamics, 2014, 43(5): 681-699.

[28] Dan S. Optimal State Estimation: Kalman, H[infinity], and Nonlinear Approaches[M]. Hoboken: Wiley-Interscience, 2006.

[29] Dorf R C, Bishop R H. Modern Control Systems[M]. London: Pearson, 2011.

[30] Ian W M. Real-time dynamic substructuring for mechanical and aerospace applications: Control techniques and experimental methods[D]. Bristol: University of Bristol, 2005.

[31] Niku S B. Introduction to Robotics: Analysis, Control, Applications[M]. Hoboken: John Wiley & Sons, 2020.

[32] Palacio-Betancur A, Soto M G. Adaptive tracking control for real-time hybrid simulation of structures subjected to seismic loading[J]. Mechanical Systems and Signal Processing, 2019, 134: 106345.

[33] Silva C E, Gomez D, Maghareh A, et al. Benchmark control problem for real-time hybrid simulation[J]. Mechanical Systems and Signal Processing, 2020, 135: 106381.

第6章　稳定性分析与准确性评估

6.1　引　　言

在实时混合试验过程中，稳定性分析与准确性评估是非常关键的步骤。通过分析和评估可以确保试验的可靠性和结果的可信度。

实时混合试验的稳定性分析是为了保证试验能够安全进行，需要分析整体试验系统以及各个部分的稳定性。对于各个部分，数值桥模型、边界协调条件、控制器和时滞补偿器，均要进行稳定性分析；对于整体试验系统，需要在所有部分稳定的基础之上能够保持稳定。稳定性分析能够为实际试验提供大概的稳定性范围，从而指导实时混合试验系统的设计，保证混合试验安全进行。为了保证并提高混合试验的稳定性，国内外学者开展了一系列研究工作。王倩颖等采用放大矩阵法对含有时滞的混合试验系统进行稳定性分析，该方法为存在时滞的系统稳定性研究提供了思路[1]；Chen 等基于离散控制理论发展了积分算法稳定性分析方法[2]，并与作动器时滞模型相结合进一步发展了离散根轨迹方法[3]；Wallace 等采用时滞差分方程分析了单自由度系统临界时滞的精确数学表达式，得到了单自由度系统稳定性临界值[4]，基于该方法，Kyrychko 等采用分叉理论将其推广到了多自由度系统，发展了临界时滞的数值计算方法[5]；Christenson 等从实时混合试验系统的幅相频特性出发，分析了时滞对系统稳定性的影响，并指出了时滞会在结构自振频率处减小系统的稳定裕度，从而对噪声的鲁棒性更差[6]；Huang 等通过李雅普诺夫-克拉索夫斯基(Lyapunov-Krasovskii)方法分析了定/变时滞两类系统的稳定性[7]；Mercan 等探讨了多源时滞的影响[8]；Enokida 等综合考虑加载系统、控制器、滤波器等因素的影响对实时混合试验系统的稳定性进行了分析[9]；Tang 等综合考虑了伺服液压系统的幅值和相位的变化对试验系统稳定性的影响，并用振动台试验验证了这种分析的正确性[10]；Zhu 等基于根轨迹方法分析了时滞和不同结构形式对混合试验稳定性的影响[11]；洪越等基于增益裕度发展的实时混合试验系统稳定性分析方法，综合分析了数值积分算法、加载系统动力特性两种因素对试验系统稳定性的耦合影响[12]。

实时混合试验的准确性评估是指对试验结果的准确性进行评估。由于实时混合试验具有灵活性，可以在试验设计和分析过程中根据中间结果进行评估并调整，因此准确性评估是非常重要的。通过准确性评估，可以最大限度地减少误差和不确定性，确保实时混合试验结果的准确性。

6.2   稳定性分析

试验系统的稳定性是实时混合试验顺利进行的关键，本节围绕实时混合试验系统的稳定性分析方法及稳定性判别进行介绍。在稳定性分析方法中，伯德(Bode)图法[13]、奈奎斯特(Nyquist)稳定性判据[14]以及 Lyapunov 第二法[15]都是稳定性判别的经典方法，下面将对这三种方法的基本原理进行介绍，并以 Bode 图法为例，对单自由度结构的实时混合试验进行稳定性分析。

6.2.1   分析方法

1. Bode 图法

Bode 图，也称为波特图等，是经典控制理论中的重要稳定性判别方法，由对数幅频曲线和相频曲线组成。下面对 Bode 图法的基本原理进行介绍。

本节将数值子结构和物理子结构简化为数学模型，对数频率特性曲线的横坐标按 $\lg\omega$ 分度，单位为 rad/s，对数幅频曲线纵坐标的换算方法为

$$L(\omega) = 20\lg|G(\mathrm{j}\omega)| = 20\lg A(\omega) \tag{6-1}$$

式中，j 为 $\sqrt{-1}$，是虚数单位；ω 为圆频率；$G(\mathrm{j}\omega)$ 为系统的开环传递函数；$A(\omega)$ 为输出响应中与输入同频率的谐波分量与谐波输入的幅值之比。

对开环传递函数 $G(\mathrm{j}\omega)$ 采用零阶保持器进行离散化[16]，可得

$$G(z) = \frac{n_m z^m + \cdots + n_1 z + n_0}{d_m z^m + \cdots + d_1 z + d_0} \tag{6-2}$$

式中，$n_m, \cdots, n_1, n_0$ 和 $d_m, \cdots, d_1, d_0$ 为分子分母多项式的各项系数反映系统的特征；z 为离散 z 域的复变量。

在控制工程中，一个离散脉冲传递函数能够用流程图来描述开环系统或闭环系统[17]，如图 6-1 所示。在图 6-1(a)中，$F(z)$ 是输入信号的 z 变换，$d(z)$ 是位移响应的 z 变换。在图 6-1(b)中，$H(z)$ 是闭环系统的反馈传递函数。图 6-1(b)所示的闭环离散脉冲传递函数为

$$G_{\mathrm{cl}}(z) = \frac{G(z)}{1 + H(z)G(z)} \tag{6-3}$$

系统的 Bode 图可以基于前向通道离散脉冲传递函数 $H(z)G(z)$ 得到。

幅值裕度就是闭环系统达到不稳定之前能提高多少增益。而相角裕度是闭环系统达到不稳定之前能允许多少的额外相位滞后。离散时间系统的幅值裕度和相角裕度能由连续时间系统类似的定义给出。

(a) 开环系统的流程图

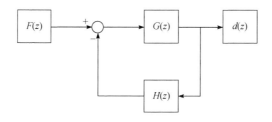

(b) 闭环系统的流程图

图 6-1　系统控制流程图

设开环系统的脉冲传递函数为 $G(z)$，穿越频率为 ω_0，其满足：

$$\arg G(\mathrm{e}^{\mathrm{j}\omega_0 \Delta t}) = -\pi \tag{6-4}$$

且当 $\omega = \omega_0$ 时，$G(\mathrm{e}^{\mathrm{j}\omega_0 \Delta t})$ 是衰减的。幅值裕度定义如下：

$$A_{\mathrm{marg}} = \frac{1}{|G(\mathrm{e}^{\mathrm{j}\omega_0 \Delta t})|} \tag{6-5}$$

设开环系统的脉冲传递函数为 $G(z)$，再设剪切频率 ω_{c} 为穿越频率，使得

$$|G(\mathrm{e}^{\mathrm{j}\omega_{\mathrm{c}} \Delta t})| = 1 \tag{6-6}$$

则相角裕度 ϕ_{marg} 可定义如下：

$$\phi_{\mathrm{marg}} = \arg G^{\mathrm{j}\omega_{\mathrm{c}} \Delta t} \tag{6-7}$$

通过幅值裕度和相角裕度可以判断出系统的相对稳定性，当幅值裕度小于 1 且相角裕度小于 0 时，闭环系统不稳定；当幅值裕度小于 1 或相角裕度小于 0 时，需要采用 Nyquist 稳定性判据对整个系统的稳定性进行分析。实际的实时混合试验系统需要保证在稳定的状态下运行，因此通常所设计的实时混合试验系统需要保证幅值裕度大于 1 且相角裕度大于 0，且数值要大很多，避免不确定性导致的系统不稳定。

2. Nyquist 稳定性判据

Nyquist 稳定性判据由 Nyquist 提出，该判据根据开环系统的频率特性图判断闭环系统的稳定性。采用 Nyquist 稳定性判据分析系统的稳定性有如下优点：①该判据不需要求出系统的闭环频率特性，也不需要求出系统的微分方程或传递

函数，通过试验测出其开环频率特性即可[18]；②依靠作图进行分析，计算量小；③可以用来描述系统接近于不稳定的程度，称为稳定裕度；④能提示改善系统稳定性的办法。下面对 Nyquist 稳定性判据的基本原理进行介绍。

如图 6-2(a)所示的反馈系统，其中 r 与 y 分别是输入信号与输出信号，$G(s)$ 与 $F(s)$ 分别是前向通道和反馈通道的传递函数。该系统的稳定性取决于特征方程根的位置。特征方程如下：

$$1 + G(s)F(s) = 0 \tag{6-8}$$

当且仅当所有的根都在左半平面时，系统是稳定的。

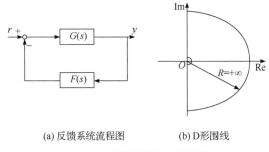

(a) 反馈系统流程图　　　　　　　(b) D 形围线

图 6-2　反馈系统和 D 形围线

Nyquist 稳定性判据采用作图法判断式(6-8)根的位置。将 s 在复平面上沿图 6-2(b) 的 D 形围线运动，即先令 $s = \mathrm{i}\omega$，其中 i 是虚数单位，让 ω 从 $-\infty$ 增加到 $+\infty$。

此时 s 从 $-\mathrm{i}\infty$ 出发，沿虚轴运动到 $+\mathrm{i}\infty$；再令 $s = +\infty \mathrm{e}^{\mathrm{i}\theta}$，让 θ 从 $+\dfrac{\pi}{2}$ 减小到 $-\dfrac{\pi}{2}$，此时 s 从 $+\mathrm{i}\infty$ 沿半径无穷大的顺时针半圆回到 $-\mathrm{i}\infty$，如果虚轴上有 $G(s)F(s)$ 的极点，则要以半径无穷小的逆时针半圆避开，图 6-2(b)就避开了在原点的极点。在这一过程中，$G(s)F(s)$ 在复平面上的轨迹称为 Nyquist 曲线，整张图称为 Nyquist 图。绘制 Nyquist 曲线时，通常先绘制 s 从原点出发沿正虚轴到 $+\mathrm{i}\infty$ 的曲线，再利用对称性绘制 s 从 $-\mathrm{i}\infty$ 到原点的曲线，最后补齐其他部分，也可以用 MATlAB 等软件绘制。

假定 Nyquist 曲线顺时针 N 次包围点 $-1 + \mathrm{i}0$，而 $G(s)F(s)$ 在右半平面有 P 个极点。Nyquist 稳定性判据断言，式(6-8)的全部根中，不在左半平面的根有 $Z = N + P$ 个。显然，当且仅当 $Z = 0$ 时，反馈控制系统稳定。

3. Lyapunov 第二法

本节介绍基于 Lyapunov 第二法的适用于实时混合试验系统的稳定性分析方法，该方法不必求解系统的微分方程，只需建立一个可模拟能量的广义能量函数，根据这个标量函数的性质即可对系统的稳定性进行分析判断。该方法的最大优点在于对任何复杂系统都适用，而对于运动方程求解困难的高阶系统、非线性系统及时变系统的稳定性分析，更能显示出其优越性。下面对 Lyapunov 第二法的基本原理进行介绍。

Lyapunov 第二法[19]由俄国学者 Lyapunov 于 1892 年提出，该方法建立在能量观点的基础上，即若系统的某个平衡状态是渐进稳定的，则随着系统的运动，其存储的能量将随时间增加而不断衰减，直至 $t \rightarrow \infty$ 时，系统运动趋于平衡状态而能量趋于极小值。

假如系统的状态方程为

$$\dot{x} = f(x,t) \tag{6-9}$$

且其平衡状态为 $x_e = 0$ ，则有

$$f(0,t) = 0 \tag{6-10}$$

如果存在一个具有连续一阶偏导数的标量函数 $V(x,t)$ ，且 $V(x,t)$ 及其对时间的导数 $\dot{V}(x,t)$ 满足以下条件：

(1) $V(x,t)$ 是正定的；

(2) $\dot{V}(x,t)$ 是负定的。

则系统的平衡状态 $x_e = 0$ 是一致渐进稳定的，并称 $V(x,t)$ 是系统的一个 Lyapunov 函数。

Lyapunov 第二法无需求解状态方程，借助于象征广义能量的 Lyapunov 函数 $V(x,t)$ 及其对时间的导数 $\dot{V}(x,t)$ 的符号特征，直接判断平衡状态的稳定性，其提供了判别所有系统稳定性的通用方法。尽管 Lyapunov 函数 $V(x,t)$ 的选取并非唯一，且目前尚未找到对任何系统都普遍适用的 $V(x,t)$ 构造方法，但根据研究通常取为二次型函数。二次型函数是一类特殊的标量函数，可表示为

$$V(x) = \sum_{j=1, i=1}^{n} a_{ij} x_i x_j = [x_1\ x_2 \cdots x_n] \begin{bmatrix} a_{11} & a_{12} & \cdots & a_{1n} \\ a_{21} & a_{22} & \cdots & a_{2n} \\ \vdots & \vdots & & \vdots \\ a_{n1} & a_{n2} & \cdots & a_{nn} \end{bmatrix} \begin{bmatrix} x_1 \\ x_2 \\ \vdots \\ x_n \end{bmatrix} = x^{\mathrm{T}} \boldsymbol{P} \tag{6-11}$$

式中， $\boldsymbol{P}$ 为二次型各项的系数构成的 $n \times n$ 维实对称矩阵，称为二次型的权矩阵。

$$\boldsymbol{P} = \begin{bmatrix} a_{11} & a_{12} & \cdots & a_{1n} \\ a_{21} & a_{22} & \cdots & a_{2n} \\ \vdots & \vdots & & \vdots \\ a_{n1} & a_{n2} & \cdots & a_{nn} \end{bmatrix} \tag{6-12}$$

式中，a_{ij} 为实数，且 $a_{ij} = a_{ji}$ ，$i, j = 1, 2, \cdots, n$。

二次型函数 $V(x,t) = x^{\mathrm{T}} \boldsymbol{P} x$ 的定号性与其对应的权矩阵 $\boldsymbol{P}$ 的定号性一致，判别 $V(x,t) = x^{\mathrm{T}} \boldsymbol{P} x$ 的符号只要判别权矩阵 $\boldsymbol{P}$ 的符号即可。

6.2.2 混合试验应用

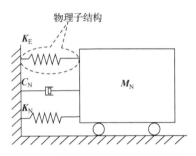

图 6-3　单自由度结构的子结构划分示意图

本节以 Bode 图法为例，针对单自由度结构的实时混合试验进行稳定性分析，将结构的刚度部分作为物理子结构，其他部分作为数值子结构进行试验，分别采用中心差分法和平均加速度法进行数值子结构的求解。本节将分别介绍采用这两种数值积分算法的实时混合试验系统的稳定性分析，在下面的稳定性分析中，子结构的划分如图 6-3 所示。

图 6-3 中，M 、C 和 K 分别是质量矩阵、阻尼矩阵和刚度矩阵，下标 N 表示数值子结构，下标 E 表示物理子结构。

1) 中心差分法

对于一个实时子结构试验的结构，对数值子结构的运动方程为

$$\boldsymbol{M}_{\mathrm{N}} \boldsymbol{a} + \boldsymbol{K}_{\mathrm{N}} \boldsymbol{d} + \boldsymbol{C}_{\mathrm{N}} \boldsymbol{v} + \boldsymbol{r}_{\mathrm{E}}(\boldsymbol{a}, \boldsymbol{v}, \boldsymbol{d}) = \boldsymbol{F} \tag{6-13}$$

式中，$\boldsymbol{a}$ 、$\boldsymbol{v}$ 、$\boldsymbol{d}$ 分别为数值子结构的加速度向量、速度向量和位移向量；$\boldsymbol{r}_{\mathrm{E}}$ 为受到的物理子结构的反力向量；$\boldsymbol{F}$ 为外部激励力。

将式(6-13)在第 i 个积分步离散得到

$$\boldsymbol{M}_{\mathrm{N}} \boldsymbol{a}_i + \boldsymbol{K}_{\mathrm{N}} \boldsymbol{d}_i + \boldsymbol{C}_{\mathrm{N}} \boldsymbol{v}_i + \boldsymbol{r}_{\mathrm{E},i}(\boldsymbol{a}_i, \boldsymbol{v}_i, \boldsymbol{d}_i) = \boldsymbol{F}_i \tag{6-14}$$

中心差分法对速度和加速度的假定为

$$\boldsymbol{v}_i = \frac{\boldsymbol{d}_{i+1} - \boldsymbol{d}_{i-1}}{2\Delta t} \tag{6-15}$$

$$\boldsymbol{a}_i = \frac{\boldsymbol{d}_{i+1} - 2\boldsymbol{d}_i + \boldsymbol{d}_{i-1}}{\Delta t^2} \tag{6-16}$$

变换式(6-14)得到

$$\boldsymbol{M}_{\mathrm{N}} \boldsymbol{a}_i + \boldsymbol{K}_{\mathrm{N}} \boldsymbol{d}_i + \boldsymbol{C}_{\mathrm{N}} \boldsymbol{v}_i = \boldsymbol{F}_i - \boldsymbol{r}_{\mathrm{E},i}(\boldsymbol{a}_i, \boldsymbol{v}_i, \boldsymbol{d}_i) \tag{6-17}$$

将式(6-15)~式(6-17)离散 z 变换得到

$$\frac{\boldsymbol{v}(z)}{\boldsymbol{d}(z)} = \frac{z^2 - 1}{2\Delta t z} \tag{6-18}$$

$$\frac{\boldsymbol{a}(z)}{\boldsymbol{d}(z)} = \frac{z^2 - 2z + 1}{\Delta t^2 z} \tag{6-19}$$

$$\boldsymbol{M}_{\mathrm{N}}\boldsymbol{a}(z) + \boldsymbol{K}_{\mathrm{N}}\boldsymbol{d}(z) + \boldsymbol{C}_{\mathrm{N}}\boldsymbol{v}(z) = \boldsymbol{F}(z) - \boldsymbol{r}_{\mathrm{E}}(z) \tag{6-20}$$

式中，$\boldsymbol{d}(z)$、$\boldsymbol{v}(z)$、$\boldsymbol{a}(z)$ 分别为 $\boldsymbol{d}(s)$、$\boldsymbol{v}(s)$、$\boldsymbol{a}(s)$ 的 z 变换；$\boldsymbol{r}_{\mathrm{E}}(z)$ 为物理子结构反力的 z 变换；$\boldsymbol{F}(z)$ 为外部激励力的 z 变换。

将式(6-18)和式(6-19)代入(6-20)得到

$$\frac{\left(\boldsymbol{M}_{\mathrm{N}} + \frac{1}{2}\Delta t\boldsymbol{C}_{\mathrm{N}}\right)z^2 + \left(\Delta t^2\boldsymbol{K}_{\mathrm{N}} - 2\boldsymbol{M}_{\mathrm{N}}\right)z + \boldsymbol{M}_{\mathrm{N}} - \frac{1}{2}\Delta t\boldsymbol{C}_{\mathrm{N}}}{\Delta t^2 z} = \frac{\boldsymbol{F}(z) - \boldsymbol{r}_{\mathrm{E}}(z)}{\boldsymbol{d}(z)} \tag{6-21}$$

将式(6-21)表述成开环系统的脉冲传递函数的形式为

$$G(z) = \frac{\boldsymbol{d}(z)}{\boldsymbol{F}(z) - \boldsymbol{r}_{\mathrm{E}}(z)} = \frac{\Delta t^2 z}{\left(\boldsymbol{M}_{\mathrm{N}} + \frac{1}{2}\Delta t\boldsymbol{C}_{\mathrm{N}}\right)z^2 + \left(\Delta t^2\boldsymbol{K}_{\mathrm{N}} - 2\boldsymbol{M}_{\mathrm{N}}\right)z + \boldsymbol{M}_{\mathrm{N}} - \frac{1}{2}\Delta t\boldsymbol{C}_{\mathrm{N}}} \tag{6-22}$$

按照 Wu 等提出的实时子结构中心差分法得到的速度假设为[20]

$$\boldsymbol{r}_{\mathrm{E},i} = \frac{\boldsymbol{d}_i - \boldsymbol{d}_{i-1}}{\Delta t}\boldsymbol{C}_{\mathrm{E}} \tag{6-23}$$

假定 C_{E} 是一个变化的常数，将式(6-23)进行 z 变换得到

$$\frac{\boldsymbol{r}_{\mathrm{E}}(z)}{\boldsymbol{d}(z)} = \frac{z - 1}{\Delta t z}C_{\mathrm{E}} \tag{6-24}$$

因此，

$$H(z) = \frac{z - 1}{\Delta t z}C_{\mathrm{E}} \tag{6-25}$$

控制系统的开环传递函数为

$$G(z)H(z) = \frac{\Delta t C_{\mathrm{E}}(z - 1)}{\left(\boldsymbol{M}_{\mathrm{N}} + \frac{1}{2}\Delta t\boldsymbol{C}_{\mathrm{N}}\right)z^2 + \left(\Delta t^2\boldsymbol{K}_{\mathrm{N}} - 2\boldsymbol{M}_{\mathrm{N}}\right)z + \boldsymbol{M}_{\mathrm{N}} - \frac{1}{2}\Delta t\boldsymbol{C}_{\mathrm{N}}} \tag{6-26}$$

将式(6-26)分子分母同除以 $\boldsymbol{M}_{\mathrm{N}}$ 归一化得到

$$G(z)H(z) = \frac{2\xi_{\mathrm{E}}\Omega(z - 1)}{(\boldsymbol{M}_{\mathrm{N}} + \xi_{\mathrm{N}}\Omega)z^2 + (\Omega^2 - 2)z + 1 - \xi_{\mathrm{N}}\Omega} \tag{6-27}$$

式中，$\Omega = \omega\Delta t$；$\xi_{\mathrm{E}} = C_{\mathrm{E}}/(2\boldsymbol{M}_{\mathrm{N}}\omega)$；$\xi_{\mathrm{N}} = \boldsymbol{C}_{\mathrm{N}}/(2\boldsymbol{M}_{\mathrm{N}}\omega)$。

采用 MATLAB 中[Gm,Pm,Wcg,Wcp] = MARGIN(SYS)函数求解幅值裕度和相角裕度，当数值子结构阻尼比 ξ_{N}=0.02 时，画出幅值裕度和相角裕度与阻尼比 ξ_{E}

和 Ω 的关系，如图 6-4 所示，其中 $\Omega = \omega \Delta t$，是一个归一化参数。

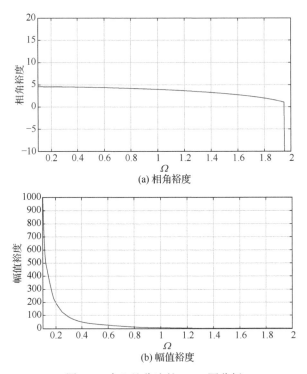

(a) 相角裕度

(b) 幅值裕度

图 6-4　中心差分法的 Bode 图分析

在得到开环系统的脉冲传递函数以后，采用 Bode 图分析得到幅值裕度和相角裕度。按照控制理论，当幅值裕度小于 1 且相角裕度小于 0 时，系统不稳定。因此，通过画出 Bode 图曲线，分析幅值裕度和相角裕度的取值，即可判断实时混合试验系统的稳定性。更进一步，获得的幅值裕度取值可以与阻尼比系数的变化范围对应起来，从而给出在每个信号频率点的变化范围，为实时混合试验系统提供理论依据。获得的相角裕度可以与作动器的临界时滞联系起来，为系统的时滞补偿提供理论依据，进而推算出实时混合试验系统的临界时滞。图 6-5 为采用 Bode 图方法与 Wallace 的连续系统分析方法得到的临界时滞。从图中可以看出，积分步长的选择对临界时滞有影响，在结构自振频率不变的情况下，积分步长越大临界时滞越小。

图 6-6 和图 6-7 可以为实时混合试验系统的稳定运行提供参考，并提供定量分析，以确定前向控制通道的比例增益系数的选择是否合适，最终在现有的设备条件下保证系统的稳定性。

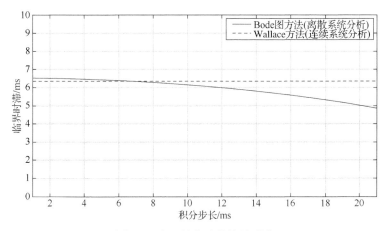

图 6-5　中心差分法的临界时滞

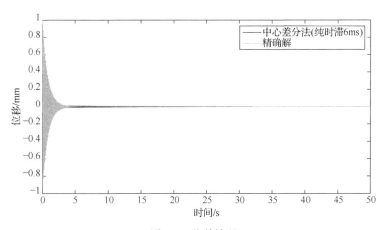

图 6-6　收敛情况

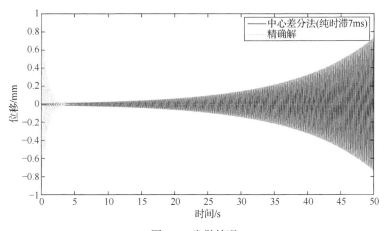

图 6-7　发散情况

　　针对图 6-3 所示的单自由度结构实时混合试验，取积分步长 $\Delta t = 0.001\text{s}$、结构自振频率为 10Hz、结构阻尼比为 0.02、初位移为 1mm 进行自由振动，进行实时混合试验。当纯时滞等于 6ms 小于临界时滞 6.5ms 时，响应有误差但实时混合试验保持稳定；当纯时滞等于 7ms 大于临界时滞 6.5ms 时，响应发散，说明实时混合试验系统不稳定。

　　2) 平均加速度法

　　对于一个单自由度结构，假设物理子结构的刚度与数值子结构的刚度比为 0.2，采用离散控制系统理论，假设实时混合试验系统的结构自振频率为 15Hz，阻尼比分别为 0.05、0.1 和 0.2，数值子结构采用 Newmark 平均加速度方法进行求解，得到离散系统的开环脉冲传递函数为

$$G(z) = \frac{0.5k_{\text{E}}\left(\Delta t^2 z^2 + 2\Delta t^2 z + \Delta t^2\right)}{\left(2m + c\Delta t + 0.5k\Delta t^2\right)z^2 + \left(k\Delta t^2 - 4m\right)z + \left(0.5k\Delta t^2 + 2m - c\Delta t\right)} \tag{6-28}$$

式中，m、c、k 分别为数值子结构的质量、阻尼和刚度；k_{E} 为物理子结构的刚度。将式(6-28)分子分母同时除以 m 归一化得到

$$G(z) = \frac{0.5 \times 0.2\Omega^2\left(z^2 + 2z + 1\right)}{\left(2 + 2\xi\,\Omega + 0.5\Omega^2\right)z^2 + \left(\Omega^2 - 4\right)z + \left(0.5\Omega^2 + 2 - 2\xi\,\Omega\right)} \tag{6-29}$$

式中，$\Omega = \omega\Delta t$。

　　采用基于 Bode 图的稳定性分析方法，改变计算步长，保持结构频率为 15Hz，得到实时混合试验系统的临界时滞，如图 6-8 所示，并进行平均加速度法的仿真验证，分别采用不同的计算步长，得到不同计算步长下的临界时滞，如图 6-9 所示。改变结构频率，保持计算步长为 1/240s，得到实时混合试验系统的临界时滞，如图 6-10 所示。

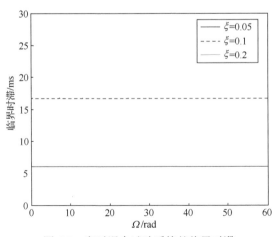

图 6-8　实时混合试验系统的临界时滞

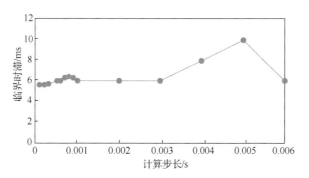

图 6-9　平均加速度法仿真得到的临界时滞

由图 6-8 和图 6-9 可知，计算步长变化对临界时滞影响不大，对于 15Hz 自振频率结构，$\xi=0.05$ 时临界时滞为 6.06ms，$\xi=0.1$ 时临界时滞为 16.66ms，$\xi=0.2$ 时临界时滞为无穷大。

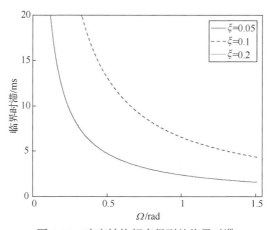

图 6-10　改变结构频率得到的临界时滞

由图 6-10 可知，Ω 为 0.39rad 时临界时滞为 6.05ms，在 0.2rad<Ω<0.5rad 区间内，阻尼比 $\xi=0.05$ 要比 $\xi=0.1$ 的临界时滞小 1 倍以上。

因此，数值子结构基本振型为 15Hz 时的阻尼比为 0.05 时，临界时滞在 6ms 左右，对于高阶振型，可以通过人为加阻尼，使其获得较大的阻尼比，从而保证系统有较大的临界时滞，进而保证系统的稳定性和精度。

6.3　准确性评估

6.3.1　评估指标

为了定量评估实时混合试验控制器的性能，依据标准化 Benchmark 模型计算结果[21]，需要计算 $J_1 \sim J_9$ 的评估指标。前三个评估指标考虑了系统跟踪控制器的性能，其余的评估指标则考虑了实时混合试验的整体性能状态，将其与参考结构计算结构响应进行比较。

评估指标 J_1 表示期望位移信号和实际测量位移信号之间的时间差，单位为毫秒 (ms)。

$$J_1 = \arg k \max\left(\sum_i y_{\mathrm{n}}^{(1)}(i)x_{\mathrm{m}}(i-k) \right) \tag{6-30}$$

式中，y_{n} 为数值子结构的输出向量。

第二个评估指标 J_2 为均方根误差，表示实测位移和作动器期望位移之间的差值。

$$J_2 = \sqrt{\frac{\sum_{i=1}^{N}\left[x_{\mathrm{m}}(i) - y_{\mathrm{n}}^{(1)}(i) \right]^2}{\sum_{i=1}^{N}\left[y_{\mathrm{n}}^{(1)}(i) \right]^2}} \times 100\% \tag{6-31}$$

式中，N 为采样点数。

评估指标 J_3 为尖峰误差，表示实测位移和期望位移之间的瞬时误差的最大值，将该瞬时误差通过期望位移最大值归一化得到[22]。

$$J_3 = \frac{\max | x_{\mathrm{m}}(i) - y_{\mathrm{n}}^{(1)}(i) |}{\max | y_{\mathrm{n}}^{(1)}(i) |} \times 100\% \tag{6-32}$$

评估指标 J_4 表示物理子结构的实际测量位移与参考结构的计算位移之间的误差的标准化均方根[22]。

$$J_4 = \sqrt{\frac{\sum_{i=1}^{N}\left[x_{\mathrm{m}}(i) - x_{\mathrm{r}}^{(1)}(i) \right]^2}{\sum_{i=1}^{N}\left[x_{\mathrm{r}}^{(1)}(i) \right]^2}} \times 100\% \tag{6-33}$$

式中，x_{r} 为参考结构的计算位移。

评估指标 J_5 和 J_6 分别表示第 2 层和第 3 层的相对位移与参考结构的计算位移之间的误差的标准化均方根。

$$J_5 = \sqrt{\frac{\sum_{i=1}^{N}\left[y_{\mathrm{n}}^{(2)}(i) - x_{\mathrm{r}}^{(2)}(i) \right]^2}{\sum_{i=1}^{N}\left[x_{\mathrm{r}}^{(2)}(i) \right]^2}} \times 100\% \tag{6-34}$$

$$J_6 = \sqrt{\dfrac{\displaystyle\sum_{i=1}^{N}\left[y_{\mathrm{n}}^{(3)}(i) - x_{\mathrm{r}}^{(3)}(i) \right]^2}{\displaystyle\sum_{i=1}^{N}\left[x_{\mathrm{r}}^{(3)}(i) \right]^2}} \times 100\% \tag{6-35}$$

评估指标 $J_7 \sim J_9$ 是峰值位移跟踪误差。J_7 由物理子结构的实测位移与参考结构的计算位移计算得到[22]；J_8 和 J_9 由第 2 层和第 3 层的相对位移与参考结构的计算位移计算得到。

$$J_7 = \frac{\max |x_{\mathrm{m}}(i) - x_{\mathrm{r}}^{(1)}(i)|}{\max |x_{\mathrm{r}}^{(1)}(i)|} \times 100\% \tag{6-36}$$

$$J_8 = \frac{\max |y_{\mathrm{n}}^{(2)}(i) - x_{\mathrm{r}}^{(2)}(i)|}{\max |x_{\mathrm{r}}^{(2)}(i)|} \times 100\% \tag{6-37}$$

$$J_9 = \frac{\max |y_{\mathrm{n}}^{(3)}(i) - x_{\mathrm{r}}^{(3)}(i)|}{\max |x_{\mathrm{r}}^{(3)}(i)|} \times 100\% \tag{6-38}$$

6.3.2　同步子空间图

同步子空间图被用来评估作动器的跟踪性能，理想的同步子空间图是斜率为 1 的直线，同步子空间图的椭球越宽则表示其跟踪性能越差。下面对同步子空间图的基本原理进行介绍。

z 表示作动器的命令位移，z' 表示实测位移。即使作动器控制精度很高，它都不会是理想的，即达不到 $z = z'$。作动器的实测位移有(频率相关的)相位误差和幅值误差。相位误差会影响 RTHS 的稳定性以及幅值误差的准确性，因为相位误差改变了系统中的阻尼量(过冲消耗能量，下冲引入能量)[23]。

作动器的跟踪性能(z，z')可以在同步子空间图中表现出来[24]，其中，命令位移 z 相对于实测位移 z' 绘制。如图 6-11 所示，在完美跟踪的情况下，会形成一条

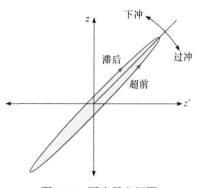

图 6-11　同步子空间图

具有单位斜率的直线，如果振幅过冲/下冲，则斜率小于/大于 1。如果作动器引入相位滞后，则形成沿顺时针方向发展的椭圆；如果引入相位超前，则形成沿逆时针方向发展的椭圆。椭圆的形状即表示作动器的跟踪性能。

6.4　本 章 小 结

稳定性分析与准确性评估是实时混合试验中的重要环节，通过稳定性分析保证实时混合试验的顺利进行，通过准确性评估确保试验结果的准确性。

(1) 首先介绍了基于 Bode 图的稳定性分析方法，通过 Bode 图稳定性分析方法，可以得到幅值裕度、相角裕度以及临界时滞的取值，进而判断实时混合试验系统的稳定性；然后介绍了 Nyquist 稳定性判据，通过采用 Nyquist 稳定性判据分析混合试验系统的稳定性；最后介绍了基于 Lyapunov 第二法的稳定性分析方法，该方法对于高阶系统、非线性系统及时变系统都能够很好地适用。

(2) 通过计算评估指标定量评估实时混合试验系统中控制器的性能，进而设计更加适用准确的控制器。采用同步子空间图评估作动器的跟踪性能，通过绘制椭圆即可进行评估。

参 考 文 献

[1] 王倩颖, 吴斌, 欧进萍. 考虑作动器时滞及其补偿的实时子结构实验稳定性分析[J]. 工程力学, 2007, 24(2): 9-14.

[2] Chen C, Ricles J M. Stability analysis of SDOF real-time hybrid testing systems with explicit integration algorithms and actuator delay[J]. Earthquake Engineering & Structural Dynamics, 2008, 37(4): 597-613.

[3] 迟福东, 王进廷, 汪强, 等. 考虑补偿的多自由度实时耦联动力试验时滞稳定性分析[J]. 工程力学, 2011, 28(4): 200-207.

[4] Wallace M I, Sieber J, Neild S A, et al. Stability analysis of real-time dynamic substructuring using delay differential equation models[J]. Earthquake Engineering & Structural Dynamics, 2005, 34(15): 1817-1832.

[5] Kyrychko Y N, Blyuss K B, Gonzalez-Buelga A, et al. Real-time dynamic substructuring in a coupled oscillator-pendulum system[J]. Proceedings of the Royal Society A: Mathematical, Physical and Engineering Sciences, 2006, 462(2068): 1271-1294.

[6] Christenson R, Lin Y Z, Emmons A, et al. Large-scale experimental verification of semiactive control through real-time hybrid simulation[J]. Journal of Structural Engineering, 2008, 134(4): 522-534.

[7] Huang L, Chen C, Guo T, et al. Stability analysis of real-time hybrid simulation for time-varying actuator delay using the Lyapunov-Krasovskii functional approach[J]. Journal of Engineering Mechanics, 2019, 145(1): 1-15.

[8]　Mercan O, Ricles J M. Stability analysis for real-time pseudodynamic and hybrid pseudodynamic testing with multiple sources of delay[J]. Earthquake Engineering & Structural Dynamics, 2008, 37(10): 1269-1293.

[9]　Enokida R, Stoten D, Kajiwara K. Stability analysis and comparative experimentation for two substructuring schemes, with a pure time delay in the actuation system[J]. Journal of Sound and Vibration, 2015, 346: 1-16.

[10]　Tang Z Y, Dietz M, Li Z B. Substructuring stability analysis in light of comprehensive transfer system dynamics[J]. Bulletin of Earthquake Engineering, 2018, 16(1): 129-154.

[11]　Zhu F, Wang J T, Jin F, et al. Stability analysis of MDOF real-time dynamic hybrid testing systems using the discrete-time root locus technique[J]. Earthquake Engineering & Structural Dynamics, 2015, 44(4): 221-241.

[12]　洪越, 唐贞云, 王晟, 等. 数值积分算法对实时子结构试验系统稳定性耦合影响[J]. 北京工业大学学报, 2019, 45(3): 221-228.

[13]　周惠蒙, 冉田苒, 李梦宁, 等. 基于 Bode 图的实时混合试验稳定性分析方法研究[C]. 第 25 届全国结构工程学术会议, 厦门, 2016: 519-526.

[14]　金辉宇, 倪刚, 兰维瑶, 等. 奈奎斯特判据在时滞对象自抗扰控制中的应用[J]. 厦门大学学报(自然科学版), 2022, 61(6): 986-991.

[15]　刘华新. 基于 Lyapunov 法的实时混合试验系统稳定性分析方法研究[D]. 大连: 大连理工大学, 2022.

[16]　胡寿松. 自动控制原理[M]. 4 版. 北京: 科学出版社, 2001.

[17]　Chen C, Ricles J M. Stability analysis of direct integration algorithms applied to nonlinear structural dynamics[J]. Journal of Engineering Mechanics, 2008, 134(9): 703-711.

[18]　吴麒. 自动控制原理(上)[M]. 2 版. 北京: 清华大学出版社, 2006.

[19]　Wu B, Bao H, Ou J, et al. Stability and accuracy analysis of the central difference method for real-time substructure testing [J]. Earthquake Engineering & Structural Dynamics, 2005, 34(7): 705-718.

[20]　Wu B, Wang Z, Bursi O S. Actuator dynamics compensation based on upper bound delay for real-time hybrid simulation[J]. Earthquake Engineering & Structural Dynamics, 2013, 42(12): 1749-1765.

[21]　Silva C E, Gomez D, Maghareh A, et al. Benchmark control problem for real-time hybrid simulation[J]. Mechanical Systems and Signal Processing, 2020, 135: 106381.

[22]　Lin F S, Maghareh A, Dyke S J, et al. Experimental implementation of predictive indicators for configuring a real-time hybrid simulation[J]. Engineering Structures, 2015, 101: 427-438.

[23]　Mercan O, Ricles J M. Stability and accuracy analysis of outer loop dynamics in real-time pseudodynamic testing of SDOF systems[J]. Earthquake Engineering & Structural Dynamics, 2007, 36(11): 1523-1543.

[24]　Wallace M I, Sieber J, Neild S A, et al. Stability analysis of real-time dynamic substructuring using delay differential equation models[J]. Earthquake Engineering & Structural Dynamics, 2005, 34(15): 1817-1832.

第 7 章   混合试验离线迭代技术

7.1   引   言

混合试验分为在线混合试验和离线混合试验[1,2]。在线混合试验又分为低速拟动力混合试验和高速实时混合试验[3,4]。在理想的混合试验中，数值子结构计算得到的控制信号通过加载装置(作动器或振动台)精确地施加给物理子结构。然而在实际试验中，不可避免地会有时滞出现，时滞过大导致计算发散、试验失败[5]。实时混合试验具有较高的实时性要求，大型伺服液压系统作为混合试验中列车等物理子结构的执行机构，需要高精度控制系统，同时大型复杂结构的计算也要求在毫秒时间内完成，具有很高的挑战性[6]。

为了避免上述时滞实时控制问题，学者们提出了基于离线迭代的混合试验新思路。离线迭代混合试验作为实时混合试验类型中重要的一类试验，已广泛应用于汽车轮胎耐久性测试、非结构构件试验、高速铁路桥上行车测试等试验中[7,8]。非结构构件往往是大型建筑或汽车系统中的设备与部件，从构成来看，其类似于桥上行驶的列车，区别在于桥上行车为移动设备，非结构构件往往为固定设备[9,10]。本章以高速列车与高速铁路简支梁桥为例，介绍离线混合试验系统。在高速铁路桥上行车测试试验中，离线混合试验采用离线迭代收敛控制算法，克服高速列车与二级台面之间的轮轨力的动态耦合，并准确地再现轨道变形及挠度变化，离线迭代混合试验所提供的试验效果预测贯穿于后续混合试验(单悬浮架混合试验、整车线路混合试验以及编组线路混合试验)。在离线迭代混合试验系统框架的基础上，介绍了两种用于车-轨-桥系统的离线迭代收敛算法，即不动点迭代算法[11]和模型辨识收敛算法，并分别通过高速轮轨实物试验和高速磁浮仿真试验介绍算法在离线迭代混合试验中的应用效果。

7.2   离线迭代混合试验系统框架

与实时混合试验在试验过程中实时模拟试件状态不同，离线混合试验通过离线迭代收敛算法修正数值-物理子结构交互过程中的力或位移时程响应，达到减小混合试验中物理子结构和数值子结构之间动态响应误差的目的，使数值-物理子结构在边界处平衡协调，进而在数值-物理边界处实现一定精度的耦合振动复现。离线迭代混合试验方法是在振动台系统包含的内环控制器[11]基础上，搭建外环控制器，即离线迭代收敛算法，其结构如图 7-1 所示。

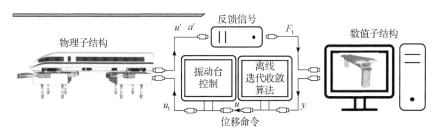

图 7-1　离线迭代混合试验结构

图 7-1 中的信号均为 Z 方向(竖直方向)时程，振动台控制模块用于复现输入至振动台的桥梁形变信号，也称内环控制器；u 为离线迭代收敛算法的迭代位移输出，即外环控制器传输到内环控制器的桥梁形变位移指令；u_t 为振动台控制以 u 为期望位移下发至振动台的控制命令；u' 为数值-物理边界处的位移响应，即振动台台面位移；a' 为测量的列车加速度反馈；F_t 为通过反馈加速度信号计算得到的轮轨力；y 为数值子结构对应作用点在轮轨力作用下的轨道变形量。

图 7-1 显示，离线迭代混合试验同样将试验系统划分为物理子结构和数值子结构两部分，数值子结构和物理子结构的分界线及边界条件根据试验需求选取。离线迭代系统将一组数值子结构的响应数据(形变、位移或者力)输入振动台加载装置，将数值子结构的信号加载至物理子结构得到反馈的力或位移，再将物理子结构的反馈作为激励，输入数值子结构计算新的数值响应，进而根据新的数值响应误差修正物理子结构的输入。物理子结构除耦合振动激励外的外部激励可由轨道不平顺定义。

7.3　离线迭代收敛控制算法

本节分别对不动点迭代算法和模型辨识收敛算法的原理进行简单介绍，并以高速轮轨和高速磁浮离线混合试验为例，介绍算法在离线混合试验中的应用。

7.3.1　不动点迭代算法

1. 算法原理

不动点迭代算法又称简单迭代，主要用于求解方程 $f(x)=0$ 在 $[a,b]$ 区间内的解，主要步骤如下：①先将方程同等转换为 $x=g(x)$；②通过定义初始化 x_0，循环迭代 $x_{k+1}=g(x_k)$；③判断是否满足收敛条件，决定迭代是否结束。

在满足一定收敛条件的前提下，不动点迭代算法可收敛到唯一值。设迭代函数 $g(x)$ 在 $[a,b]$ 上连续，且满足以下两个条件[11]：

(1) 当 $x \in [a,b]$ 时，$a \leqslant g(x) \leqslant b$；

(2) 存在一正数 L，满足 $0 < L < 1$，且 $\forall x \in [a,b]$，有 $|g'(x)| \leqslant L$。

则有以下结论：

(1) 方程 $x = g(x)$ 在 $[a,b]$ 内有唯一解 x^*；

(2) 对于任意初值 $x_0 \in [a,b]$，迭代 $x_{k+1} = g(x_k)$ 均收敛于 x^*；

(3) $\left| x_k - x^* \right| \leqslant \dfrac{L}{1-L} \left| x_k - x_{k-1} \right|$；

(4) $\left| x_k - x^* \right| \leqslant \dfrac{L^k}{1-L} \left| x_1 - x_0 \right|$。

2. 混合试验应用

本节以高速轮轨车桥耦合振动系统为例，介绍不动点迭代算法在混合试验中的应用。在高速轮轨车桥耦合振动系统中，离线迭代修正算法的最终目的是以数值桥梁计算的桥梁形变与以此桥梁形变为输入的振动台台面的输出位移作为收敛判别标准，使数值桥梁形变与振动台台面输出位移之间的均方根误差小于设定限值。若位移的均方根误差小于设定限值，则认为离线混合试验收敛。

对于高速轮轨混合试验系统，令列车子结构(物理子结构)和轨道-桥梁子结构(数值子结构)的传递函数为 H，其轨道不平顺输入 $u(t)$ 与桥梁竖向位移响应输出 $y(t)$ 可表示为

$$y(t) = H[u(t)] \tag{7-1}$$

数值桥梁形变与振动台台面输出位移的偏差可表示为

$$\text{error} = u(t) - y(t) = u(t) - H[u(t)] \tag{7-2}$$

离线混合试验的目标可以转换为求解 $\text{error} \approx 0$ 的唯一时程解 $u(t)$，由式(7-2)可得 $\text{error} \approx 0$ 的同解方程为

$$u(t) = H[u(t)] \tag{7-3}$$

任取一个初值 $u_0(t)$ 代入式(7-3)右侧，可得

$$u_1(t) = H[u_0(t)]$$

将 $u_1(t)$ 作为右侧输入，并重复此过程得到

$$u_2(t) = H[u_1(t)]$$

$$\vdots$$

$$u_{k+1}(t) = H[u_k(t)], \quad k = 0,1,2,\cdots \tag{7-4}$$

式中，$u_k(t)$ 为第 k 步迭代值。式(7-4)即为式(7-3)的不动点迭代算法结果。若存在一点 $u^*(t)$，使得迭代序列 $\{u_k(t)\}$ 满足式(7-5)，则称高速轮轨系统耦合振动响应收敛，其中 $u^*(t)$ 为系统的解。

$$\lim_{k \to \infty} u_k(t) = u^*(t) \tag{7-5}$$

不动点迭代算法的基本求解程序可以分为三个步骤，如图 7-2 所示，其中 $f_k[n]$ 为第 n 次迭代对应的轮轨力；$u_k[n]$ 为第 n 次迭代中影响列车子结构的轨道不平顺；$y_k[n]$ 为第 n 次迭代中轮轨接触点处轨道变形响应，即在实际振动台试验中为台面位移；$u_{k+1}[n]$ 为本次迭代中更新的列车位移响应。

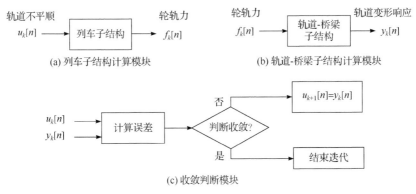

图 7-2　不动点迭代算法的基本步骤

不动点迭代算法的详细计算过程分为列车子结构计算模块、轨道-桥梁子结构计算模块和收敛判断模块[12]。

(1) 列车子结构计算模块：计算列车子结构的轮轨力，将轨道不平顺信号输入振动台，进而通过振动台响应施加至物理列车模型，获得物理列车模型中车体、转向架和轮对的反馈加速度，进而计算列车轮轨力时程响应。

(2) 轨道-桥梁子结构计算模块：计算轮轨接触点处的竖向位移。以列车子结构计算模块中移动列车的轮轨力时程作为轨道-桥梁数值子结构的输入信号，轮轨力作用于数值桥梁模型的桥面，可求解得桥梁结构的轨道变形响应，进而得到轮轨力作用点处的桥梁竖向位移。

(3) 收敛判断模块：计算列车子结构计算模块中的轨道不平顺与轨道-桥梁子结构计算模块中获得的桥梁竖向位移响应之间的误差，若误差满足设定限制，则迭代求解结束；反之，则返回列车子结构计算模块，令轨道-桥梁子结构计算模块中的桥梁形变时程作为下一迭代步中的更新轨道不平顺激励。

收敛判断模块中的误差具体为计算均方根误差(RMSE),通过响应相对系统输入的偏离程度判断迭代效果,公式如下:

$$\mathrm{RMSE}_k = \sqrt{\frac{\sum_{i=1}^{N}\left[y_k(i) - u_k(i)\right]^2}{\sum_{i=1}^{N}\left[y_k(i)\right]^2}} \tag{7-6}$$

式中,$y_k(i)$ 为第 k 次迭代的系统输入;$u_k(i)$ 为第 k 次迭代的系统输出。

基于不动点迭代算法的离线混合试验的迭代流程不同于实时混合试验,流程如图 7-3 所示。在实时混合试验中,列车子结构与轨道-桥梁子结构通过在每个循环周期内迭代同时求解,进而基于每个循环周期结束时的动态响应完成收敛性检验,对实时性要求较高。在离线混合试验中,两个子结构在每次迭代循环中以完整时程的形式分别求解,后由相邻两次在轮对作用点处的竖向位移响应时程进行收敛验证,直至满足误差阈值。

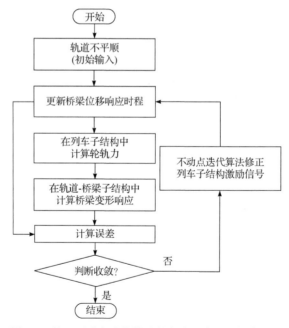

图 7-3 基于不动点迭代算法的离线混合试验操作流程

7.3.2 模型辨识收敛算法

前面所述不动点迭代算法从时域角度对两个子结构之间的信号误差进行修正,本节所提出的模型辨识收敛算法在频域上进行信号修正。混合试验响应复现的目标是减小物理子结构与数值子结构在边界协调所划分边界处的响应误差，即令作用于物理子结构的输入信号与数值子结构在边界处响应的误差满足容许限制。为抑制响应误差，需要确定响应误差与物理子结构输入之间的关系。模型辨识收敛算法通过辨识物理子结构与数值子结构的模型，得到作用在物理子结构的输入与对应数值子结构响应输出之间的函数关系[11,13,14]，进而通过逆变换获得响应误差与物理子结构输入的模型，以此修正物理子结构的输入信号，减小响应误差。

1. 算法原理

模型辨识收敛算法采用频率响应函数(frequency response function，FRF)来辨识系统输入与输出间的关系，再通过频率响应函数逆变换得到系统输出与输入信号之间的关系[15,16]，并利用频率响应函数逆变换将混合试验系统间的响应误差转化为系统输入的校正量。重复此过程，直至系统的响应收敛到一个可以接受的误差水平。对于高速磁浮桥上行车，混合试验系统间的响应误差主要指输入列车子结构的位移信号与轮轨作用点处桥梁的形变输出之间的误差，下面以桥上行车系统说明频率响应模型的辨识方法。

列车在与桥梁的轮轨力作用点处沿三个方向(即两个水平方向和一个垂直方向)进行 6 个自由度(x、y、z、Roll、Yaw、Pitch)的刚体运动，本质上高速磁浮系统是一个多输入多输出系统。假设该系统是 n 输入 m 输出的线性时变系统，U 为输入矩阵，Y 为系统基于输入信号 U 产生的输出矩阵，该系统的频率响应函数矩阵为 H，其维度为 $m \times n$，则 U 和 Y 的传递方程如式(7-7)所示：

$$Y = HU \tag{7-7}$$

式中，$U = \left[u_1, \cdots, u_j, \cdots, u_n\right]^T$，其中 u_j 为第 j 个系统输入信号；$Y = \left[y_1, \cdots, y_i, \cdots, y_m\right]^T$，其中 y_i 为第 i 个系统输出响应。矩阵 H 中的第 i 行第 j 列的元素表示第 j 个输入信号 u_j 下的第 i 个响应 y_i，其中 $i = 1, 2, \cdots, m$，$j = 1, 2, \cdots, n$。

为求解 n 输入 m 输出系统的频率响应函数矩阵，采用单激励输入系统，逐一识别该输入对应每个输出的传递函数矩阵，即当 u_j 为激励输入，输入矩阵 U 的其他输入为零时，系统在此输入信号下产生运动响应，并记录形成 m 个输出响应，分别对 $u_j \sim y_1, \cdots, u_j \sim y_i, \cdots, u_j \sim y_m$ 进行辨识，得到对应的频率响应函数 $H_{1j}, \cdots, H_{ij}, \cdots, H_{mj}$。同理，可得到对应的频率响应函数 $H_{1,j+1}, \cdots, H_{i,j+1}, \cdots, H_{m,j+1}$。重复此过程，直至对应于所有 n 个系统输入输出信号的频率响应函数矩阵 H 中的所有列被求解确定，得到最终的频率响应函数矩阵如下：

$$\boldsymbol{H} = \begin{bmatrix} H_{11} \cdots H_{1j} \cdots H_{1n} \\ \vdots \quad\quad \vdots \quad\quad \vdots \\ H_{i1} \cdots H_{ij} \quad \cdots \quad H_{in} \\ \vdots \quad\quad \vdots \quad\quad \vdots \\ H_{m1} \cdots H_{mj} \cdots H_{mn} \end{bmatrix} \tag{7-8}$$

以求解第 j 个输入信号 $\boldsymbol{u}_j$ 下的第 i 个响应 $\boldsymbol{y}_i$ 所对应的频率响应函数 H_{ij} 为例，介绍频率响应函数矩阵辨识方法。

$$H_{ij} = P_{\boldsymbol{u}_j \boldsymbol{y}_i} P_{\boldsymbol{u}_j \boldsymbol{u}_j}^{-1} \tag{7-9}$$

式中，$P_{\boldsymbol{u}_j \boldsymbol{y}_i}$ 为 $\boldsymbol{u}_j$ 和 $\boldsymbol{y}_i$ 的交叉功率密度(cross-power density，CPD)谱；$P_{\boldsymbol{u}_j \boldsymbol{u}_j}^{-1}$ 为 $\boldsymbol{u}_j$ 的自功率密度谱。

CPD 谱可由输入信号矢量 $\boldsymbol{u}_j$ 和输出响应矢量 $\boldsymbol{y}_i$ 计算得到

$$P_{\boldsymbol{u}_j \boldsymbol{y}_i}(f) = \lim_{T \to \infty} \frac{2}{T} E\left[\boldsymbol{u}_j(f) \boldsymbol{y}_i^*(f) \right] \tag{7-10}$$

式中，E 为期望值；T 为信号长度；上标*表示 $\boldsymbol{y}_i$ 的共轭复数。在矩阵表示中，P_{UY} 由输入矢量 $\boldsymbol{U}$ 和输出响应矢量 $\boldsymbol{Y}$ 表示为

$$P_{UY}(f) = \lim_{T \to \infty} \frac{2}{T} E\left[\boldsymbol{U}(f) \boldsymbol{Y}^*(f) \right] \tag{7-11}$$

自功率密度谱 P_{UU} 可由输入信号 $\boldsymbol{u}_j$ 计算得到，其维度为 $n \times n$，定义为

$$P_{UU}(f) = \lim_{T \to \infty} \frac{2}{T} E\left[\boldsymbol{U}(f) \boldsymbol{U}^{\mathrm{T}*}(f) \right] \tag{7-12}$$

式中，$\boldsymbol{U}^{\mathrm{T}*}$ 为 $\boldsymbol{U}$ 的共轭转置(共轭转置的定义为 $(A^*)_{i,j} = \overline{A}_{j,i}$)。

上述计算频率响应函数的过程可直接由 MATLAB 中自带的 tfestimate 函数求解，其含义如下：以 x 为输入信号，以 y 为输出信号，求解传递函数估计值 $\boldsymbol{T}_{xy}$。调用命令为

$$\left[\boldsymbol{T}_{xy}, \boldsymbol{F}\right] = \text{tfestimate}(x, y, \text{window}, \text{noverlap}, \text{nfft}, \text{fs})$$

式中，$\boldsymbol{T}_{xy}$ 为传递函数矩阵；$\boldsymbol{F}$ 为频率向量；x、y 分别为需要辨识的系统输入与输出信号；window 为窗口函数，指定为整数或行向量或列向量，使用 window 将信号划分为若干段；noverlap 为截面重叠样本数，指定为正整数；nfft 为离散傅里叶变换的点数，指定为正整数，如果将 nfft 指定为空，则 tfestimate 会将此参数设置为 $\max(256, 2^p)$，其中对于长度为 N 的输入信号，$p = [\log_2 N]$；fs 为采样频率，即每单位时间内的采样数，若时间单位为秒(s)，则采样频率的单位为赫兹(Hz)。具体的参数定义及取值如表 7-1 所示。

表 7-1 tfestimate 函数参数设置表

参数	定义	计算公式
window	窗口函数，用于将信号划分为若干段	hanning(nfft)
noverlap	截面重叠的样本数	nfft−1
nfft	离散傅里叶变换的点数	$2^{(\text{nextpow }2(\text{fs}))}$
fs	采样频率	直接赋值

对系统的 n 个输入 m 个输出信号——进行频率响应函数辨识后，其所组成的系统的频率响应函数矩阵可表示如下：

$$\boldsymbol{H} = P_{UY}P_{UU}^{-1} = \begin{bmatrix} P_{u_1 y_1}P_{u_1 u_1}^{-1} & \cdots & P_{u_j y_1}P_{u_j u_j}^{-1} & \cdots & P_{u_n y_1}P_{u_n u_n}^{-1} \\ \vdots & & \vdots & & \vdots \\ P_{u_1 y_i}P_{u_1 u_1}^{-1} & \cdots & P_{u_j y_i}P_{u_j u_j}^{-1} & \cdots & P_{u_n y_i}P_{u_n u_n}^{-1} \\ \vdots & & \vdots & & \vdots \\ P_{u_1 y_m}P_{u_1 u_1}^{-1} & \cdots & P_{u_j y_m}P_{u_j u_j}^{-1} & \cdots & P_{u_n y_m}P_{u_n u_n}^{-1} \end{bmatrix} \tag{7-13}$$

2. 混合试验应用

本节以高速磁浮混合系统为例,介绍模型辨识收敛算法在混合试验中的应用。基于式(7-13)可辨识得到高速磁浮系统的频率响应函数矩阵,即可表示列车子结构的输入信号与轮轨力作用点处的桥梁变形输出信号之间的关系,而模型辨识收敛算法的修正方法是根据响应误差在每次迭代中调整列车子结构的位移输入信号,进而减小下次迭代时轮轨力作用点处的响应误差。因此,需要将得到的频率响应函数矩阵进行逆变换,得到桥梁变形输出与系统位移输入之间的关系。频率响应函数矩阵的逆变换采用式(7-14)计算。

$$\boldsymbol{G}_{\text{ini}} = \boldsymbol{H}^{-1} \tag{7-14}$$

为得到更为准确的频率响应函数矩阵，在进行逆变换前，对共轭的频率响应函数矩阵进行加权平均和平滑化的处理。因系统仅在一定频率范围内存在有用信息，求得逆传递函数矩阵后，对其进行特定频率范围内的信息去除，消除不感兴趣频率范围的信息，提高模型辨识的精度。

$$\boldsymbol{G} = \text{filter}(\boldsymbol{G}_{\text{ini}}) \tag{7-15}$$

式中，filter 为滤波器，作用为滤除逆频率响应函数矩阵 $\boldsymbol{G}_{\text{ini}}$ 中不感兴趣的频率范围信息，可通过要消除的频率范围上下限及采样频率由 Butterworth 滤波器设计确定；$\boldsymbol{G}$ 为模型辨识收敛算法中所求得的逆频率响应函数矩阵。

求解逆频率响应函数矩阵是模型辨识收敛算法中的关键步骤，判断逆矩阵是否有效的标准是检验输入信号与输出信号之间的振幅平方相干函数 C_{xy} 是否大于 0.8。振幅平方相干性是检验两个数据集之间关系的统计量，振幅平方相干估计矩阵是频率的函数，如式(7-16)所示，其值介于 0～1，这些值表示在每个频率下 x 与 y 的对应程度。

$$C_{xy}(f) = \frac{\left| P_{xy}(f) \right|^2}{P_{xx}(f) P_{yy}(f)} \tag{7-16}$$

式中，$P_{xx}(f)$、$P_{yy}(f)$ 为 x 和 y 的功率密度谱；$P_{xy}(f)$ 为 x 和 y 的 CPD 谱。对于多输入多输出系统，多重相干函数如式(7-17)所示：

$$
\begin{aligned}
C_{xy_i}(f) &= \frac{\boldsymbol{P}_{Xy_i}^{\dagger}(f) \boldsymbol{P}_{XY}^{-1}(f) \boldsymbol{P}_{Xy_i}(f)}{\boldsymbol{P}_{y_i y_i}(f)} \\
&= \begin{bmatrix} P_{x_1 y_i}^*(f) & P_{x_2 y_i}^*(f) & \cdots & P_{x_m y_i}^*(f) \end{bmatrix}
\begin{bmatrix}
P_{x_1 y_i}(f) & P_{x_1 y_2}(f) & \cdots & P_{x_1 y_m}(f) \\
P_{x_2 y_i}(f) & P_{x_2 y_2}(f) & \cdots & P_{x_2 y_m}(f) \\
\vdots & \vdots & & \vdots \\
P_{x_m y_i}(f) & P_{x_m y_2}(f) & \cdots & P_{x_m y_m}(f)
\end{bmatrix} \\
&\quad \times \begin{bmatrix}
P_{x_1 y_i}(f) \\
P_{x_2 y_i}(f) \\
\vdots \\
P_{x_m y_i}(f)
\end{bmatrix} \frac{1}{\boldsymbol{P}_{y_i y_i}(f)}
\end{aligned}
$$

$$\tag{7-17}$$

式中，对于第 i 个输出信号，X 对应于 m 个输入的数组；$\boldsymbol{P}_{Xy_i}$ 为输入与 y_i 之间的 CPD 谱的 m 维向量；上标 $\dagger$ 代表复杂共轭转置；$\boldsymbol{P}_{XY}$ 为输入的功率谱密度和 CPD 谱的 $m \times m$ 矩阵；$\boldsymbol{P}_{y_i y_i}$ 为输出的功率谱密度。

多重相干性表示在响应中由输入信号之间的线性关系所占的功率成分。根据经验法则，当多重相干性大于或等于 0.8 时，逆频率响应函数矩阵可用式(7-14)计算。具体计算逆频率响应函数矩阵的流程如图 7-4 所示。

基于逆频率响应函数矩阵，可根据列车子结构与桥梁子结构在划分界面处的响应误差在每次迭代中计算系统输入的校正量。

$$\Delta U_k = G \Delta Y_k \tag{7-18}$$

式中，ΔY 为两个子结构之间的响应误差，$\Delta Y = U - Y$；ΔU 为计算得到的系统输入校正量；下标 k 表示第 k 次迭代。将系统输入的校正量代入本次迭代的系统输入信号中进行修正，并更新为下一次迭代的系统输入，即

$$U_{k+1} = U_k - \eta \Delta U_k \tag{7-19}$$

式中，U_{k+1} 为第 $k+1$ 次迭代中的系统输入信号；U_k 为第 k 次迭代中的系统输入信号；η 为系统输入信号修正的迭代增益。重复此过程，直至相邻两次迭代的响应结果满足容许限值，具体流程如图 7-5 所示。

(1) 在第 k 次迭代中，将列车子结构输入位移信号 U_k 作为激励；

(2) 此激励通过振动台加载，加载完成后记录列车子结构的轮轨力反馈信号；

(3) 将轮轨力作用于数值桥梁子结构模型得到作用点处的桥梁变形响应信号；

(4) 对比桥梁变形输出时程与振动台输入位移信号，计算响应误差 ΔY_k；

(5) 由逆频率响应函数矩阵得到添加到当前输入信号 U_k 中的差值输入信号 ΔU_k，计算下一次迭代中的系统输入位移信号。

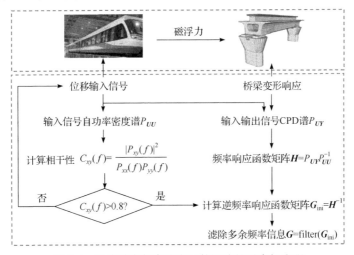

图 7-4　系统动态频率响应函数矩阵的逆求解流程

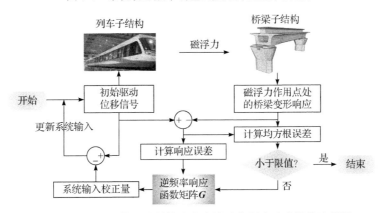

图 7-5　基于模型辨识收敛算法的离线迭代混合试验操作流程图

为确定离线混合试验是否收敛至容许限值，选用均方根误差进行判别，若均方根误差结果小于限值，则认为离线混合试验收敛，试验结束；若均方根误差大于限值，则通过上述模型辨识收敛算法修正得到下一步输入位移信号，直至均方根误差结果满足限值，即离线迭代混合试验被认为能够在一定精度上复现高速磁浮车桥耦合振动。

7.4　600km 时速磁浮列车离线迭代混合仿真

7.3 节对不动点迭代算法及模型辨识收敛算法的原理进行了阐述，本节将两种算法应用于 600km 时速单输入单输出高速磁浮系统的混合试验仿真平台中进行信号迭代效果验证。然后进一步验证不动点迭代算法在双输入双输出(double input double output，DIDO)单电磁铁系统的混合试验仿真的应用。

7.4.1　SISO 高速磁浮系统

1. 系统建模

1) 磁浮桥梁数值模型

本节的磁浮桥梁数值模型使用的是由某团队提供的根据图纸建立的五跨磁浮桥梁的 Simulink 模型，具体参数取值如表 7-2 所示。

表 7-2　数值磁浮桥梁模型参数

属性	参数取值	
	梁体	桥墩
截面积/m²	10.446(端部截面)	6.171
弹性模量/Pa	3.6×10^{10}	3.15×10^{10}
惯性矩/m⁴	13.305	10.726
密度/(kg/m³)	2500	2400

图 7-6　数值轨道桥梁模型三维图

在本算例中，高速磁浮列车的轨道桥梁由多跨简支梁桥连接形成。相邻简支梁之间均有长度为 10cm 的伸缩缝连接。轨道桥梁界面为叠合梁，如图 7-6 所示。

2) 磁浮列车模型

磁浮列车的车体型号为 TR09，数值车体具体参数取值如表 7-3 所示。

表 7-3　数值磁浮列车模型参数

参数	取值
车厢质量 m_2/kg	33737
悬浮架质量 m_1/kg	6988.48
电磁铁质量 m_0/kg	10491.04
二系悬挂刚度 k_2/(N/m)	1372640
二系悬挂阻尼 c_2/(N·s/m)	1372.64
一系悬挂刚度 k_1/(N/m)	576000000
一系悬挂阻尼 c_1/(N·s/m)	5760000
模拟电磁力弹簧刚度 k_0/(N/m)	576000000
模拟电磁力弹簧阻尼 c_0/(N·s/m)	5760000

车体与每个悬浮架通过 4 个空气弹簧装置连接，简化为二维问题后，相当于每个竖向有 2 个空气弹簧装置连接。由于二系连接中摆杆与空气弹簧相当于串联，而摆杆的刚度为空气弹簧的近百倍，因此起主要作用的是空气弹簧，摆杆的刚度可忽略。导向和悬浮电磁铁用梁单元模拟，它们是并联关系，因此简化为二维问题后，每个一系悬挂的竖向相当于有 2 个并联的弹簧和阻尼。最终数值列车模型为三自由度简化模型，如图 7-7 所示。

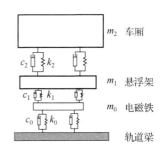

图 7-7　数值高速磁浮系统模型简化示意图

3) SISO 高速磁浮系统

SISO 高速磁浮系统由数值列车模块、数值桥梁模块和系统输入模块组成，其 Simulink 模型如图 7-8 所示。

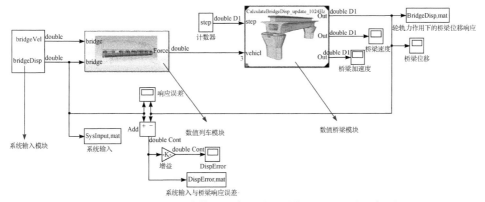

图 7-8　基于离线迭代算法的高速磁浮系统 Simulink 流程框图

本算例中，磁浮列车的速度为 100m/s，Simulink 模型中的时间步长均为 1/1024s。系统输入模块读取系统初始输入及经模型辨识收敛算法修正后的系统输入，并将输入信号激励于数值列车模块；数值列车在激励作用下生成磁浮力并作用于数值桥梁模块；数值桥梁在磁浮力的作用下产生位移响应；记录系统输入、数值桥梁位移响应以及位移响应误差，为后续模型辨识收敛算法提供基础数据。

2. 系统初始输入数据

因闭环高速磁浮系统在添加轨道不平顺运行后所得的桥梁位移响应频率分布在 10Hz 以下，故选用 20Hz 以下的白噪声信号(经 3 阶 Butterworth 滤波器滤波)作为系统初始输入[17]，并令白噪声信号幅值与桥梁位移响应的标准解幅值保持一致，采样频率与高速磁浮系统保持一致，为 1024Hz。此外，因磁浮列车产生的磁浮力在其重力附近变化，桥梁的位移响应亦在重力引起的变形附近变化，故系统初始输入需考虑磁浮列车重力的影响。提取磁浮列车重力作用下的桥梁变形的均值，对迭代时所用白噪声的均值进行偏移，以此计算得到的低频白噪声即为考虑了磁浮列车重力影响下的系统输入，系统初始输入频谱和初始输入时程如图 7-9 所示。

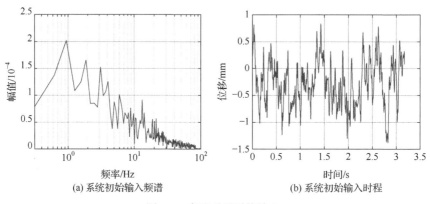

　　　(a) 系统初始输入频谱　　　　　　　　　　　(b) 系统初始输入时程

图 7-9　高速磁浮系统输入

3. 仿真结果

1) 不动点迭代算法验证

不动点迭代算法在 SISO 高速磁浮系统仿真平台验证，不添加轨道不平顺与添加轨道不平顺的迭代结果分别如图 7-10 和图 7-11 所示。

图 7-11 展示了不同迭代次数中系统输入、桥梁响应与添加轨道不平顺桥上行车仿真计算结果的对比，以及桥梁响应与标准解的响应误差。可以看出，即使系统初始输入有白噪声的影响，在迭代 4 次后，桥梁响应与添加轨道不平顺的桥上

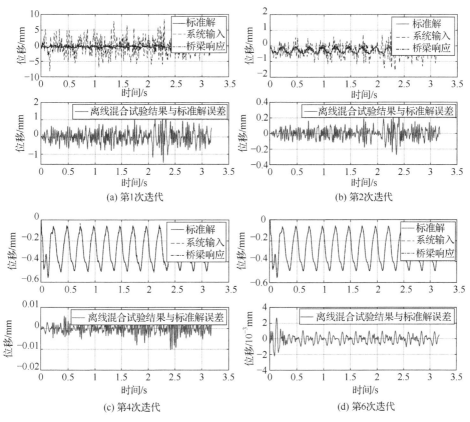

图 7-10　不添加轨道不平顺迭代结果

行车仿真结果之间的响应误差明显下降。为更好地说明迭代效果，引入均方根误差计算，通过观察桥梁响应相对系统输入的偏离程度，判断迭代效果。均方根误差的计算公式如下：

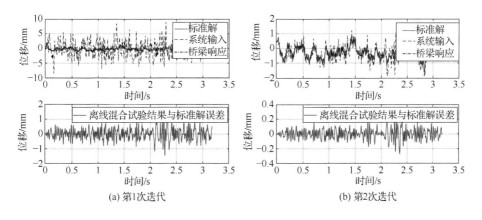

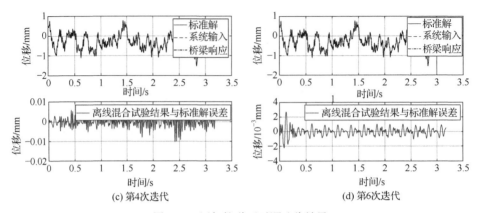

(c) 第4次迭代　　　　　　　　　　　(d) 第6次迭代

图 7-11　添加轨道不平顺迭代结果

$$\text{RMSE} = \sqrt{\dfrac{\sum_{i=1}^{N}\left[y(i)-x(i)\right]^2}{\sum_{i=1}^{N}\left[y(i)\right]^2}} \tag{7-20}$$

式中，$y(i)$ 为系统输入命令；$x(i)$ 为系统输出响应。

计算前 10 次迭代对应的均方根误差，结果如图 7-12 所示。

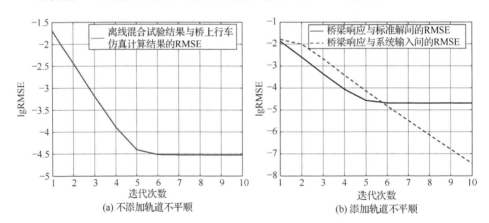

(a) 不添加轨道不平顺　　　　　　　　(b) 添加轨道不平顺

图 7-12　前 10 次迭代的均方根误差

由两个工况下的 RMSE 结果可以进一步得出，随着迭代次数的增加，离线迭代混合试验结果与添加轨道不平顺桥上行车仿真计算结果间的相对误差逐渐减小，迭代 5 次后，对数均方根误差量级下降到 $10^{-4.7}$ 并基本保持不变；本次系统输入的绝对误差随着迭代次数增加而下降，第 10 次迭代中对数均方根误差为 $10^{-7.4}$，满足误差小于阈值，可收敛至标准解的要求。

2) 模型辨识收敛算法验证

(1) 模型辨识输入输出数据。

辨识输入数据：与不动点迭代算法的输入相似，本节选用经 3 阶 Butterworth 滤波器滤波且频率范围为 0.5～10Hz 的白噪声信号对 SISO 高速磁浮系统进行系统辨识，同样令白噪声信号幅值与桥梁位移响应的标准解幅值保持一致，如图 7-13 所示。

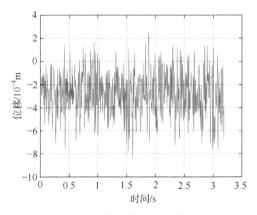

图 7-13 模型辨识输入信号

辨识输出数据：将上述确定的辨识输入数据输入至 SISO 高速磁浮系统中，经磁浮列车模型生成磁浮力→磁浮力作用于数值桥梁模型→数值桥梁模型生成位移响应→经系统输入与桥梁位移响应计算得到高速磁浮系统间的响应误差→得到辨识输出数据。

(2) 高速磁浮模型辨识。

在进行离线迭代混合试验仿真试验前，根据模型辨识收敛算法的原理，需先对高速磁浮系统进行模型辨识获得列车子结构位移输入与桥梁位移响应的模型，进而通过逆变换获得列车子结构位移输入与高速磁浮系统响应误差之间的模型。

首先，辨识列车子结构位移输入与桥梁位移响应的模型。根据前面所述的模型辨识收敛算法中的符号定义，u_j 为第 j 个系统位移输入，y_i 为第 i 个数值桥梁位移响应，因上述高速磁浮系统为 SISO 系统，故 i、j 均取 1，系统辨识输出响应误差信号数量为 1，且辨识所需的输入、输出时间函数无需采用单激励输入法进行确定。当系统输入信号为 u 时，SISO 高速磁浮系统返回一组桥梁变形响应信号 y，对此 SISO 系统进行辨识，即 $u \sim y$，辨识出的频率响应函数矩阵为 H。此时该系统表示为

$$y = Hu \tag{7-21}$$

　　此频率响应函数矩阵为 $1 \times 1 \times n$ 的三维矩阵，n 为输入输出信号的频率点数。采用 MATLAB 中自带的 tfestimate 函数求解频率响应函数矩阵，调用命令如式(7-22)所示，取值设置如表 7-1 所示。

$$\left[\boldsymbol{T}_{xy}, \boldsymbol{F} \right] = \text{tfestimate}(x, y, \text{window}, \text{noverlap}, \text{nfft}, \text{fs}) \tag{7-22}$$

　　基于频率响应函数矩阵，以输入列车模型的位移信号为模型辨识的输入，以输入列车模型的位移信号与数值桥梁位移响应之间的误差作为模型辨识的输出，可通过逆运算获得 SISO 高速磁浮系统位移输入与响应误差之间的传递模型，最后通过相干性判别模型是否可用。

　　对辨识得到的频率响应函数矩阵进行滤除多余频率成分的操作后绘制 Bode 图，并计算实测系统输入与实测系统输出、实测系统输入与估计系统输出(估计系统输出由实测系统输入与频率响应函数矩阵计算得到)、实测系统输出与估计系统输出之间的相干性，对比实测系统输出信号与估计系统输出信号的时程曲线，检验频率响应函数矩阵的计算精度，结果如图 7-14 和图 7-15 所示。

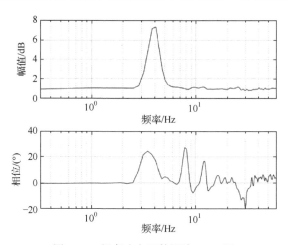

图 7-14　频率响应函数矩阵 Bode 图

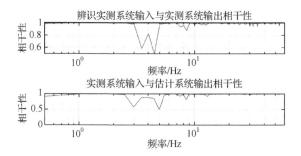

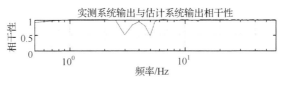

图 7-15　各类输入输出相干性

将高速磁浮系统的频率响应函数矩阵根据模型辨识迭代算法中的处理方法进行加权平均、平滑化处理、去除不感兴趣的频率范围内的信息等操作，并将计算结果应用于 SISO 高速磁浮系统进行系统信号迭代修正，结果如图 7-16 和图 7-17 所示。

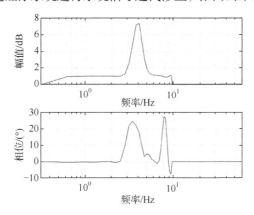

图 7-16　经处理后频率响应函数矩阵 Bode 图

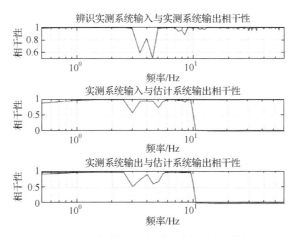

图 7-17　经处理后各类输入输出相干性

对比图 7-16 和图 7-14 的 Bode 图可以看出，滤除的频率为 10Hz 以上成分，由于实测系统输入、输出之间的相干性在 3～5Hz 不满足大于 0.8 的要求，而在 0～3Hz、5～10Hz 范围内满足大于 0.8 的要求，故频率响应函数矩阵在 0～3Hz、5～

10Hz 范围内可通过式(7-14)进行频率响应函数矩阵的逆变换计算。而将其应用于 SISO 高速磁浮系统进行离线迭代混合试验以修正系统间响应误差的效果会受影响。

(3) 迭代结果。

模型辨识迭代算法在 SISO 高速磁浮系统仿真平台验证结果如图 7-18 所示。

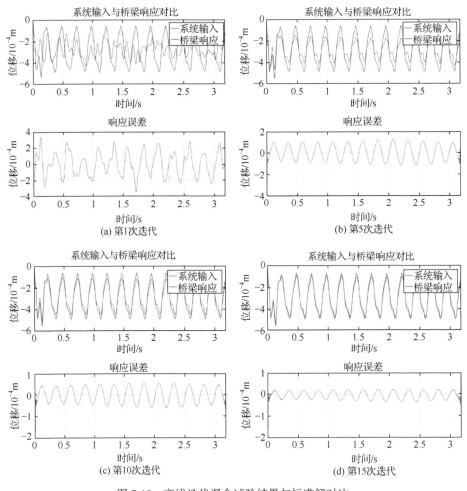

图 7-18 离线迭代混合试验结果与标准解对比

图 7-18 展示了不同迭代次数下系统输入与桥梁响应之间的对比,可以看出随着迭代次数的增加,系统输入信号与桥梁响应的波形逐渐吻合,说明模型辨识收敛算法能够起到修正信号的作用;对比每次迭代的第二幅子图可以看出,两者间的误差逐渐减小,且量级基本维持在 10^{-4}m。为更好地说明迭代效果,计算两者间的 RMSE,结果如图 7-19 所示。

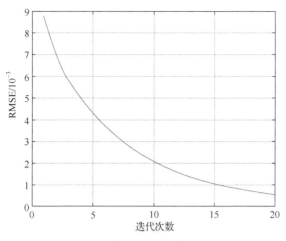

图 7-19　前 20 次迭代的 RMSE

由图 7-19 所示前 20 次迭代的 RMSE 可以进一步得出，随着迭代次数的增加，系统输入与桥梁响应之间的误差一直下降，且有平缓保持在 $0.7×10^{-3}$ 量级的趋势。系统间误差无法再继续修正与系统输入、输出在 3～5Hz 范围内的相干性小于 0.8 有关。因无轨道不平顺的高速磁浮车桥耦合振动响应频率主要分布在 5Hz 以下，而此频率范围内的频率响应函数矩阵结果无法准确表述系统输入与输出间的关系，故无法有效修正系统间误差。对比两种收敛控制算法可知，由于高速磁浮系统中的桥梁和轨道刚度较大，不动点迭代算法的收敛快于模型辨识收敛算法。

7.4.2　DIDO 单电磁铁系统

7.4.1 节阐述了不动点迭代算法在 SISO 高速磁浮系统混合试验应用中优于模型辨识收敛算法，本节将介绍不动点迭代算法在 DIDO 单电磁铁系统混合试验平台中进行信号迭代效果的验证。

1. 系统建模

1) 磁浮桥梁数值模型

本节的磁浮桥梁数值模型使用的是由某团队提供的根据图纸建立的 50 跨磁浮桥梁的 Simulink 模型，具体参数取值与 SISO 高速磁浮系统中的数值桥梁参数一样，此处不再赘述。

2) 单电磁铁模型

单电磁铁模型为博科公司提供的 2 输入 8 输出的封闭 Simulink 模型，其中 2 输入分别为 Lev01、Lev02 通道的位移信号输入，8 输出分别为 Lev01、Lev02 通道中磁浮力输出和 X、Y、Z 三向位移输出，单电磁铁 Simulink 模型如图 7-20 所示。

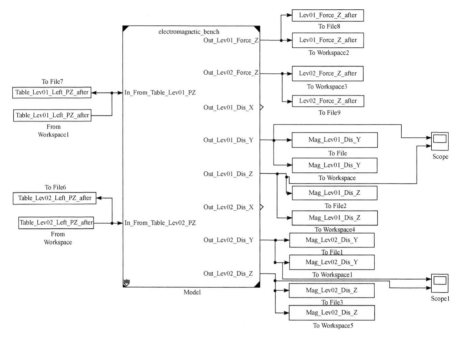

图 7-20　单电磁铁 Simulink 模型

3) DIDO 单电磁铁混合试验系统

DIDO 单电磁铁混合试验系统包括数值桥梁模型和单电磁铁模型，还包含边界协调、桥梁响应转换等模块，具体结构如图 7-21 所示。

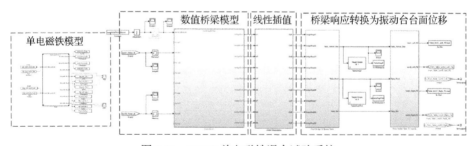

图 7-21　DIDO 单电磁铁混合试验系统

在本实例中，单电磁铁模型的速度为恒定车速 100m/s，除了数值桥梁模型的时间步长为 8ms，其余模块的时间步长均为 1ms。桥梁模型为 9 输入 9 输出模型，9 输入为磁浮力输入，本系统仅使用 2 个力输入与单电磁铁输出的 2 组连接；9 输出为位移信号输出，经线性插值模块、桥梁响应转换模块转换为输入至单电磁铁模型的 4 组位移信号，分别对应单电磁铁模型两侧的 4 个测点。因上述的封闭单电磁铁模型仅考虑了一侧的 2 个测点，即仅需 2 个位移输入信号，故从 4 组位移信号中提取对应的所需信号作为振动台台面参考信号。

2. 振动台误差数据

为更好地模拟真实振动台在迭代控制系统内环迭代后输出信号与输入信号之间的误差，博科公司进行了以轨道不平顺作为振动台输入信号的测试，得到输入输出信号的时程及其误差，如图 7-22 所示。从图中可以看出，振动台输入输出信号十分吻合，其误差量级仅为 ±0.01mm，将此误差添加到每次迭代中的振动台台面参考信号中，以模拟真实振动台环境。

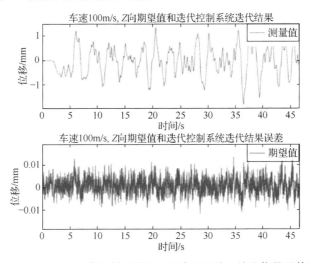

图 7-22　振动台在迭代控制系统内环迭代后的输入输出信号及其误差

3. 仿真结果

系统初始输入与 SISO 高速磁浮系统一致，均为 20Hz 以下的白噪声信号。将系统初始输入激励于 DIDO 单电磁铁混合试验系统，根据前面所述不动点迭代算法的原理，令每次迭代的更新磁浮力响应直接作为下一次迭代中数值桥梁模型的磁浮力输入，进行离线迭代仿真验证。迭代结果如图 7-23 所示。

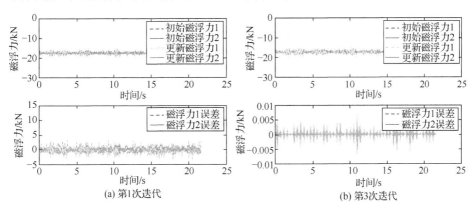

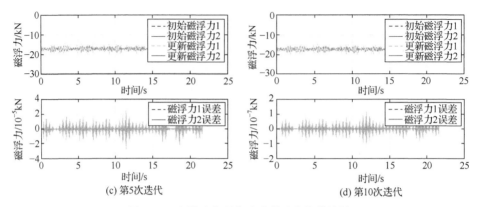

(c) 第5次迭代　　　　　　　　　　　　　　　(d) 第10次迭代

图 7-23　离线迭代混合试验磁浮力收敛结果

　　图 7-23 展示了不同迭代次数中相邻两次磁浮力时程图及其响应误差。由图可知，在考虑了振动台误差后，两次磁浮力之间的误差仍然随着迭代次数的增加显著降低，迭代 3 次后，误差量级下降到 10^{-3}kN 以内，并呈下降趋势。在磁浮力误差迅速下降的同时，对比磁浮力作用下的桥梁位移响应误差，结果如图 7-24 所示。

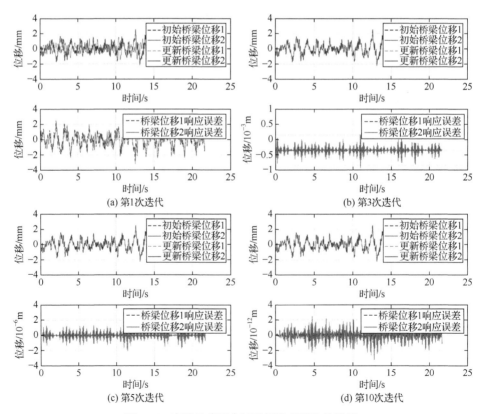

(a) 第1次迭代　　　　　　　　　　　　　　　(b) 第3次迭代

(c) 第5次迭代　　　　　　　　　　　　　　　(d) 第10次迭代

图 7-24　离线迭代混合试验桥梁变形收敛结果

由图 7-24 所示离线迭代混合试验桥梁位移收敛结果可知，在磁浮力响应收敛的同时，桥梁位移响应也得到明显收敛。为更好地说明迭代效果，引入 RMSE 分别计算磁浮力、桥梁位移间的误差，由于误差值较小，RMSE 计算结果有效数值在小数点后两位，故对 RMSE 取对数，计算前 10 次迭代的对数 RMSE，结果如图 7-25 所示。

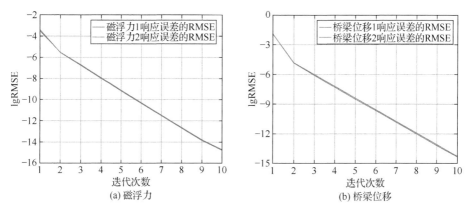

图 7-25　前 10 次迭代的 RMSE

由 RMSE 结果可以进一步看出，随着迭代次数的增加，相邻两次磁浮力及对应的桥梁变形响应间的误差显著降低，迭代 4 次后，对数 RMSE 分别下降到 10^{-8} 和 10^{-7}，且一直呈现下降趋势，满足误差足够小，可收敛至标准解的要求。

7.5　四分之一车桥上走行离线迭代混合试验

数值仿真方法大多会简化模型各部分连接，使模型无法包含完整的动力特性，进而令验证离线迭代混合试验方法的最终结果存在一定误差，因此本章针对前面两种收敛控制算法中的不动点迭代算法，建立高速轮轨车桥耦合振动问题的振动台混合试验系统，进行车桥上走行离线迭代混合试验方法验证，并分析不同列车时速下，不动点迭代算法对修正系统间响应误差的效果。

7.5.1　简化的高速轮轨车桥耦合振动离线迭代试验系统

本节采用中南大学单向振动台试验系统作为列车子结构的执行机构，搭建了高速轮轨车桥耦合振动混合试验系统，如图 7-26 所示，单向振动台的相关参数信息如表 7-4 所示。

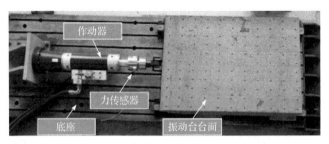

图 7-26 中南大学单向振动台试验系统

表 7-4 中南大学单向振动台试验系统主要参数指标

项目名称	技术指标
振动台尺寸/(m×m)	1.5×1.2
自由度数	单自由度
最大动出力/kN	72
最大位移/mm	±140
工作频率范围/Hz	0.1~50

因振动台试验系统的出力方向为水平方向,故在搭建列车模型及计算轮轨力时进行简化设置,离线迭代混合试验分析在水平方向进行,代替列车垂直方向的振动,以适应水平方向单向振动台。如图 7-27 所示,列车模型使用了质量弹簧系统,弹簧安装在车体、转向架与振动台之间;由于轮轨为刚性接触,轮对的响应与轮轨接触点的响应一致,台面加速度可代表轮对加速度,因此在列车模型中去掉了轮对质量块。此外,列车子结构的其余两个自由度质量块放置在振动台台面,通过滑轨和对应刚度的弹簧模拟相应构件将质量块相互连接。在车体质量块、转向架质量块和振动台台面上分别安装加速度传感器,以记录其加速度响应,根据牛顿第三定律,轮对处轮轨力等于轮轨接触点处轨道的轮轨力,可根据反馈车体和台面加速度计算轮轨力的数值解。同时,在振动台和列车模型侧边安装激光位移计以测量对应车体质量块、转向架质量块和振动台台面(轮轨)的位移。

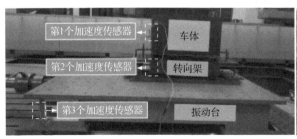

图 7-27 列车模型安装图

为与前面的数值仿真结果形成对比,本节建立轨道-桥梁子结构的数值模型为CRTS-Ⅱ型轨道板系统的五跨高速铁路简支梁桥,上部结构参考《通桥(2009)2229-Ⅳ》,下部结构参考《通桥(2009)4301-Ⅲ》,高速轮轨系统示意图如图 7-28 所示。轨道-桥梁子结构进行有限元模型建立时采用 OpenSees 有限元软件,其中主梁、摩擦板、桥墩及轨道板系统中的连续纵向构件(钢轨、轨道板、底座板)均采用弹性梁柱单元模拟,截面参数按照采用的实际结构取值[18,19],如表 7-5 所示。支座和轨道板结构的层间连接构造(滑动层、CA 砂浆层、扣件等)采用零长度单元模拟,各方向材料参数按照实际结构取值[20-24],如表 7-6 所示。基于此,建立了五跨简支高速铁路轨道-桥梁系统的二维数值模型。

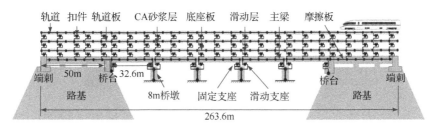

图 7-28　高速轮轨系统示意图

表 7-5　连续纵向构件参数

部件	截面面积/mm²	弹性模量/(N/mm²)	惯性矩/mm⁴	线密度/(kg/m)
桥墩	$1.26×10^7$	$3.20×10^4$	$4.70×10^{12}$	31397.75
主梁	$8.34×10^6$	$4.40×10^4$	$9.00×10^{12}$	22691.00
摩擦板	$3.60×10^6$	$3.00×10^4$	$4.80×10^{10}$	9360.00
底座板	$5.61×10^5$	$3.25×10^4$	$1.69×10^9$	1496.85
轨道板	$5.10×10^5$	$3.60×10^4$	$1.70×10^9$	1370.60
轨道	$7.75×10^3$	$2.10×10^5$	$3.22×10^7$	60.64

表 7-6　支座及系统夹层组件参数

部件	刚度/(kN/mm)		
	纵向	垂向	转动方向
固定支座	$1.00×10^{15}$	2777.78	$1.00×10^{-9}$
滑动支座	76.45	2777.78	$1.00×10^{-9}$
滑动层	36.00	$2.75×10^6$	$1.00×10^9$
CA 砂浆层	127.75	$1.19×10^6$	$1.00×10^9$
扣件	30.00	100.00	$1.00×10^9$

　　图 7-29 为高速轮轨离线迭代混合试验系统,轨道不平顺信号由振动台输入列车子结构,将由测量加速度计算得到的轮轨力作用于数值轨道-桥梁子结构,输出桥梁竖向位移响应。通过外环不动点迭代修正系统输入与输出间的误差,最终实现高速轮轨车桥耦合振动动态吻合。

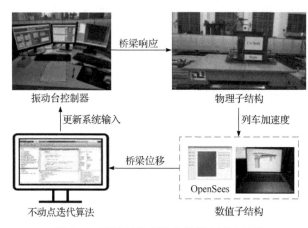

图 7-29　高速轮轨离线迭代混合试验系统

7.5.2　试验流程及工况设置

　　高速轮轨车桥耦合离线迭代混合试验流程如图 7-30 所示。试验流程如下:

　　(1) 向振动台输入系统初始位移时程,通过振动台对列车模型完成加载。

　　(2) 通过加速度传感器测量振动台上的列车模型各部位加速度信号,并将测得的加速度信号反馈到数值子结构。

　　(3) 基于反馈的加速度信号计算轮轨力,并将其与数值子结构的执行频率(100Hz)同步,且作用于数值子结构,计算在移动轮轨力下的轨道响应。

　　(4) 对比列车子结构与数值子结构的位移反馈,通过不动点迭代算法修正计算下一次迭代的系统输入信号,并反馈到振动台。

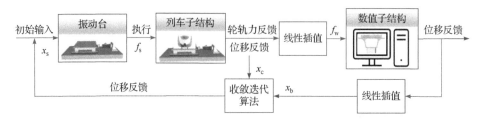

图 7-30　高速轮轨车桥耦合离线迭代混合试验流程

　　基于上述步骤,可以在实验室中进行高速轮轨车桥耦合问题的离线迭代混合试验，本书建立的离线迭代混合试验方法可以确保轨道响应的计算精度，且计算效率不受轨道-桥梁结构复杂程度的影响。

对五跨简支梁桥进行分析，计算在数值-物理边界处的系统位移响应。考虑到有无轨道不平顺的情况，以及不同的列车运行速度对高速轮轨车桥耦合响应的影响，试验工况分别设计了速度为 50～400km/h，以 50km/h 为间隔的工况，轨道不平顺采用垂向轨道不平顺信号。同时，将列车子结构和轨道-桥梁子结构简化时可能引起的误差以随机白噪声的形式添加到系统初始输入。此外，选取高速铁路典型的德国轨道不平顺谱和中国轨道不平顺谱，对比在两种不平顺谱和不同运行速度下，不动点迭代算法对系统间响应误差的修正收敛效果，具体工况设置如表 7-7 所示。

表 7-7　振动台离线迭代混合试验工况

是否考虑轨道不平顺		列车速度/(km/h)							
		50	100	150	200	250	300	350	400
不考虑							√		
考虑	系统谱 中国谱	√	√	√	√	√	√	√	√
	不同谱 德国谱			√	√		√		
	中国谱			√	√		√		

7.5.3　结果分析

1. 无轨道不平顺的工况

不考虑轨道不平顺时对应 300km/h 速度的工况，如图 7-31 和图 7-32 所示，系统初始输入为 0，随着迭代次数的增加，轮轨接触点处的轨道位移响应与系统输入的轮对位移值逐渐吻合并保持一致，其误差基本保持在 $10^{-4.3}$ mm 级。总体来说，基于不动点迭代算法的离线迭代混合试验在分析高速轮轨车桥耦合振动问题中被证明是一个可行的方法。

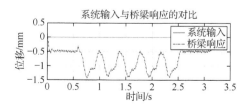

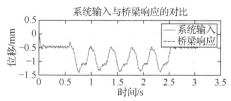

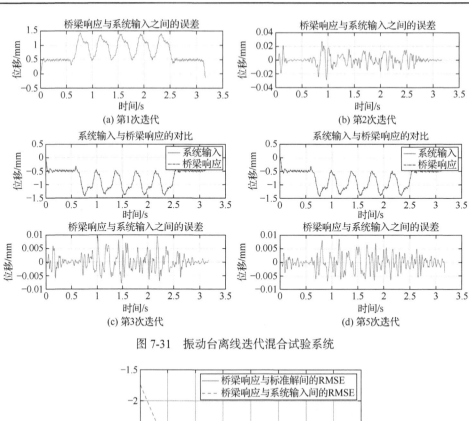

图 7-31　振动台离线迭代混合试验系统

图 7-32　前 5 次 RMSE

　　图 7-33(b)为轮轨力在列车重力附近的变化，当列车通过桥墩时，轮轨力出现较大的波动。图 7-33(c)和图 7-33(d)展示了车体与转向架的加速度，可以看出转向架的响应大于车体的响应，表明转向架的响应在很大程度上决定了轮轨力的大小。

　　行驶的列车荷载引起了其他几个频率峰值。将移动列车的速度表示为 v，将桥梁的特征长度表示为 L，则移动列车的荷载频率 $f_v = n \cdot v/L (n = 1, 2, 3, \cdots$，其中 n 表示桥梁跨数)。以 300km/h 速度行驶的列车前五个荷载频率分别为 2.54Hz、

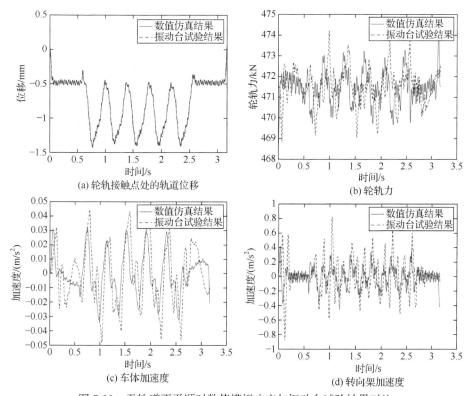

图 7-33　无轨道不平顺时数值模拟响应与振动台试验结果对比

5.08Hz、7.62Hz、10.16Hz 和 12.70Hz。图 7-34(a) 为车体加速度响应频谱，在车体加速度曲线中，频谱有 4 个峰值，其中 0.95Hz 和 7.60Hz 对应于列车的第一和第二振动频率，2.52Hz 和 5.05Hz 对应于第一和第二加载频率。在图 7-34(b) 中，转向架加速度在 7.57Hz 附近有一个峰值，对应于列车的第二振动频率。

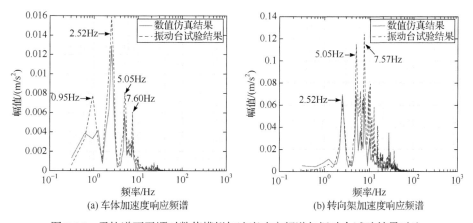

图 7-34　无轨道不平顺时数值模拟加速度响应频谱与振动台试验结果对比

2. 有轨道不平顺的工况

对于轨道不平顺频谱相同的工况，振动台离线迭代混合试验的唯一变量是列车速度，本节以 300km/h 速度通过五跨简支梁桥的轨道位移响应为例，讨论不动点迭代算法在修正高速轮轨车桥耦合系统间响应误差的效果。

本书将添加轨道不平顺的离线迭代混合试验结果与纯数值模拟结果进行对比，如图 7-35 所示，随着迭代次数的增加，本次迭代中离线迭代混合试验与作用于列车子结构的轮轨位移波形逐渐吻合，并保持一致，响应误差维持在 10^{-3}mm 级。第 1 次迭代时，轨道不平顺输入信号与桥梁竖向位移间的响应误差即为无轨道不平顺时列车过桥后的桥梁响应；第 2 次迭代时，响应误差便下降到 10^{-3}mm 级，系统输入与输出的波形基本吻合；在之后的迭代中，响应误差量级基本稳定。为更好地说明振动台离线迭代混合试验方法的收敛效果，分别计算每次迭代中桥梁

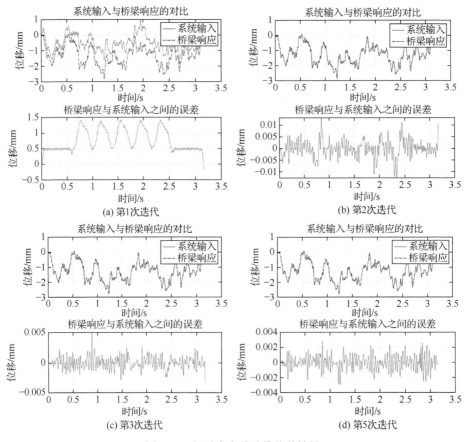

图 7-35　振动台离线迭代收敛结果

响应与标准解、桥梁响应与系统输入间的 RMSE，结果如图 7-36 所示。

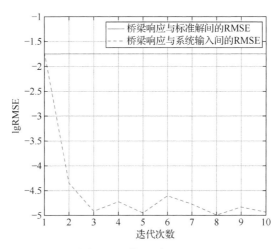

图 7-36　前 10 次 RMSE

由图 7-36 中所示的 RMSE 结果可进一步得出，桥梁响应轮对位移值之间的 RMSE 基本保持在 $10^{-1.75}$ 级，因误差足够小，迭代的修正效果并不明显；而桥梁响应与本次迭代作用于列车子结构的位移响应间的 RMSE 显著下降，迭代 3 次后，误差量级下降到 10^{-5} 并基本保持不变，满足误差小于阈值，可收敛至标准解的要求。

两种结果间的车体加速度响应与转向架加速度响应如图 7-37 所示。由图可以得出，车体加速度响应与转向架加速度响应的差异是导致轮轨力差异的原因。此外，离线迭代混合试验结果中的车体加速度呈振荡响应，与纯数值模拟结果中平缓的车体加速度响应对比，其差异表明了数值列车模型无法体现的动态物理特性，特别是试验列车模型的阻尼不同于数值列车模型。与简化的数值列车模型相比，试验列车模型具有更复杂的高阶模态，轨道不平顺及可能存在的白噪声误差会激发试验列车模型的高阶模态响应。

对经离线迭代复现的有轨道不平顺的高速轮轨车桥耦合振动结果进行分析，图 7-37(a)显示了有轨道不平顺后轮轨接触点处的桥梁竖向位移。可以看出，桥梁竖向位移的波形与轨道不平顺保持一致，相比于无轨道不平顺下周期性明显的桥梁竖向位移，桥梁竖向位移主要受轨道不平顺的影响。图 7-37(b)显示了有轨道不平顺情况下的轮轨力，相比于无轨道不平顺的情况，轮轨力增加了约 10%。图 7-37(c) 和图 7-37(d)分别展示了有轨道不平顺情况下的车体和转向架的加速度，其响应趋势与无轨道不平顺相同，即转向架加速度大于车体加速度，表明转向架的响应在很大程度上决定了轮轨力。

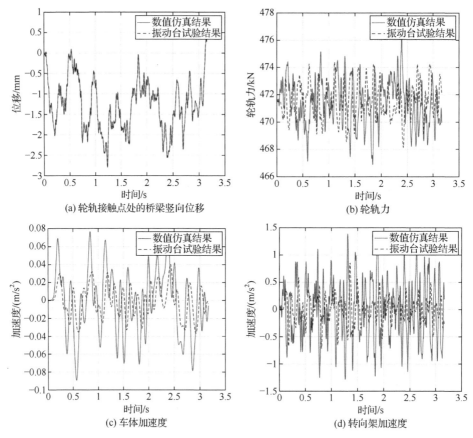

图 7-37　有轨道不平顺时数值模拟响应与振动台试验结果对比

图 7-38 提供了有轨道不平顺的加速度响应频谱，与无轨道不平顺的结果相比，荷载频率和振动频率响应均有增加。图 7-38(a)中有较多峰值，其中 0.95Hz 对应移动列车的第一振动频率，6.62Hz 对应移动列车的第二加载频率。图 7-38(b) 中有相对明显集中的峰值，6.62Hz 近似对应于移动列车的第二加载频率。此外，轨道不平顺激发了移动列车的高阶响应频率，在 9.78Hz 处观察到转向架峰值加速度。

为综合考虑在相同轨道不平顺频谱的作用下，列车运行速度对不动点迭代算法在高速轮轨车桥耦合系统间修正响应误差的影响，计算了 50～400km/h、以 50km/h 为间隔的 8 种速度工况，并对比了各工况中经不动点迭代算法修正至满足容许限值，能够在一定精度上复现高速轮轨车桥耦合振动后列车各部件的响应，选取 400km/h、350km/h、200km/h 及 100km/h 结果在图 7-39 中展示，本次迭代中系统输入间的 RMSE 如图 7-40 所示。

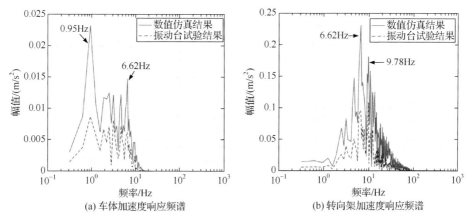

(a) 车体加速度响应频谱　　　　　　　(b) 转向架加速度响应频谱

图 7-38　有轨道不平顺时数值模拟加速度响应频谱与振动台试验结果对比

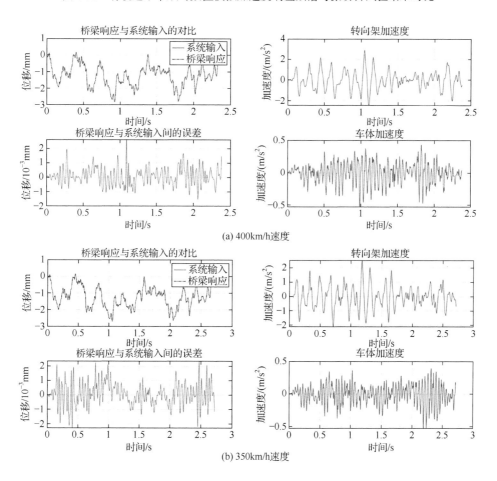

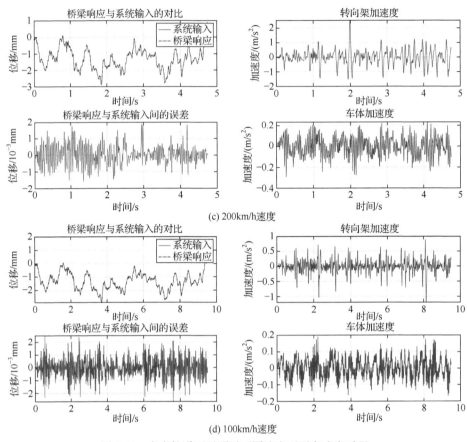

图 7-39　考虑轨道不平顺时不同速度下列车响应时程

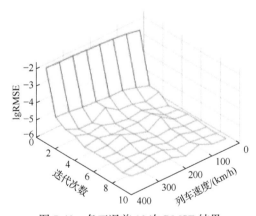

图 7-40　各工况前 10 次 RMSE 结果

由图 7-40 可知，随着迭代次数的增加，系统间的响应误差显著下降，各工况在迭代 2～3 次后，其对数 RMSE 基本下降至 10^{-5} 级，并在此误差量级上下波动；

响应误差随着速度的减小、迭代次数的增加而减小。此结果说明不动点迭代算法在修正系统间响应误差中有良好的修正效果，且速度越低，修正精度越高。

如图 7-41 所示，轮轨位移响应整体趋势为随着速度的增大而明显减小，随后响应有增大趋势；轮轨力与车体加速度的变化规律相同，峰值响应随着速度的增大而增加；转向架加速度整体随着速度的增大而增加，且其加速度值明显大于车体加速度值，说明车体悬浮架系统对车体的响应有较好的控制效果。

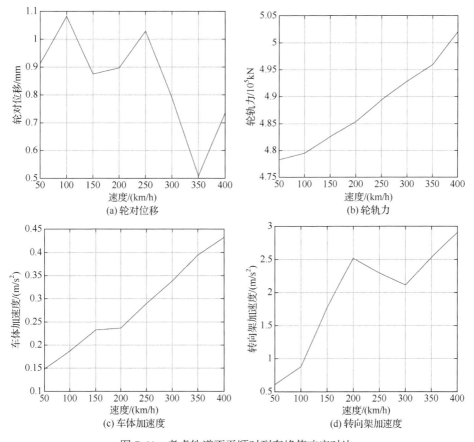

图 7-41　考虑轨道不平顺时列车峰值响应对比

7.6　本章小结

本章基于离线混合试验原理，结合收敛控制算法，介绍了一种基于高速轮轨车桥耦合振动系统的离线迭代混合试验方法，并从理论分析、数值模拟和试验研究等方面对该试验方法在高速轮轨车桥耦合振动系统中的实用性进行了详细介绍。本章开展的主要工作如下：

(1) 介绍了离线迭代混合试验的结构组成以及常用的两种离线迭代收敛控制算法，即不动点迭代算法和模型辨识收敛算法；基于上述两种收敛控制算法，推导了该试验方法应用于车-轨-桥耦合振动时的迭代方程，讨论了该方法的可行性。

(2) 通过 600km 时速高速磁浮离线迭代混合仿真试验对不动点迭代算法和模型辨识收敛算法进行了效果对比。结果表示，随着迭代次数的增加，两种算法均能使响应误差收敛至限值内。

(3) 基于四分之一车桥上走行离线迭代混合试验，对不动点迭代算法进行不同列车速度、有无轨道不平顺等工况下的振动台混合试验验证。试验结果表明，不动点迭代算法能够在数次迭代中明显降低系统间的响应误差，进一步说明了该试验方法在实验室内复现高速轮轨车桥耦合振动的有效性。

参 考 文 献

[1] Jiang Z S, Kim S J, Plude S, et al. Real-time hybrid simulation of a complex bridge model with MR dampers using the convolution integral method[J]. Smart Materials and Structures, 2013, 22(10): 105008.

[2] Maddaloni G, Ryu K P, Reinhorn A M. Simulation of floor response spectra in shake table experiments[J]. Earthquake Engineering & Structural Dynamics, 2011, 40(6): 591-604.

[3] Hakuno M, Shidawara M, Hara T. Dynamic destructive test of a cantilever beam, controlled by an analog-computer[J]. Proceedings of the Japan Society of Civil Engineers, 1969, 1969(171): 1-9.

[4] Nakashima M, Kato H, Takaoka E. Development of real-time pseudo dynamic testing[J]. Earthquake Engineering & Structural Dynamics, 1992, 21(1): 79-92.

[5] Najafi A, Spencer B. Validation of model-based real-time hybrid simulation for a lightly damped and highly nonlinear structural system[J]. Journal of Applied and Computational Mechanics, 2021, 7: 1252-1265.

[6] Guo W, Long Y, Bai Z Y, et al. Variable stiffness triboelectric nano-generator to harvest high-speed railway bridge's vibration energy[J]. Energy Conversion and Management, 2022, 268: 115969.

[7] Li J L, Li J Z, Li G, et al. Off-line coupled simulation method for transformer performance assessment under DC bias condition[J]. International Journal of Electrical Power & Energy Systems, 2021, 125: 106462.

[8] 何泽民. 道路模拟试验技术的研究及其在汽车零部件疲劳试验中的应用[D]. 北京: 清华大学, 1990.

[9] Zhou H M, Shao X Y, Tian Y P, et al. Reproducing response spectra in shaking table tests of nonstructural components[J]. Soil Dynamics and Earthquake Engineering, 2019, 127: 105835.

[10] Fricke D, Frost M. Development of a full-vehicle hybrid-simulation test using hybrid system response convergence (HSRC)[J]. SAE International Journal of Passenger Cars-Mechanical

Systems, 2012, 5(2): 921-936.

[11] Amann H. Fixed point equations and nonlinear eigenvalue problems in ordered Banach spaces[J]. SIAM Review, 1976, 18(4): 620-709.

[12] 罗中宝, 杨志东, 陈良, 等. 大型液压离心振动台控制策略的仿真研究[J]. 振动工程学报, 2015, 28(1): 18-26.

[13] 刘良玉. 多输入多输出频域模型参数识别[D]. 西安: 西安电子科技大学, 2013.

[14] 黄涛, 杨开明, 杨进, 等. 柔性结构的多输入多输出运动系统辨识方法[J]. 机械工程学报, 2016, 52(11): 42-49.

[15] 程兆刚, 韩保红, 段云龙, 等. 基于多输入多输出实验条件下对某型运输车辆频响函数估计的研究[J]. 计算机与现代化, 2011, (5): 25-26, 30.

[16] 齐晓慧, 田庆民, 董海瑞. 基于 Matlab 系统辨识工具箱的系统建模[J]. 兵工自动化, 2006, 25(10): 88-90.

[17] 国魏, 龙岩, 邵平, 等. 磁浮车桥耦合振动性能模拟的离线混合试验方法[J]. 北京工业大学学报, 2021, 47(7): 748-758.

[18] 邵光强, 黄林胜, 蒋丽忠, 等. 高速铁路低剪跨比桥墩抗震性能对比试验研究[J]. 湖南大学学报(自然科学版), 2019, 46(7): 65-75.

[19] 中华人民共和国铁道部. 铁路无缝线路设计规范: TB 10015—2012[S]. 北京: 中国铁道出版社, 2013.

[20] 陈小平, 赵坪锐, 王芳芳, 等. 桥上 CRTS Ⅱ型板式无砟轨道纵连底座板受力计算模型比较[J]. 铁道标准设计, 2015, 59(12): 14-17.

[21] 粟淼. 高速铁路桥上纵连板式无砟轨道层间界面工作性能初探[D]. 长沙: 中南大学, 2014.

[22] 段玉振, 张丽平, 杨荣山. 隧道内摩擦板和端刺结构方案研究[J]. 铁道建筑, 2011, 51(6): 61-64.

[23] 臧晓秋, 石秋君, 佟嘉明, 等. 高速铁路桥梁支座概述[C]//第二十届全国桥梁学术会议, 武汉, 2012: 960-965.

[24] 闫斌, 刘施, 戴公连, 等. 多维地震作用下桥梁-无砟轨道非线性相互作用[J]. 铁道学报, 2016, 38(5): 74-80.

第8章 高速轮轨系统桥上行车实时混合试验测试应用

8.1 引　言

为了评估高速轮轨系统在实际运行条件下的动态响应和安全性能，本章开展了 RTHS。RTHS 的概念是由日本学者 Nakashima 于 20 世纪 90 年代在拟动力试验的基础上首次提出的[1]，之后便广泛应用于建筑结构与桥梁结构的抗震性能评估试验中，其结合了数值计算和物理试验的优势，能够在试验环境中模拟真实工程系统的动态响应。其优势主要体现在以下几个方面：①模拟真实工况。通过在振动台上模拟高铁列车的振动和荷载，可以更真实地模拟高铁车桥系统在实际运行条件下的工况，包括不同速度、不同荷载和不同轨道条件等。②考虑车桥耦合效应。高铁车桥系统是一个复杂的耦合系统，车体的振动会对桥梁产生影响，而桥梁的刚度和几何形状也会对车体的振动产生反作用，通过进行车桥耦合试验，可以更准确地评估车桥系统的相互作用和耦合效应。③评估车桥系统的动态响应。高铁车桥系统在运行过程中会受到各种动力荷载的作用，如列车振动、风荷载和地震等。通过进行振动台试验，可以模拟这些动力荷载，并评估车桥系统的动态响应，包括车体加速度、桥梁振动和轨道不平顺等。④优化车桥系统设计。通过对车桥耦合试验的结果进行分析和比较，可以评估不同设计方案的性能差异，为车桥系统的优化设计提供依据，同时也可以通过试验数据验证数值模拟方法的准确性和可靠性。

高速轮轨系统实时混合试验的一般流程是首先将待测试的系统拆分为两个子结构。物理子结构部分是列车模型；数值子结构部分包含轨道、桥梁等其余部分，并通过数值模拟来表示。然后，通过振动台模拟地震或其他振动激励，振动台用于在物理子结构上施加实际的动态载荷，模拟系统的运行情况；同时，数据采集系统记录各子结构的响应，包括物理子结构的位移、速度、加速度等信息以及数值子结构的仿真结果。其中，关键部分是实时控制系统，它负责将物理子结构和数值子结构的数据进行实时耦合[2]，以确保物理子结构和数值子结构按照协调的时间步骤一起运行，这需要高度精密的控制算法，以确保两个子结构的协同工作。接着试验开始后，振动台施加激励信号，物理子结构在试验中振动，同时数值子结构在计算机上运行，通过与物理子结构进行交互，模拟系统的行为。这种协同工作的实时性是 RTHS 的核心特点。最后，数据采集系统记录各子结构的响应数据，这些数据随后用于分析系统的性能，如振动幅度、位移、应力、变形等，从而进行性能评估和研究目标的达成。

本章利用 RTHS 方法进行高速列车在震后多跨简支梁桥上的行车安全性评估，探明桥梁震致破坏对桥上行车的影响，同时也对基于整车滚动混合试验台地震下多跨简支梁车桥耦合进行模拟研究，验证 RTHS 的可行性。

8.2　四分之一列车桥上走行混合试验

本节基于单自由度振动台混合试验的角度，首先将高速轮轨系统分为物理子结构和数值子结构，其中高速列车作为物理子结构，桥梁-轨道子系统作为数值子结构，随后进行混合试验软硬件平台的搭建，其中采用 MLCIM 施加荷载，然后选取了 CRH380AL 车型四分之一列车的缩尺模型，同时引入 ATS 时滞补偿方法进行实时控制，最后得到桥梁震致破坏对震后行车安全性能的影响结果。

8.2.1　试验流程

1. 子结构划分

根据第 1 章，在高速轮轨系统的实时混合试验中，试验系统可分为数值子结构和物理子结构两部分。桥梁-轨道部分在计算机中模拟为数值子结构，响应通过移动荷载叠加算法快速求解。高速列车则作为物理子结构，布置在振动台上进行测试。系统的运动方程如式(8-1)所示：

$$M_N \ddot{x}_N + C_N \dot{x}_N + K_N x_N = F_{Train} \tag{8-1}$$

式中，M_N、C_N 和 K_N 分别为数值子结构的质量矩阵、阻尼矩阵和刚度矩阵；$\ddot{x}_N$、$\dot{x}_N$ 和 x_N 分别为数值子结构的加速度、速度和位移列阵；F_{Train} 为数值子结构与物理子结构界面处的界面力，代表列车与轨道的轮轨相互作用力。

在实时混合试验中，数值模型在每时间步长计算列车荷载下的轨道节点位移，此位移响应通过实时数据传输系统发送给控制器，控制器则命令振动台加载试件。同时，测得的轮轨力反馈至数值子结构供下一步计算，物理子结构与数值子结构的界面位置会随着列车在桥梁-轨道结构上的运行速度 v 而变化，如图 8-1 所示。

如图 8-2 所示，高速轮轨系统混合试验中采用轮对密贴模型描述轮轨接触，轮对位移与轨道位移一致，轨道不平顺视为外部激励。在第 i 个时间步，将数值模型的轨道竖向位移与不平顺叠加，得到物理子结构上的位移，最终加载装置对轮对的位移用式(8-2)表示：

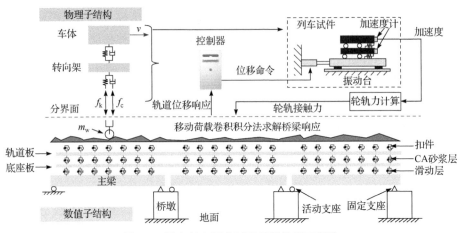

图 8-1　桥上行车混合试验子结构界面划分

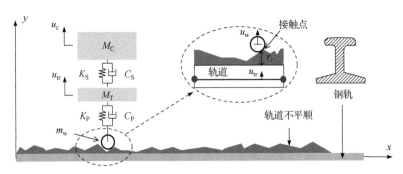

图 8-2　竖向轮轨密贴关系示意图

$$u_\mathrm{w} = u_\mathrm{tr} + r_i \tag{8-2}$$

式中，u_tr 为这一时刻轨道变形；r_i 为第 i 个轨道不平顺。

　　本节主要关注列车的竖向振动。为验证混合试验方法解决车桥耦合振动问题的可行性，考虑到列车的对称性采用了简化的四分之一列车模型，该简化模型为两自由度的弹簧-阻尼系统，包括车体、转向架、轮对以及悬挂系统。竖向振动方程如式(8-3)所示：

$$\begin{bmatrix} m_\mathrm{T} & \\ & m_\mathrm{C} \end{bmatrix}\begin{bmatrix} \ddot{u}_\mathrm{t} \\ \ddot{u}_\mathrm{c} \end{bmatrix} + \begin{bmatrix} C_\mathrm{P}+C_\mathrm{S} & -C_\mathrm{S} \\ -C_\mathrm{S} & C_\mathrm{S} \end{bmatrix}\begin{bmatrix} \dot{u}_\mathrm{t} \\ \dot{u}_\mathrm{c} \end{bmatrix} + \begin{bmatrix} K_\mathrm{P}+K_\mathrm{S} & -K_\mathrm{S} \\ -K_\mathrm{S} & K_\mathrm{S} \end{bmatrix}\begin{bmatrix} u_\mathrm{t} \\ u_\mathrm{c} \end{bmatrix} = \begin{bmatrix} K_\mathrm{P}u_\mathrm{w}+C_\mathrm{P}\dot{u}_\mathrm{w} \\ 0 \end{bmatrix} \tag{8-3}$$

式中，m_T 和 m_C 分别为物理子结构中车体、转向架的质量；$\ddot{u}_\mathrm{t}$、$\ddot{u}_\mathrm{c}$ 分别为列车模型中车体、转向架的加速度；$\dot{u}_\mathrm{t}$、$\dot{u}_\mathrm{c}$ 和 $\dot{u}_\mathrm{w}$ 分别为列车模型中车体、转向架和轮对的速度；u_t、u_c 和 u_w 分别为列车模型中车体、转向架和轮对的位移；C_P 为一系悬挂阻尼；C_S 为二系悬挂阻尼；K_P 为一系悬挂刚度；K_S 为二系悬挂刚度。

试验中测量得到车体和转向架的加速度，用于计算轮轨接触力，并考虑轮对的重量。实时混合试验中轮轨力通过式(8-4)计算：

$$F_{\text{Train}} = f_{\text{k}} + f_{\text{c}} + m_{\text{w}}g = -(m_{\text{C}}\ddot{u}_{\text{c}} + m_{\text{T}}\ddot{u}_{\text{t}}) + (m_{\text{C}} + m_{\text{T}} + m_{\text{w}})g \tag{8-4}$$

式中，f_{k} 和 f_{c} 分别为一系悬挂的弹簧力和阻尼力；m_{w} 为轮对的质量。在每一个时间步内，轮轨接触力被施加到相应的轨道节点上。

2. 数值建模

1) 数值桥梁模型

震后行车安全性关注结构塑性破坏对车辆动力特性的影响。桥墩顺桥向刚度较小，研究表明顺桥向地震易导致塑性破坏和刚度下降，本节研究 7 跨简支梁在顺桥向大震下的破坏类型和程度。

本章使用的简支梁桥原型如图 8-3 所示[3]，桥梁及箱梁截面单位为毫米(mm)。过渡段作为边界条件，一侧有 50m 摩擦板。桥上采用 CRTS-Ⅱ型板式无砟轨道，包括底座板、轨道板、钢轨，形成纵向连续结构。下部结构从左到右编号，两个桥墩为 A0 和 A7，桥墩从左到右编号为 P1～P6。高速铁路桥梁-轨道结构部件尺寸和材料参数如表 8-1 所示。

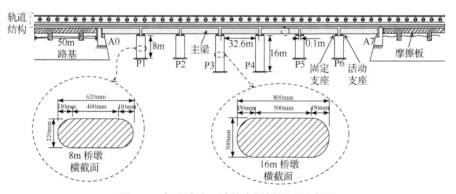

图 8-3　高速铁路 7 跨简支梁桥原型示意图

表 8-1　高速铁路桥梁-轨道结构部件尺寸和材料参数

构件	面积/mm²	弹性模量/(N/mm²)	惯性矩/mm⁴	线密度/(kg/m)
主梁	8.343×10^6	4.4×10^4	9×10^{12}	22691
底座板	5.60×10^5	3.25×10^4	1.68×10^9	1496.85
轨道板	5.10×10^5	3.6×10^4	1.70×10^9	1370.6
钢轨	7.75×10^3	2.1×10^5	3.2×10^7	60.64
摩擦板	3.6×10^6	3.0×10^4	4.8×10^{10}	9360

数值桥梁模型采用有限元软件 OpenSees 构建，示意图如图 8-4 所示。主梁、摩擦板、底座板、轨道板、钢轨使用弹性梁柱单元建模，材料参数如表 8-1 所示。桥墩横截面的弱方向在纵轴方向，使桥墩更容易在顺桥向地震下破坏，因此模型采用顺桥向地震输入。桥墩采用两节点单元建模，底部与地面固接，扣件和 CA 砂浆层单元间距为 0.65m，滑动层单元间距为 0.1m。相关构件的竖向刚度如表 8-2 所示，墩身截面较大，因此竖向刚度值较高。

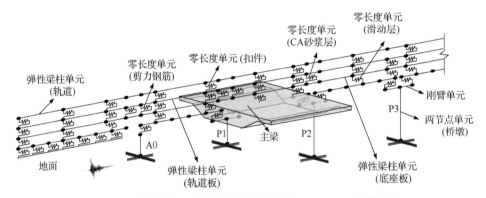

图 8-4　高速铁路 7 跨简支桥梁-轨道结构 OpenSees 数值模型

表 8-2　零长度单元竖向刚度

构件	扣件	CA 砂浆层	滑动层	支座	桥墩
竖向刚度/(kN/mm)	100	1.18×10^5	4.58×10^4	2777.7	1×10^{10}

2) MLCIM 应用

MLCIM 在混合试验中的应用流程包括两个主要过程，即前处理过程和实时混合计算过程，其具体的计算过程见第 4 章。

在前处理过程中，数值子结构在数值-物理边界(轮轨接触点)处的结构响应通过有限元程序进行动力时程分析。然后，通过轨道节点的时程响应组装响应矩阵，该响应矩阵表示数值子结构在脉冲荷载作用下的响应。

在实时混合计算过程中，通过物理试件的混合试验测试列车试件。利用采集到的轮轨力，使用脉冲响应矩阵并计算出轨道位移后，将其下发到作动器，用于复现轨道节点的响应。然后，将采集到的物理试件的恢复力施加在数值桥梁-轨道模型的下一个轮轨接触点上，进行下一步的计算。

3. 模型缩尺

试验选用 CRH380AL 作为测试车型，简化四分之一列车的车体质量是原型车的四分之一，而转向架质量是原型车体质量的二分之一。因便于制作和振动台的限制，采用简化四分之一列车模型。在此模型中，基本量纲包括质量 M 、几何尺寸 L 和时间 T ，其缩尺比分别为 $C_M = 1/220$ 、 $C_L = 1$ 、 $C_T = 1$ 。其余参数，如刚度和阻尼，经过量纲分析确定，以确保缩尺模型与原型模型的动力性能一致。表 8-3 详细列出了原型列车模型、简化四分之一列车模型和缩尺列车模型的惯性和悬挂参数[4]。

表 8-3 CRH380AL 原型列车、简化四分之一列车、缩尺列车试件参数表

列车模型	车体质量/kg	转向架质量/kg	轮对质量/kg	一系悬挂刚度/(N/m)	二系悬挂刚度/(N/m)
原型列车	33786	2056	1627	1772000	450000
简化四分之一列车	8446.5	1028	1627	1772000	225000
缩尺列车	38.0	4.63	—	7974	1012.50

试验仅考虑车身和转向架的垂直运动，不考虑点头运动。因振动台只能实现水平振动，为模拟列车的竖向振动，需通过滑轨将其竖向振动转换为水平振动。基于列车位于静态平衡位置的假设，模型以列车静态平衡位置建模，轮轨接触力受车体和转向架加速度的影响,如式(8-4)所示。列车试件布置图及实物图如图 8-5 所示。

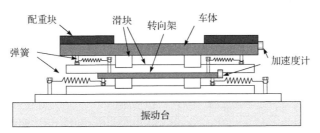

(a) 列车试件布置图

(b) 试件正视图

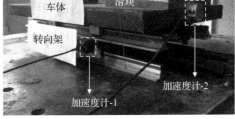

(c) 斜视图

图 8-5 列车试件布置图及实物图

横向布置的列车模型的动力特性与竖向布置的列车试件相等。通过在横向试件上测量的加速度计算得到惯性力,与列车重力相叠加得到轮轨接触力,其与竖向试件的计算结果等效。试验中,使用质量块代替转向架,通过两个滑轨和弹簧连接到振动台,模拟列车的一系悬挂构件,车体的质量块也通过两个滑轨和弹簧与转向架相连,连接弹簧代表列车的二系悬挂。由于小尺度下制造准确的阻尼器具有挑战性[5],未在试件中安装悬挂阻尼器。试验所使用的滑轨表面非常光滑,因此摩擦力可以忽略。为实时测量列车部件的加速度,在车体和转向架上各安装了一个加速度计,这些加速度计有助于跟踪列车的动态响应,以进行准确的数据采集和分析。

4. 实时控制算法

ATS 算法是基于最小二乘法进行前向预测,根据振动台的反馈,自适应地改变算法系数,ATS 算法能够保证稳定性,针对不同对象不需要进行调参。

在子结构中,振动台采用 PID 位移反馈控制器,但在实时混合试验中,数值计算、信号传输和作动器响应引入时滞,可能影响系统稳定性。因此,引入了时滞补偿算法,以减小这种时滞。本试验采用了 ATS 作为时滞补偿方法,ATS 利用在线线性拟合算法,不断更新系统传递函数系数,有效补偿时滞。

信号传递流程如图 8-6 所示。数值子结构首先计算列车荷载引起的轨道响应,然后将结构响应与轨道不平顺叠加,得到目标位移,ATS 时滞补偿处理后,得到时滞补偿的位移,成为 PID 控制器的命令信号,代表振动台位移,该位移由拉线式位移传感器测量。ATS 算法的补偿有效地将实时混合试验的时滞减小到 10ms 内。

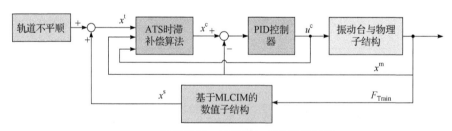

图 8-6　数值计算、控制器与时滞补偿框图

x^t 为目标位移,即轨道位移与轨道不平顺的叠加;x^c 为补偿位移,即由 ATS 补偿器产生的位移;u^c 为 PID 控制器的位移指令;x^m 为所测得的作动器位移;x^s 为利用多步线性加速度法计算得到的数值子结构轨道位移

5. 线性插值算法

振动台加载系统采样频率为 1024Hz,数值模型为节省前期准备时间采用 128Hz 的计算频率,控制器频率为计算频率的 1/8。为协调频率,采用线性插值算法在数值计算信号点间内插生成新信号点。图 8-7 显示了插值前时间步长 Δt 已知信号点 $\Delta t'$,以及线性插值后时间步长,插值后的位移信号下发到振动台系统加载。

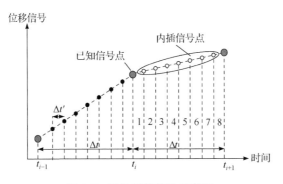

图 8-7　线性插值算法示意图

6. 试验平台

高速轮轨系统混合试验平台如图 8-8 所示，包括实时计算系统、振动台加载系统和数据采集传输系统[6]。实时计算系统基于 MATLAB/Simulink 平台，使用 xPC Target 工具箱构建，利用 MLCIM 解决数值子结构并生成目标位移。数值桥梁模型在主机上编译，然后加载到目标机以确保实时性。振动台加载系统包括 Servotest 控制器、单向振动台和油源，最大输出力为 15kN，振动台尺寸为 1.05m×1.05m。数据采集传输系统包括加速度计、数据采集计算机和 SCRAMNet 板卡，确保数据传输实时性。

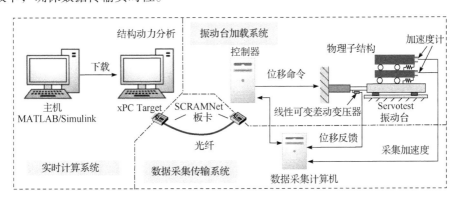

图 8-8　高速轮轨系统混合试验平台布置

8.2.2　桥梁震致破坏对震后行车性能的影响

震后桥梁破坏类型主要分为桥墩间距扩大、桥墩刚度退化和桥墩沉降等，其对行车安全有重要意义。因此，对桥墩间距扩大、桥墩刚度退化和桥墩沉降进行研究和评估，可以帮助了解这些因素对行车安全的影响，为桥梁设计、维护和修复提供重要的参考依据。它们可能会导致以下影响。

1. 桥墩间距扩大

桥墩沉降或刚度退化可能导致桥墩间距扩大，即桥梁缝隙增大。这会减弱轨道结构对相邻梁间的支撑作用，可能引起轨道的不稳定和变形，进而影响列车的行驶稳定性和安全性。

根据桥梁-轨道结构有限元模型分析，通过消除梁缝附近的滑动层单元可扩大梁缝，增加梁体对轨道结构的支承距离。仿真发现，梁缝扩大对车体竖向加速度和轮轨力等行车安全性评价指标影响较小，列车的动力性能对梁缝的扩大不太敏感。这表明梁缝扩大不会明显降低行车安全性和列车性能，这对减小梁缝引起的维护需求可能是一种有效的解决方案。

2. 桥墩刚度退化

桥墩在地震或其他外部荷载作用下可能发生刚度退化。刚度退化会导致桥梁结构的振动特性发生变化，可能引起列车的共振现象，增加列车与轨道之间的相互作用力，对列车的行驶安全性产生不利影响。

试验结果表明，在本节的试验工况下，桥墩水平刚度减小对车体加速度和轮对影响有限，响应在刚度增加后略有增加。当只考虑纵向地震动输入时，桥梁-轨道结构破坏对车体加速度的影响较小，震后结构破坏对列车行驶安全影响不大。

3. 桥墩沉降

桥墩沉降会导致桥梁结构的变形和不平顺，进而影响列车的行驶稳定性和舒适性。沉降会导致轨道的高低不平，增加列车与轨道之间的冲击和振动，可能对列车的运行安全性产生负面影响。

本节将探讨桥墩不均匀沉降对桥上行车安全性的影响。不均匀沉降会导致轨道结构竖向变形而引起额外轨道不平顺，这将影响列车运行的安全性。在此试验中，考虑不同沉降类型和沉降量级以进行实时混合试验，评估了不同工况下的行车安全性。

1) 单墩沉降

通过实时混合试验研究了单个桥墩沉降对行车安全性的影响，考虑了附加长波轨道不平顺与短波轨道不平顺的叠加效应。试验涵盖了 200km/h、300km/h、350km/h 三种列车速度，以及不同单墩沉降幅值(0mm、5mm、10mm、15mm、20mm等)。试验结果显示，当高速列车通过发生沉降的桥梁时，受到单墩沉降引起的长波轨道不平顺的激励，车体竖向加速度会有较大变化，当速度为 300km/h 且沉降量为 20mm 时，车体竖向加速度为 $0.1g$，低于规范限值 $0.13g$，如图 8-9 所示。在考虑单墩沉降量级范围内，试验列车速度下车体竖向加速度均未达到安全限值。

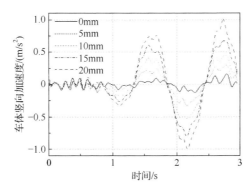

图 8-9　不同单墩沉降量级下车体竖向加速度(车速 300km/h)

　　图 8-10 给出了三种试验车速下车体竖向峰值加速度与单墩沉降量的关系,车体竖向峰值加速度与沉降量呈近似线性关系。在相同的单墩沉降量下,当列车速度从 200km/h 增加到 300km/h 时,车体竖向峰值加速度显著上升。然而,当列车速度从 300km/h 增加到 350km/h 时,车体竖向峰值加速度增幅不大,因为列车速

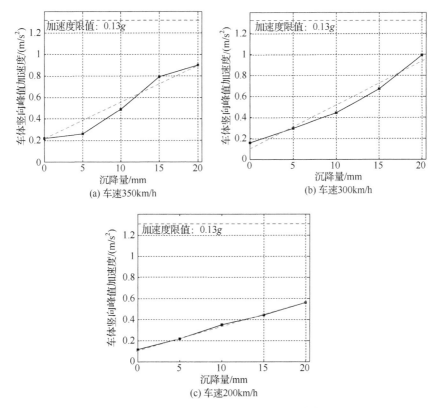

图 8-10　不同单墩沉降量级下车体竖向峰值加速度

度在 300~350km/h 时与桥梁达到共振速度。当出现 20mm 的单墩沉降时，列车减速至 200km/h 后，车体的竖向峰值加速度从 0.1g 显著下降至 0.057g，这显著提高了行车安全性能。

此试验设置工况的单墩沉降范围为 0~20mm，得到的结果未达到行车安全性限值。为确定沉降限值，需使用拟合方法预测满足安全性的沉降值。根据试验结果(图 8-10)和以往研究[7-10]，车体最大竖向加速度与沉降幅度呈线性关系。因此，采用线性回归预测，并选择在沉降范围为 20~30mm 内进行预测，因为这个范围内的数据更准确。这可为确定安全性沉降限值提供依据。

对单墩沉降的车体竖向峰值加速度进行线性拟合，如图 8-11 所示，R^2 值大于 0.96，表明拟合效果良好。在 20~30mm 范围内的预测结果较可信。在列车速度为 300km/h 时，车体竖向峰值加速度与单墩沉降量呈线性关系，即 $y = 0.10394 + 0.0409x$。在 300km/h 速度下，预测车体竖向峰值加速度的单墩临界沉降量为 29.2mm，这将超过 0.13g 的安全限值从而影响行车稳定性。

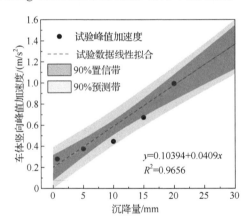

图 8-11　车体竖向峰值加速度线性拟合(车速 300km/h)

2) 多墩沉降

通过混合试验方法对多墩沉降情况进行行车安全性评估，包括相邻桥墩和相隔桥墩。试验中列车速度和桥墩沉降级别与单墩情况相同，沉降幅值为 0mm、5mm、10mm、15mm、20mm。图 8-12 展示了不同沉降量级下车体竖向加速度与时间的关系。当列车速度为 300km/h、相邻桥墩沉降为 20mm 时，车体竖向加速度为 0.062g，低于单墩情况的 0.1g。原因是相邻桥墩沉降波长较大，导致激励频率较低。

如图 8-13 所示，与相邻桥墩情况不同，当相隔桥墩沉降达到20mm时，300km/h 速度下的车体竖向加速度为 0.17g，超过了安全限值，也高于单墩沉降情况下的响

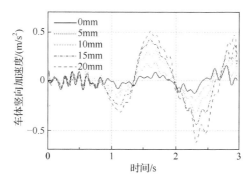

图 8-12　不同沉降量级相邻桥墩下车体竖向加速度(车速 300km/h)

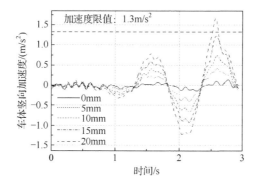

图 8-13　不同沉降量级相隔桥墩下车体竖向加速度(车速 300km/h)

应。原因是相隔桥墩沉降产生与单墩相同激励频率的附加长波不平顺，但其激励时间更长，导致列车响应更大。图 8-14 和图 8-15 显示了相邻桥墩和相隔桥墩不同沉降量级下的车体峰值加速度线性拟合曲线。相邻桥墩沉降的线性方程 R^2 分别为 0.9643、0.9706 和 0.9431，均高于 0.94。相隔桥墩沉降的线性方程 R^2 分别为 0.979、0.9886 和 0.9461，表明车体峰值加速度的预测具有高准确度，可用于确定大沉降下的车体竖向加速度。

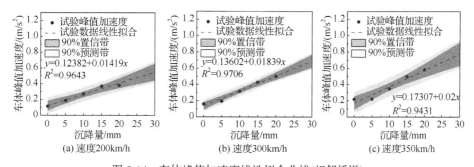

图 8-14　车体峰值加速度线性拟合曲线(相邻桥墩)

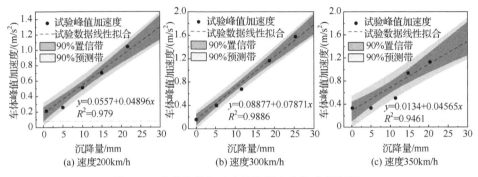

图 8-15　车体峰值加速度线性拟合曲线(相隔桥墩)

3) 桥墩沉降限值

为研究不同沉降类型在不同速度下的临界沉降量,采用线性回归预测绘制车体峰值加速度与沉降量的关系图。通过与规范中的竖向峰值加速度限值进行对比,确定各种沉降类型是否超出行车安全性限值,结果如图 8-16 所示。从图中可见,相同沉降幅值下,降低列车速度会降低车体竖向峰值加速度响应。以 CRH380AL 列车为例,当 300km/h 速度下降至 200km/h 时,可显著提升震后列车运行的安全性。

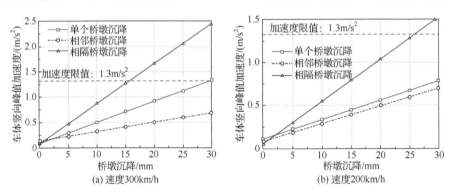

图 8-16　不同沉降类型车体竖向峰值加速度对比

表 8-4 显示了各种沉降类型的桥墩临界沉降量。数据表明,在三种沉降类型中,相邻桥墩的临界沉降量最高,而相隔桥墩的沉降对行车安全性影响最不利。

表 8-4　不同列车速度下各沉降类型临界沉降量

沉降类型	速度 300km/h	速度 200km/h
单个桥墩沉降/mm	29.2	—
相邻桥墩沉降/mm	—	—
相隔桥墩沉降/mm	15.7	25.3

注: —表示在测试的沉降范围内,未超过安全限值。

8.3　整车桥上走行混合仿真

相较于 8.2 节基于单自由度振动台的高铁车桥耦合试验研究，基于滚振台的高速轮轨系统实时混合试验具有以下优势：①更真实的模拟。整车滚动混合试验台能够模拟高铁列车在实际运行中的各种运动状态，包括纵向、横向和垂向的运动。而单自由度振动台只能模拟简单的振动状态，无法真实模拟高铁列车的各种运动。②更全面的考虑。整车滚动混合试验台可以考虑到车体、车架、车轮和轨道等多种因素的耦合效应，能够更全面地研究高铁车桥的耦合特性。而单自由度振动台只能考虑到车桥的简单耦合效应。③更准确的结果。整车滚动混合试验台能够更准确地模拟高铁列车的运行状态，从而得到更准确的耦合特性和动力响应结果。而单自由度振动台由于无法真实模拟高铁列车的运行状态，结果可能会存在一定的偏差。④更高的可控性。整车滚动混合试验台可以灵活控制各种运动状态，包括加速度、速度和位移等，能够满足不同研究需求。而单自由度振动台只能控制简单的振动状态。

8.3.1　列车模型与缩尺

本节主要讲述在多体动力学分析软件 SIMPACK 中利用轮轨模块建立模型列车的过程，并介绍所使用的模型缩尺策略以进行缩尺模型的相似性对比。整车滚动混合试验台的子结构的划分同 8.2 节。

1. 缩尺车模型

1) 缩尺系数与轨道轮尺寸

参考翟婉明的研究[11]，作者团队以轮对横向运动方程为基础进行缩尺系数设计。为了便于实际试件制作，作者团队在设计中选择了与原型相同的材料密度。具体的缩尺系数(归一化)详见表 8-5。这种方法有助于在试验中模拟原型系统的行为，同时减少制备试件时的复杂性，提高试验的可行性。

表 8-5　缩尺系数汇总表

f_l 长度	f_t 时间	f_v 速度	f_a 加速度	f_m 质量	f_F 作用力
5	$\sqrt{5}$	$\sqrt{5}$	1	125	125
f_w 重量	f_ρ 密度	f_E 弹性模量	f_ν 泊松比	f_k 刚度	f_c 阻尼
125	1	1	1	25	$25\sqrt{5}$

要降低试验设备的制作难度势必导致蠕滑力的不相等，此外，还需考虑轨道轮半径对蠕滑力的影响。

根据现有研究数据，理想情况下车轮与试验台轨道轮的半径比应为 1 : 5。然而，由于列车轴距和车轮半径已确定，采用 1 : 5 的半径比例会引起机械设计上的矛盾。例如，以 CRH380A 为基准，该列车的轴距为 2.5m，车轮半径为 0.43m，如果按照相邻轨道轮相切作为临界条件，轨道轮的最大半径只能达到 1.25m，导致半径比仅为 1 : 2.9 左右，远低于理想的 1 : 5。因此，在缩尺试验台设计中，作者团队选择了 5 : 1 的整车滚动混合试验台架轨道轮尺寸长度缩尺比以及 1/2 的车轮/轨道轮半径比。其他物理量按照上述缩尺方案进行调整以解决这一问题。

2) 原尺和缩尺列车模型

本次试验选取 CRH380A 作为原型列车进行建模，该车型的主要参数如表 8-6 所示[12]。

表 8-6　CRH380A 型高速铁路列车主要参数

参数	参数值	单位
质量和转动惯量		
车身质量	43862.5	kg
转向架质量	2400.0	kg
轮对质量	1850.0	kg
车身绕 X 轴的转动惯量	1.094×10^5	$kg \cdot m^2$
车身绕 Y 轴的转动惯量	1.654×10^6	$kg \cdot m^2$
车身绕 Z 轴的转动惯量	1.561×10^6	$kg \cdot m^2$
转向架绕 X 轴的转动惯量	1944	$kg \cdot m^2$
转向架绕 Y 轴的转动惯量	1314	$kg \cdot m^2$
转向架绕 Z 轴的转动惯量	2400	$kg \cdot m^2$
轮对绕 X 轴的转动惯量	967	$kg \cdot m^2$
轮对绕 Y 轴的转动惯量	123	$kg \cdot m^2$
轮对绕 Z 轴的转动惯量	967	$kg \cdot m^2$
一系悬挂		
沿 X 轴的刚度	14.680	MN/m
沿 Y 轴的刚度	6.470	MN/m

续表

参数	参数值	单位
沿 Z 轴的刚度	1.176	MN/m
沿 Z 轴的阻尼	$13(\left\lvert\Delta v_{sz}\right\rvert<0.01\text{m/s})$	kN·s/m
	$6.5(\left\lvert\Delta v_{sz}\right\rvert>0.15\text{m/s})$	
二系悬挂		
沿 X 轴的刚度	0.160	MN/m
沿 Y 轴的刚度	0.160	MN/m
沿 Z 轴的刚度	0.190	MN/m
沿 X 轴的阻尼	$4.9(\left\lvert\Delta v_{sx}\right\rvert<0.015\text{m/s})$	kN·s/m
	$0.01(\left\lvert\Delta v_{sx}\right\rvert>0.015\text{m/s})$	
沿 Y 轴的阻尼	$58.8(\left\lvert\Delta v_{sz}\right\rvert<0.015\text{m/s})$	kN·s/m
	$6.10(\left\lvert\Delta v_{sz}\right\rvert>0.015\text{m/s})$	
沿 Z 轴的阻尼	40	kN·s/m
几何参数		
列车定距半长	8.75	m
列车轴距半长	1.25	m
车轮半径	0.43	m
一系悬挂横向半跨	1.0	m
二系悬挂横向半跨	1.23	m
转向架中心距轮对中心高度	0.08	m
车身中心距二系悬挂的高度	0.29	m
二系悬挂距转向架中心高度	0.54	m

作者团队根据给定的列车参数，首先建立了转向架以及一、二系悬挂系统的模型，最终完成的转向架模型和列车实体模型的详细结构如图 8-17 和图 8-18 所示。这一模型具备高度的精确度，这对分析列车的稳定性、安全性以及其他关键性能参数至关重要，为铁路系统的设计和改进提供了重要依据。

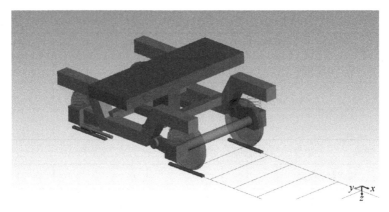

图 8-17　建模完成的转向架

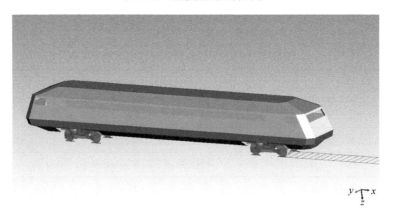

图 8-18　建模完成的列车实体模型

3) 列车模态对比

根据上述缩尺比分析，模型列车和原型列车的固有频率之比为 $\sqrt{5}$: 1。SIMPACK 提供了系统的模态分析工具，利用此工具对列车的五个车体悬挂模态(下心滚摆、沉浮、点头、摇头、上心滚摆)进行对比，对比结果如表 8-7 所示。

表 8-7　模型列车和原型列车模态对比

模态	1 : 5 模型频率/Hz	原型频率/Hz	相对误差
下心滚摆	9.70976×10^{-1}	4.34255×10^{-1}	4.91×10^{-5}
沉浮	1.31398	5.87628×10^{-1}	2.9×10^{-6}
点头	1.69809	7.59423×10^{-1}	1.85×10^{-5}
摇头	4.3272	1.93511	3.76×10^{-5}
上心滚摆	1.94103	8.67941×10^{-1}	1.314×10^{-4}

2. 缩尺列车-试验台模型

SIMPACK 轮轨模块不仅能够模拟铁路线路上的轮轨接触，还提供了方便的建模工具，特别适用于滚动试验台。与常规铁路线路不同的是，软件在处理车轮与试验台轨道轮的关系时考虑了轨道轮的纵向曲率。

根据之前的研究，作者团队确定了驱动轨道轮与缩尺车轮的半径比为 2∶1，也就是试验台轨道轮的名义半径为 0.172m。基于作者团队建立的缩尺模型，成功构建了列车-试验台模型。模型的效果如图 8-19 所示。这个模型有助于模拟列车在试验台上的性能，特别是在纵向曲率情况下，为进一步研究和试验提供了基础。

图 8-19　列车-试验台模型效果图

3. 联合仿真接口

SIMPACK 是多体动力学仿真软件，但其控制设计功能有限。为弥补这一不足，通常采用 Simulink 进行控制系统设计。最理想的方式是进行实时联合仿真，结合 SIMPACK 的物理模型和 Simulink 的数值模型。为实现这种联合仿真，SIMPACK 提供了接口，其中 SIMAT 和 MatSIM 是常用的模块，用于实现二者的无缝集成。联合仿真方法如图 8-20 所示。这种方法能够有效结合物理仿真和控制系统设计，提供全面的系统性能评估。

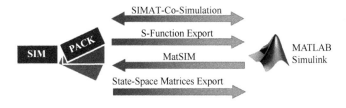

图 8-20　SIMPACK-Simulink 联合仿真方法

SIMAT 模块提供了两种主要方法，用于实现 SIMPACK 和 Simulink 之间的联合仿真。第一种方法是将 SIMPACK 模型打包成 S-Function 模块，然后导入 Simulink 中使用。这种方法的优点在于，它允许在没有安装 SIMPACK 的计算机上运行联合仿真程序。同时，可以编写相应的脚本以实现对模型的批处理或其他自定义功能。这种方法对需要在不同环境中使用模型的情况非常有用。

第二种方法是通过调用 SIMPACK 中的联合仿真求解器(Co-Simulation)来实现联合仿真。这个方法利用控制/网络协议(TCP/IP)在 Simulink 和 SIMPACK 之间进行实时数据传输。在这个过程中，SIMPACK 充当服务器端，接收来自 Simulink 的输入信号，执行多体动力学分析，然后将输出信号返回给 Simulink，以形成闭环控制，这一过程不断循环，以实现联合仿真的目的。这个方法的优点有两个方面：一方面，操作相对简单，不需要进行模型导出等额外操作，这使得模型的修改和调试更加便捷。另一方面，使用了 TCP/IP 这一通用协议，允许联合仿真程序在同一台计算机上运行，也可以应对复杂模型的情况，将 SIMPACK 模型和 Simulink 模型部署在不同物理机上，通过局域网连接进行通信。这种配置允许两台计算机共同分担计算负荷，但也可能引入数据传输延迟，从而导致模拟时间的延长。因此，在选择哪种方法时，需要根据具体需求和计算性能来进行权衡和决策。

8.3.2 数值建模与 MLCIM 应用

1. 桥梁数值模型

使用 ANSYS APDL 创建有限元桥梁模型，原因如下：①APDL 脚本可实现快速建模和批处理，且 ANSYS 支持结构瞬态分析，便于提取 MLCIM 传递矩阵；②SIMPACK 允许导入 ANSYS 柔性体，实现 MLCIM 模型到 SIMPACK 的车-轨-桥模型对比仿真。

根据无砟轨道预制后张法预应力混凝土简支整孔箱梁的通用参考图(《通桥(2009)2229-Ⅳ》)，可得标准化的高铁简支桥梁跨度为 31.5m，梁体全长 32.6m，选取 CRTS-Ⅱ 型板箱梁作为参考，其跨中截面基本数据如表 8-8 所示。

表 8-8 梁跨中截面基本数据表(CRTS-Ⅱ 型板)

参数	单位	通桥(2009)2229-Ⅳ				
跨度	m	31.5				
二期恒载范围	kN/m	80~100	100~120	120~140	140~160	160~180
梁自重力矩	kN·m	27442	27442	27442	27442	27442
二期恒载力矩 (含防水层、保护层)	kN·m	12388	14866	17343	19821	22298

续表

参数	单位	通桥(2009)2229-Ⅳ				
活载系数 (含动力系数)	kN·m	24123	24123	24123	24123	24123
动力系数		1.127	1.127	1.127	1.127	1.127
梁跨中截面换算惯性矩	m⁴	7.352	7.370	7.380	7.397	7.413
梁跨中截面换算面积	m²	8.312	8.320	8.328	8.335	8.343
梁下缘换算截面抵抗矩	m³	4.228	4.242	4.252	4.265	4.275
预应力钢筋面积	m²	0.03503	0.03642	0.03781	0.03920	0.4059
预应力合力中心到换算截 面中心轴的距离	m	1.363	1.368	1.360	1.363	1.365
收缩、徐变应力损失值	MPa	107.09	109.71	111.40	113.90	116.06
松弛应力损失值	MPa	35.55	35.55	35.55	35.55	35.55
挠跨比		1/3938	1/3938	1/3938	1/3938	1/3938
抗裂安全系数		1.32	1.32·	1.31	1.31	1.30

2. MLCIM 应用

1) 建立数值桥梁

上述所建立的 CRH380A 为四轴车型，为简化计算，将列车荷载等效为两个集中力，分别对应前后两个转向架轮对的竖向轮轨力的和，集中力作用点分别位于列车的第一、第三轮轴，列车荷载简化示意图如图 8-21 所示。

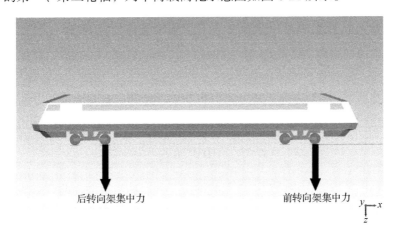

后转向架集中力　　　　　　　　　　前转向架集中力

图 8-21　列车荷载简化示意图

　　为保证模拟试验精度，时间步长间隔 $\Delta t = 0.0002\mathrm{s}$ ，列车原型运行速度 $V_{原} = 200\mathrm{km/h}$ ，则模型运行速度 $V_{模} = 24.845\mathrm{m/s}$ ，因此按照上述要求，有限元模型间距 $\Delta s = V_{模} \times \Delta t = 4.969 \times 10^{-3}\mathrm{m}$ ，而在前面章节中建立的 ANSYS 桥梁有限元模型，主节点间距为 0.1306m，无法满足上述精度要求。因此在进行传递矩阵的提取过程中需要进行插值操作，其具体过程如下：

　　首先在 ANSYS 中对有限元模型的 500 个主节点分别施加冲击荷载并进行瞬态分析，分析时间步长为定步长 0.002s；每个节点的瞬态分析总时长为 1s。瞬态分析的步骤为对所分析的节点在第一个时间步(0~0.002s)施加一个单位冲击荷载，并在接下来的 1s 内记录桥梁 500 个主节点的瞬态响应，因此对于每个分析节点均会记录输出一个 500×500 大小的矩阵，矩阵的列代表每一个主节点的响应，矩阵的行代表响应的时程。例如，对节点 k 施加冲击荷载后，记录输出如下矩阵：

$$\boldsymbol{D}^k = \begin{bmatrix} D_1^k(0.002) & D_2^k(0.002) & \cdots & D_i^k(0.002) & \cdots & D_{500}^k(0.002) \\ D_1^k(0.004) & D_2^k(0.004) & \cdots & D_i^k(0.004) & \cdots & D_{500}^k(0.004) \\ \vdots & \vdots & & \vdots & & \vdots \\ D_1^k(j \times \Delta t) & D_2^k(j \times \Delta t) & \cdots & D_i^k(j \times \Delta t) & \cdots & D_{500}^k(j \times \Delta t) \\ \vdots & \vdots & & \vdots & & \vdots \\ D_1^k(1.000) & D_2^k(1.000) & \cdots & D_i^k(1.000) & \cdots & D_{500}^k(1.000) \end{bmatrix} \tag{8-5}$$

式中，矩阵中的每个元素代表相应节点的竖向位移响应；k 为施加冲击荷载的节点编号；i 为节点编号；j 为分析时间步；Δt 为瞬态分析的时间步长。对所有主节点均进行上述响应提取步骤，得到原始响应矩阵 $\boldsymbol{D}^1$、$\boldsymbol{D}^2$,…、$\boldsymbol{D}^{500}$，后面称 $\boldsymbol{D}^k$ 为主节点 k 的原始响应矩阵。

　　因最终混合试验所采取的时间步长 $\Delta t = 0.0002\mathrm{s}$ ，以列车到达位于 65.1694m 处 10500 号主节点为试验终止条件，桥梁共需要被细分为 13116 个节点，细分节点间距已由前面给出 $\Delta s = V_{模} \times \Delta t = 4.969 \times 10^{-3}\mathrm{m}$ 。因此，当细分节点位于两个主节点之间时，细分节点的原始响应矩阵 $\boldsymbol{d}^n$ 按照如下线性插值方法提取。

　　假设细分节点 n 位于主节点 k 和主节点 $k+1$ 之间，且与两主节点的间距分别为 l_k 和 l_{k+1} ，则细分节点 k 的原始响应矩阵为

$$\boldsymbol{d}^n = \left(\boldsymbol{D}^k \cdot l_{k+1} + \boldsymbol{D}^{k+1} \cdot l_k \right) \frac{1}{l_k + l_{k+1}} \frac{\Delta t}{\Delta T} \tag{8-6}$$

　　式(8-6)也可理解为将两节点之间的冲击荷载以冲击荷载与两节点的作用位置为比例关系分配至相邻节点上。等式右边乘以 $\dfrac{\Delta t}{\Delta T}$ 是因为缩减后的冲击荷载作用时间随着时间步长的缩减，响应也会相应减小。

随后则可以进行对应细分节点传递矩阵的提取，上述原始响应矩阵的列代表节点编号，因节点以固定间距分布，所以矩阵的列对应的是位置维度；而矩阵各行代表记录响应的时步数，因响应提取采用的定步长，所以行对应响应的时间维度，注意此处的时间代表冲击荷载开始施加到记录节点响应的时间间隔。因此，在传递矩阵的提取中，可对各细分节点的响应矩阵进行二维插值以获取任意位置、任意时刻的桥梁竖向位移响应。按行依次提取四个传递矩阵，对于传递矩阵 U_*，在提取其第 n 行第 m 列时，由上述细分节点的原始响应矩阵 d^n 进行提取。第 m 列的元素对应试验时间 $t^{\mathrm{Exp}} = (m-1) \times \Delta t$ 时刻，对应原始响应矩阵的时间 $t^{\mathrm{Exp}} - t_*^{\mathrm{Imp}}$，其中 t_*^{Imp} 是当前冲击荷载在试验中的加载时刻。而对应原始响应矩阵中的位置为 X_*。值得注意的是，对于不同传递矩阵 U_* 的第 n 行第 m 列元素上述参量中的 $t^{\mathrm{Exp}} = (m-1) \times \Delta t$ 是相同的，但 t_*^{Imp} 和 X_* 是不同的。对于不同的传递矩阵 U_*，其值分别为

$$\begin{cases} t_{\mathrm{F2F}}^{\mathrm{Imp}} = \Delta t \times (n-1) \\ t_{\mathrm{F2B}}^{\mathrm{Imp}} = \Delta t \times (n-1) \\ t_{\mathrm{B2B}}^{\mathrm{Imp}} = \Delta t \times (n-1) + t_{\mathrm{bogie}} \\ t_{\mathrm{B2F}}^{\mathrm{Imp}} = \Delta t \times (n-1) + t_{\mathrm{bogie}} \end{cases} \tag{8-7}$$

式中，t^{Imp} 为响应矩阵中的时间变量；下标 F 表示前，B 表示后，F2B 表示前转向架处的移动荷载对后转向架处的结构响应，其余以此类推；$t_{\mathrm{bogie}} = \dfrac{3.5\mathrm{m}}{V_{\mathrm{模}}} \approx 0.14087\mathrm{s}$，为模型列车前后转向架经过同一节点的时间差。

$$\begin{cases} X_{\mathrm{F2F}} = \Delta t \times (m-1) \\ X_{\mathrm{F2B}} = \Delta t \times (m-1) - d_{\mathrm{bogie}} \\ X_{\mathrm{B2B}} = \Delta t \times (m-1) \\ X_{\mathrm{B2F}} = \Delta t \times (m-1) - d_{\mathrm{bogie}} \end{cases} \tag{8-8}$$

式中，$d_{\mathrm{bogie}} = 3.5\mathrm{m}$，为模型列车前后转向架的距离，即列车定距。

借助上述时间和位置坐标对相应的细分节点原始响应矩阵进行二维网格数据插值，即可得到四个所需要的传递矩阵。这四个传递矩阵包含了混合试验中所需的桥梁子结构的全部响应信息，即完成了数值桥梁模型的建立。

为初步验证 MLCIM 在 ANSYS 环境下的可行性，分别对有限元模型施加一移动荷载并提取了移动的加载节点处的响应时程。并将此时程结果与上述 MLCIM 计算出的结果进行对比验证，在此验证算例中移动荷载以每秒 500 个节

点的速度移动，移动荷载为单位荷载。MLCIM 和 FEM 解算的响应如图 8-22 所示。其误差峰值为 $1.5809 \times 10^{-9}\,\text{m}$，峰值处的相对误差为 3.1%，符合预期。

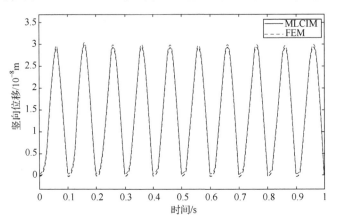

图 8-22　FEM 移动荷载和 MLCIM 对比

2) 控制程序 MLCIM 模块

MLCIM 模块利用 MATLAB Function 模块实现对每一荷载步的轮轨力记录以及进行卷积积分操作以获取数值桥梁的动态响应。

模块分别记录前后转向架在对应细分节点处的轮轨力以形成前后的轮轨力向量 $\boldsymbol{F}_{\text{wf}}$ 和 $\boldsymbol{F}_{\text{wb}}$，并在每个时间步将该向量与对应列的传递矩阵进行卷积积分。例如，在第 j 时间步前转向架处的桥梁竖向位移响应计算公式如下：

$$
\begin{aligned}
x_{\text{f}} &= \sum_{i=1}^{m} F_{\text{wf}} \times U_{\text{F2F}}(i,j) + \sum_{i=1}^{m} F_{\text{wb}} \times U_{\text{B2F}}(i,j) \\
&= \begin{bmatrix} F_{\text{wf}}[1] & F_{\text{wf}}[2] & \cdots & F_{\text{wf}}[j] & \cdots & F_{\text{wf}}[m] \end{bmatrix} \times \begin{bmatrix} u_1[j] \\ u_2[j] \\ \vdots \\ u_i[j] \\ \vdots \\ u_m[j] \end{bmatrix}_{\text{F2F}} \\
&\quad + \begin{bmatrix} F_{\text{wb}}[1] & F_{\text{wb}}[2] & \cdots & F_{\text{wb}}[j] & \cdots & F_{\text{wb}}[m] \end{bmatrix} \times \begin{bmatrix} u_1[j] \\ u_2[j] \\ \vdots \\ u_i[j] \\ \vdots \\ u_m[j] \end{bmatrix}_{\text{B2F}}
\end{aligned}
\tag{8-9}
$$

式中，F_{wf} 和 F_{wb} 分别为前后转向架的轮轨力，右侧列向量的下标表示该列向量取自相应的传递矩阵。同理，后转向架处的桥梁竖向位移响应计算公式如下：

$$x_b = \sum_{i=1}^{m} F_{wb} \times U_{B2B}(i,j) + \sum_{i=1}^{m} F_{wf} \times U_{F2B}(i,j)$$

$$= \begin{bmatrix} F_{wb}[1] & F_{wb}[2] & \cdots & F_{wb}[j] & \cdots & F_{wb}[m] \end{bmatrix} \times \begin{bmatrix} u_1[j] \\ u_2[j] \\ \vdots \\ u_i[j] \\ \vdots \\ u_m[j] \end{bmatrix}_{B2B}$$

$$+ \begin{bmatrix} F_{wf}[1] & F_{wf}[2] & \cdots & F_{wf}[j] & \cdots & F_{wf}[m] \end{bmatrix} \times \begin{bmatrix} u_1[j] \\ u_2[j] \\ \vdots \\ u_i[j] \\ \vdots \\ u_m[j] \end{bmatrix}_{F2B} \tag{8-10}$$

在高速轮轨系统中，后转向架的轮轨力向量的第 i 项表示后转向架在细分节点 i 处的轮轨力。因此，在后转向架尚未到达桥梁时，其轮轨力不会被记录在轮轨力向量中。

在构建模型过程中，必须在进行有限元子结构分析之前建立墩顶约束。如果在导入 SIMPACK 后才添加墩顶约束，可能导致模拟结果中各跨桥梁的刚度不一致。这是因为 SIMPACK 采用模态叠加法而非完全法来分析线弹性柔性体，要求导入的柔性体模型的模态与实际使用时的模态一致。

在有限元建模阶段未设置墩顶约束的柔性体模型在导入 SIMPACK 后将进行模态分析，而这一分析结果不受后续添加的力元或约束等元素的影响。然而，这些柔性体的约束是相对于它们的局部坐标系而非 SIMPACK 模型的全局坐标系定义的。因此，在墩顶位置仍需设定力元或约束，以确保柔性体的局部坐标系与模型的全局坐标系一致，以保持模型的一致性和准确性。

8.3.3　轨道不平顺激励的响应比对

为研究轨道不平顺作用下的高铁列车桥上行车特性，对有限元模型和滚振台仿真两模型施加轨道不平顺，但为了简化横向轮轨力的影响，仅对两模型施加竖向的高低不平顺，对比结果验证了混合试验的有效性。

1. 轨道不平顺谱

德国轨道谱分为高干扰谱和低干扰谱两种，二者谱函数表达式完全一致[13]。

1) 方向不平顺

$$S_a(\Omega) = \frac{A_a \Omega_c^2}{\left(\Omega^2 + \Omega_r^2\right)\left(\Omega^2 + \Omega_c^2\right)} \quad \text{m}^2/(\text{rad/m}) \tag{8-11}$$

2) 高低不平顺

$$S_v(\Omega) = \frac{A_v \Omega_c^2}{\left(\Omega^2 + \Omega_r^2\right)\left(\Omega^2 + \Omega_c^2\right)} \quad \text{m}^2/(\text{rad/m}) \tag{8-12}$$

3) 水平不平顺

$$S_c(\Omega) = \frac{\frac{A_v}{b^2} \Omega_c^2 \Omega^2}{\left(\Omega^2 + \Omega_r^2\right)\left(\Omega^2 + \Omega_c^2\right)\left(\Omega^2 + \Omega_s^2\right)} \quad \text{m}^2/(\text{rad/m}) \tag{8-13}$$

4) 轨距不平顺

$$S_g(\Omega) = \frac{A_g \Omega_c^2 \Omega^2}{\left(\Omega^2 + \Omega_r^2\right)\left(\Omega^2 + \Omega_c^2\right)\left(\Omega^2 + \Omega_s^2\right)} \quad \text{m}^2/(\text{rad/m}) \tag{8-14}$$

使用 SIMPACK 软件创建德国高速轨道低干扰谱，选择功率密度函数类型 3，使用 ERRI B176 轨道不平顺功率谱，子类型为 Vertical low。创建激励 108 号，设置随机初值，连接上一步功率密度函数，根据表 8-9 在软件中设置相应参数，随后导出不平顺数据，在 MATLAB 进行缩尺处理，并分别导出距离相关"if2"文件和时间相关"mat"文件，用于 SIMPACK 验证模型和试验台联合仿真。

表 8-9　德国轨道谱粗糙系数及截断频率

轨道级别	Ω_c /(rad/m)	Ω_r /(rad/m)	Ω_s /(rad/m)	A_a /($10^{-7}\,\text{m}\cdot\text{rad}$)	A_v /($10^{-7}\,\text{m}\cdot\text{rad}$)	A_g /($10^{-7}\,\text{m}\cdot\text{rad}$)
低干扰	0.8246	0.0206	0.4380	2.119	4.032	0.532
高干扰	0.8246	0.0206	0.4380	6.125	10.80	1.032

在 SIMPACK 和 Simulink 中均设置在 6m 处开始施加不平顺，淡入长度为 6m，如图 8-23、图 8-24 所示。

2. 轮对竖向位移对比

与前面相同，将第一转向架的铰接纵向位置作为表征轮轨接触点竖向位移的参数，绘制两模型对比，如图 8-25 所示。

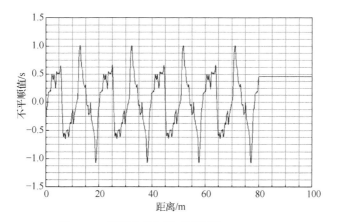

图 8-23 所用轨道高低不平顺谱(SIMPACK)

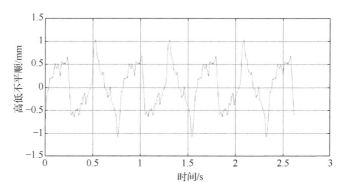

图 8-24 所用轨道高低不平顺谱(Simulink)

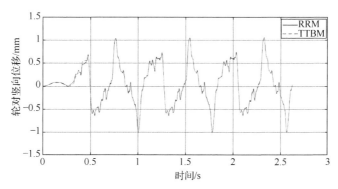

图 8-25 轨道不平顺作用下的轮轨接触点竖向位移
RRM 为滚动试验台模型, roller rig model; TTBM 为车-轨-桥模型, trian-track-bridge model

因桥梁结构变形幅值量级较小(约为 0.1mm), 故在不平顺作用下桥梁变形对
接触点纵向位移大小的影响较小, 起主导作用的仍然是不平顺激励。

3. 轮轨接触力对比

同样以第一轮对的右侧轮轨对的竖向轮轨力作为参考，绘制两模型纵向轮轨力，如图 8-26～图 8-28 所示。

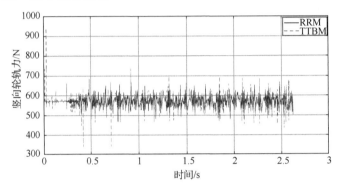

图 8-26　轨道不平顺作用下的轮轨接触力(原始数据)

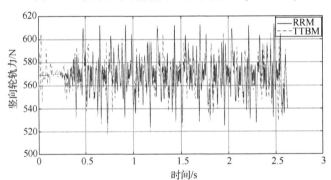

图 8-27　轨道不平顺作用下的轮轨接触力(滤波数据)

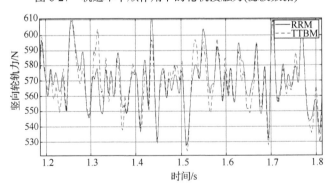

图 8-28　轨道不平顺作用下的轮轨接触力(滤波数据)(局部)

可见两模型在轨道不平顺作用下的轮轨接触力波动幅值基本相当，由局部图可以看出，两者轮轨力变化趋势基本一致。但两者数据仍存在较大的偏差，其原因仍是试验台的桥梁数值子结构为二维桥梁,无法完全模拟三维桥梁的复杂响应,特别是横向响应。因此,车-轨-桥模型的轮轨力会出现幅值较高的波动。

4. 转向架和车体加速度对比

通过绘制转向架和车体的竖向加速度曲线,并进行滤波,两模型对比如图8-29~图8-33所示。

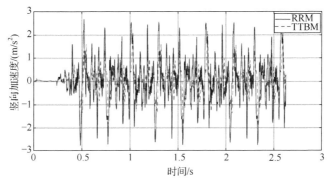

图 8-29　前转向架加速度对比(原始数据)

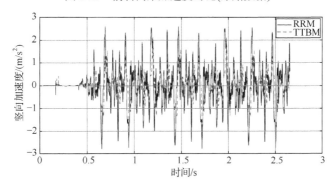

图 8-30　后转向架加速度对比(原始数据)

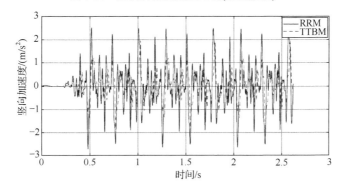

图 8-31　前转向架加速度对比(滤波数据)

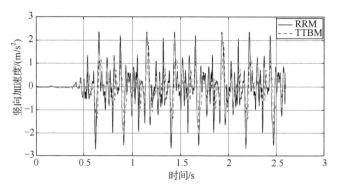

图 8-32　后转向架加速度对比(滤波数据)

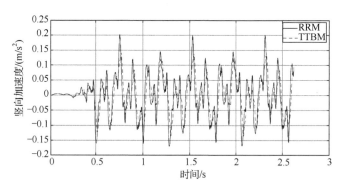

图 8-33　车体加速度对比

　　可见在不平顺作用下，两模型的转向架加速度变化趋势基本相同，但试验台模型的波动幅值要略大于车-轨-桥模型。车体加速度响应对比结果也基本相同，趋势符合较好但幅值仍有差距，且试验台模型的加速度波动幅值略大于高速轮轨系统模型。

5. 桥梁响应对比

　　因为 SIMPACK 车-轨-桥模型无法直接导出柔性桥梁各节点的变形响应，所以将施加不平顺和不施加不平顺的试验台模型联合仿真中的轮轨接触点处的桥梁变形响应进行对比。对比结果如图 8-34～图 8-36 所示。

　　可见在以 MLCIM 建立的数值桥梁下，轨道不平顺对桥梁振动幅值和速度的影响不大，对加速度极值影响也有限。不平顺主要影响的是桥梁振动加速度的波动。

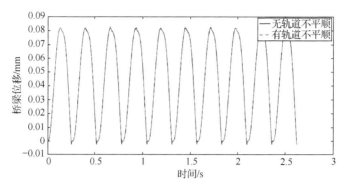

图 8-34　前试验台竖向位移桥梁部分

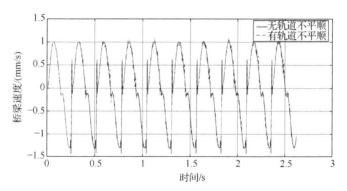

图 8-35　前试验台竖向速度桥梁部分

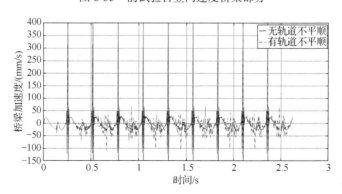

图 8-36　前试验台竖向加速度桥梁部分

8.4　本 章 小 结

本章主要介绍了整车滚动混合试验台在高铁车桥耦合试验中的应用优势。首先，相较于单自由度振动台，整车滚动混合试验台具有更真实的模拟能力。它能够模拟高铁列车在实际运行中的各种运动状态，包括纵向、横向和垂向运动。而单自由度振动台只能模拟简单的振动状态，无法真实模拟高铁列车的各种运动。

其次，整车滚动混合试验台能够更全面地考虑多种因素的耦合效应。它可以考虑到车体、车架、车轮和轨道等多种因素的耦合效应，能够更全面地研究高铁车桥的耦合特性。而单自由度振动台只能考虑到车桥的简单耦合效应。

然后，整车滚动混合试验台能够得到更准确的结果。由于能够更准确地模拟高铁列车的运行状态，整车滚动混合试验台能够得到更准确的耦合特性和动力响应结果。而单自由度振动台无法真实模拟高铁列车的运行状态，因此结果可能会存在一定的偏差。

最后，整车滚动混合试验台具有更高的可控性。它可以灵活复现各种运动状态，包括加速度、速度和位移等，能够满足不同研究需求。而单自由度振动台只能复现简单的振动状态。

综上所述，整车滚动混合试验台在高铁车桥耦合试验中具有更真实、全面、准确和可控的优势。它能够更好地模拟高铁列车的运行状态，考虑多种因素的耦合效应，得到更准确的结果，并满足不同研究需求。这些优势使整车滚动混合试验台成为高铁车桥耦合试验的重要工具，为高铁车桥的设计、维护和修复提供了重要的参考依据。

参 考 文 献

[1] Nakashima M, Ishida M, Ando K. Integration techniques for substructure pseudo dynamic test[J]. Journal of Structural and Construction Engineering (Transactions of AIJ), 1990, 417: 107-117.

[2] Liu H Y, Yu Z W, Guo W. A fast modeling technique for the vertical train-track-bridge interactions[J]. Shock and Vibration, 2019, 2019: 5392930.

[3] Guo W, Hu Y, Hou W Q, et al. Seismic damage mechanism of CRTS-II slab ballastless track structure on high-speed railway bridges[J]. International Journal of Structural Stability and Dynamics, 2020, 20(1): 2050011.

[4] Guo W, Wang Y, Zeng C, et al. Moving safety evaluation of high-speed train on post-earthquake bridge utilizing real-time hybrid simulation[J]. Journal of Earthquake Engineering, 2023, 27(2): 284-313.

[5] Nishimura K, Terumichi Y, Morimura T, et al. Experimental study on the vehicle safety by earthquake track excitation with 1/10 scale vehicle and roller rig[J]. Journal of System Design and Dynamics, 2010, 4(1): 226-238.

[6] Wang J T, Gui Y, Zhu F, et al. Real-time hybrid simulation of multi-story structures installed with tuned liquid damper[J]. Structural Control and Health Monitoring, 2016, 23(7): 1015-1031.

[7] Chen Z W, Zhai W M, Yin Q. Analysis of structural stresses of tracks and vehicle dynamic responses in train-track-bridge system with pier settlement[J]. Proceedings of the Institution of Mechanical Engineers Part F: Journal of Rail and Rapid Transit, 2018, 232(2): 421-434.

[8] Chen Z W. Evaluation of longitudinal connected track under combined action of running train and long-term bridge deformation[J]. Journal of Vibration and Control, 2020, 26(7-8): 599-609.

[9] Chen Z W, Zhai W M. Theoretical method of determining pier settlement limit value for China's high-speed railway bridges considering complete factors[J]. Engineering Structures, 2020, 209: 109998.

[10] Chen Z W, Zhai W M, Cai C B, et al. Safety threshold of high-speed railway pier settlement based on train-track-bridge dynamic interaction[J]. Science China Technological Sciences, 2015, 58(2): 202-210.

[11] 翟婉明. 车辆-轨道耦合动力学[M]. 北京: 科学出版社, 2014.

[12] Zhai W M. Vehicle-track Coupled Dynamics: Theory and Application[M]. Berlin: Springer, 2020.

[13] 任尊松. 车辆系统动力学[M]. 北京: 中国铁道出版社, 2007.

第9章　高速磁浮系统混合试验测试应用

9.1　引　言

结合高速磁浮列车实际工程应用需求，试验台开展的主要磁浮列车试验类型有单电磁铁混合试验与整车混合试验，本章主要讲述高速磁浮系统各类混合试验的流程与试验结果。

试验总体流程为建设一套混合试验系统，根据试验需求并结合混合试验方法原型，将机理不明确、重点关注部分作为物理子结构进行试验，其余部分作为数值子结构进行计算。该系统中将磁浮列车或单电磁铁试件作为物理子结构在实验室中通过伺服液压试验平台进行动态加载，下部轨道梁及其他节列车作为数值子结构进行高性能求解，数值-物理部分实时传输通信，准确有效地再现磁浮车轨相互耦合作用。

单电磁铁试验包括单电磁铁实时混合试验和单电磁铁离线迭代混合试验，试验流程有软件配置与参数定义、预处理、正式试验三个部分。在实时混合试验中，基于 Concurrent 平台分别选取 ATS 与 MPC 时滞补偿算法进行混合试验，验证了 Concurrent 作为实时运算平台的可行性。在离线迭代混合试验中，工况设置与实时混合试验工况保持一致，试验结果用于验证基于不动点迭代算法的离线迭代混合试验的准确性。

高速磁浮整车混合试验流程与单电磁铁混合试验流程基本一致，因为整车试验相对较复杂，所以采用了八台阵时滞补偿算法进行控制，随后共进行了三个工况的试验，分别是 100km/h、600km/h 和 0～600km/h 变速运行工况，最后通过分析结果得到结论。

9.2　高速磁浮单电磁铁混合试验

9.2.1　设计流程与子结构划分

针对单一电磁铁的混合试验与完整车辆的混合试验，其一般的试验过程是：首先必须为系统进行数值-物理子结构的划分，接下来进行数值模型构建，在此过程中需建立数值桥梁模型并应用边界协调等相关算法；随后进行物理子结构以及试验平台的搭建；接着利用实时控制技术将数值-物理子结构整合，如采用时滞补偿技术；最终设计特定的试验工况条件，并基于混合试验得到的数据进行结论分析。

　　单电磁铁模型是由香港宝克测试系统有限公司工程师参照单电磁铁混合试验平台的硬件，使用 Simulink 的 Simscape Multibody 模块建立的。该模型与桥梁间通过两个弹簧阻尼力元连接，模拟单电磁铁及其分配到的对应于整车模型的负载。

　　香港宝克测试系统有限公司的工程师基于单电磁铁混合试验平台的硬件，利用 Simulink 的 Simscape Multibody 模块构建了单电磁铁模型，如图 9-1 所示。该模型通过两个弹簧阻尼力元模拟了桥梁间的连接，以模拟单电磁铁及其与整车模型负载的相互作用。

图 9-1　使用 Simscape Multibody 建立的单电磁铁模型

　　电磁铁模型可分为悬浮电磁铁部分和导向电磁铁部分，在单电磁铁混合试验中，将单电磁铁部件作为物理子结构，其余部分作为数值子结构进行试验，划分示意图如图 9-2 所示，灰色部分是数值子结构，其他部分是物理子结构，红色部分是悬浮电磁铁，提供竖向的悬浮力，绿色部分是导向电磁铁，提供横向的导向力。

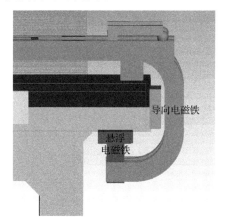

图 9-2　数值部分划分面局部视图(悬浮力、导向力)

　　在界面划分中，数值子结构中的数值电磁铁模型和数值悬浮架模型通过力/位移进行交互，数值子结构接收边界力信号，经计算处理后返回给伺服液压控制系统的位移指令。

9.2.2　数值建模

1. 实时桥梁模型

本混合试验所使用的桥梁模型为预应力变截面简支箱梁桥，单跨梁长为

24.682m，跨中截面段长 15.682m，变截面段长 3m，全截面梁高 2.6m。磁浮列车轨道通过自密实混凝土层与铺设在主梁上的底座相连，图 9-3 为磁浮轨道梁的横截面及纵截面示意图。

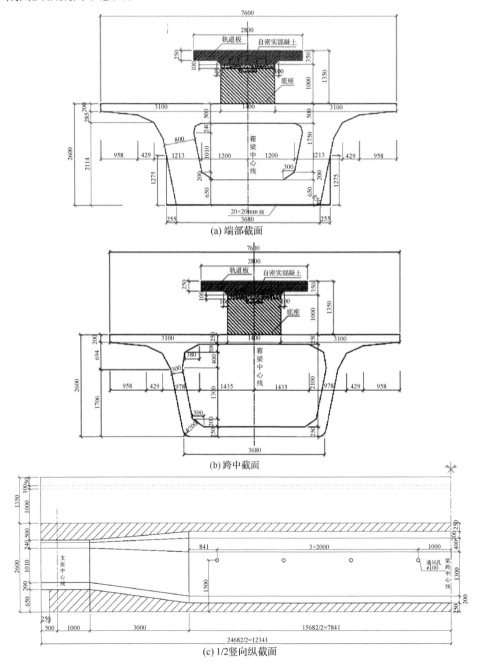

(a) 端部截面

(b) 跨中截面

(c) 1/2 竖向纵截面

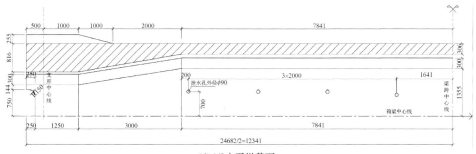

(d) 1/2 水平纵截面

图 9-3　磁浮轨道梁横截面及纵截面示意图(单位：mm)

磁浮轨道桥梁桥墩采用重力式变截面圆端桥墩，墩身采用 C35 混凝土，墩高小于 10m，变截面段长 2.75m，桥墩平面及立面如图 9-4 所示。

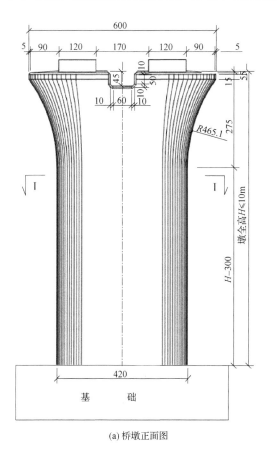

(a) 桥墩正面图　　　　　　　　　　　(b) 桥墩侧面图

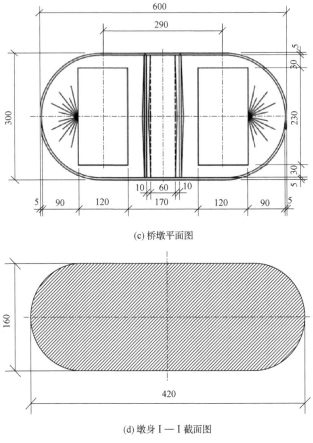

(c) 桥墩平面图

(d) 墩身Ⅰ—Ⅰ截面图

图 9-4　桥墩平面及立面(单位：mm)

　　通过在 ANSYS 中建立数值桥梁模型，考虑到数值模型规模与计算速度的反比关系，分别建立以空间梁单元为主梁与桥墩单元的实时桥梁模型与以实体单元为主梁与桥墩单元的精细化桥梁模型。实时桥梁模型采用梁单元建立，模型规模较小，计算速度较快。精细化桥梁模型采用实体单元建立，可较为精确地复现桥梁模型，模型规模较大，计算速度较慢。通过对比实时桥梁模型与精细化桥梁模型的模态分析结果，确定采用实时桥梁模型作为建模方式。

　　单电磁铁混合试验和整车混合试验所使用的桥梁模型一致，数值桥梁建模过程的基本流程是使用 ANSYS 软件建立的，在 ANSYS 中，采用梁单元和实体单元分别建立实时桥梁模型和精细化桥梁模型。首先，根据桥梁的几何形状和材料特性，使用梁单元建立实时桥梁模型。然后，使用实体单元建立精细化桥梁模型，以更准确地描述桥梁的行为。通过对比不同单元类型建立的桥梁模型的竖向频率，验证桥梁模型的准确性，最后经过验证的桥梁模型可以导入 SIMPACK 进行车桥连接和行车仿真。

根据物理模型，基于磁浮轨道简支梁桥图纸，在 ANSYS 中分别采用 Beam4 单元和 Beam188 单元建立实时桥梁模型，建模时将磁浮轨道梁体考虑为一个整体截面，并考虑不同材料的影响。同时，模型均考虑变截面与预应力钢筋的影响，梁体长度为 24.682m，划分为 100 个单元，桥墩高度为 6m，划分为 30 个单元。考虑梁上刚臂以便于更好地反映梁体扭转，两种单元的区别如下：

Beam4 单元属于欧拉-伯努利梁，一般不考虑剪切变形，适用于细长梁，通过直接输入截面参数定义截面，模型较线性化。

Beam188 单元属于铁摩辛柯梁，采用一阶剪切变形理论，考虑横向剪切变形，不仅适用于细长梁，还适用于深梁，可以直接输入截面，Beam188 单元相对于 Beam4 单元的一个突出点是具有更出色的截面数据定义功能和可视化特性。

ANSYS 中建立的实时桥梁模型示意图如图 9-5 所示。

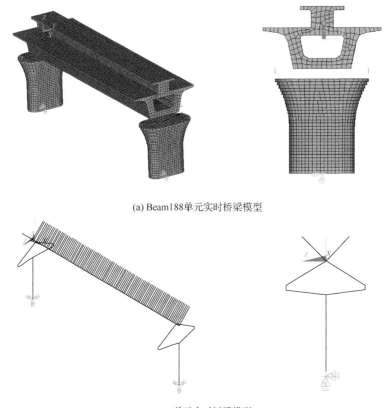

(a) Beam188单元实时桥梁模型

(b) Beam4单元实时桥梁模型

图 9-5　实时桥梁模型示意图

通过比较实时桥梁模型竖向频率，如表 9-1 所示，相对于 Beam4 单元实时桥梁模型，Beam188 单元实时桥梁模型与精细化桥梁模型的频率差别更小，因此实时桥梁模型采用 Beam188 单元进行建模。

表 9-1　实时桥梁模型竖向频率对比

模型 频率	Beam4 单元	Beam188 单元	相对误差/%	
			Beam4 单元	Beam188 单元
第一阶频率/Hz	11.234	10.199	13.13	2.71
第二阶频率/Hz	29.222	26.384	22.27	10.39
第三阶频率/Hz	40.252	37.751	18.88	11.49
第四阶频率/Hz	62.631	53.051	18.80	0.63

2. 桥梁现场实测

为了验证模型建立的可靠性，将现场实测与数值建模的竖向频率进行比较。针对高速磁浮试验线的 24m 迭合梁、24m 梁上板式轨道梁等桥型，在桥梁关键截面处(跨中、1/4 跨和梁端位置)布置三向加速度传感器，开展了力锤敲击、磁浮车起浮下落测试以及不同车速的磁浮车过桥振动测试，依据测试数据对桥梁模态信息以及阻尼信息进行辨识。磁浮试验线 24m 迭合梁测试现场如图 9-6 所示。在跨中点、1/4 跨点、梁端点分别进行敲击。在每个加载点的横向、竖向分别加载，每个点敲击三次，以消除试验的偶然误差。

图 9-6　磁浮迭合梁现场测试

冲击力加载点及测点如图 9-7 所示。

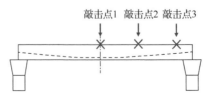

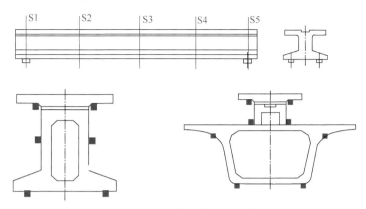

图 9-7　冲击力加载点及测点

对脉冲荷载下的加速度响应进行划分，提取自由振动响应，脉冲荷载大小及自由振动响应提取如图 9-8 所示。力锤激发起的加速度量级为 $10^{-3}g$。对 S1～S5测点的自由振动加速度信号进行频谱分析，可以看出力锤激励有效激发了梁体的多阶模态，可进一步开展模态信息识别工作，如图 9-9 所示。

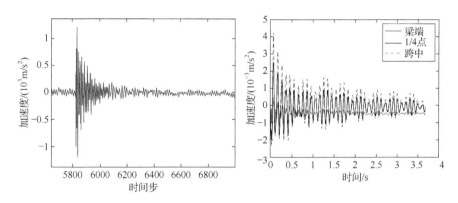

图 9-8　脉冲荷载及自由振动响应提取

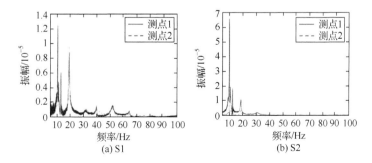

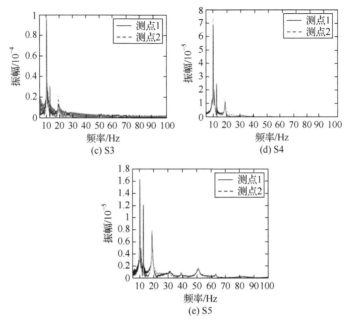

图 9-9　各测点幅频响应特性分析

利用峰值拾取法，依据力锤测试各点幅频结果识别出桥梁的前三阶竖向频率 (10.2413Hz、12.69Hz、18.8739Hz)所对应的模态，如图 9-10 所示，由于力锤加载

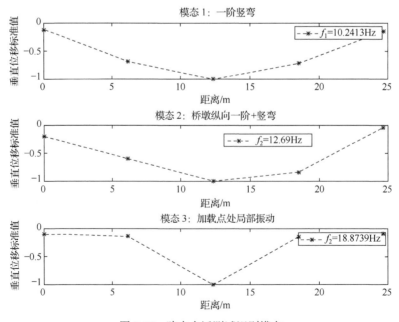

图 9-10　跨中力锤测试识别模态

点是跨中点，所激发出的桥梁各阶频率主要是正对称的振型。通过对识别出的模态特性进行分析，可得到如下初步的结论：第一阶模态为一阶正对称竖弯；第二阶模态为桥墩纵向一阶弯曲+桥墩竖弯；第三阶模态目前认为是加载点处局部振动(因为只在跨中点出现突变，其余点几乎没有振动)。

实测与仿真频率对比结果如表 9-2 所示，实测采用力锤测量的频率数据，对多次加载辨识取均值。造成数值仿真误差的可能原因有支座竖向刚度模拟不准确、模型对纵向钢筋的考虑不足、桥梁弹性模量取值与实际值存在误差等。通过比对仿真与实测频率，初步验证此次建立的模型具有一定的可靠性，可以继续后续的测试与模型修正工作。

表 9-2　实测与仿真频率对比

频率阶数	Beam188 单元模型/Hz	自编模型/Hz	试验测试结果/Hz	对应
1	7.55	8.50	7.25	主梁一阶横弯
2	9.02	9.54	10.15	主梁一阶竖弯
3	11.95	14.18	12.69	桥墩纵向一阶(单跨墩梁一体)
4	20.38	25.22	18.23	主梁二阶横弯
5	23.54	—	20.70	主梁扭转一阶
6	33.99	40.72	31.25	主梁二阶竖弯

3. 边界协调算法

实时混合试验的边界协调算法旨在有效地将梁的变形信号转换为振动台的运行信号，实现数值-物理子结构之间的位移协调。单电磁铁边界协调算法通过多点线性拟合处理桥梁位移响应，输出台面中心的竖向位移、Pitch 方向转角命令以及 Roll 方向转角命令。

为验证算法的可靠性和减少在实际试验中引入的误差，建立了 Simulink 平台的单电磁铁虚拟仿真实时混合试验。模块包括数值车、数值桥梁、线性插值、边界协调、数值振动台与控制算法，以及振动台长定子位移复现计算，这些模块协同工作，详细模拟和评估了单电磁铁混合试验，验证了边界协调算法的性能，仿真平台为试验前期准备提供关键工具，确保试验成功进行。算法实现的具体细节和方法可见第 4 章。

9.2.3　实时控制算法

ATS 算法是通过最小二乘法进行前向预测，并根据振动台的反馈实时自适应地改变算法系数，其优势在于确保稳定性且对任意对象无需调参。ATS 算法的原理框图如图 9-11 所示。

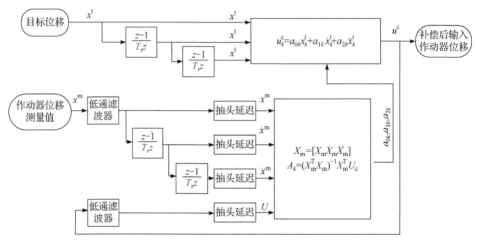

图 9-11　ATS 算法的原理框图

ATS 补偿器通过命令信号和响应信号识别外插的多项式系数，在信号频率较高时，ATS 的时滞补偿能力下降，对实时混合试验的稳定性不利。

线性二次型高斯(linear quadratic Gaussian，LQG)控制结合了线性二次型调节器(linear quadratic regulator，LQR)与状态观测器。设计 LQR 控制器时引入泛函数，最优的控制轨迹应该使得该泛函数最小。一般选取如下形式的泛函数：

$$J = \frac{1}{2}\int_0^\infty x^{\mathrm{T}}Qx + u^{\mathrm{T}}Ru\mathrm{d}t \tag{9-1}$$

式中，Q 为半正定矩阵；R 为正定矩阵；x 为系统状态变量，状态变量 x 是通过状态观测器根据系统输出测量和控制输入来估计的；u 为控制序列。当与 LQG 结合后，通过 LQG 控制器把系统的零极点配置到合理的位置，可以降低针对高频信号的系统时滞，提高时滞补偿系统的稳定性，使系统在较宽的频率范围内有较好的时滞补偿效果。LQG+ATS 控制的原理框图如图 9-12 所示。

MPC 算法在第 5 章已经详细介绍，详见 5.4.2 节。

9.2.4　实时混合试验结果

本节重在使用 Concurrent 平台进行单电磁铁三自由度振动台实时混合试验。采用时滞补偿算法分别以 ATS 及 MPC 进行了测试，数值桥模型及边界协调则保持不变。

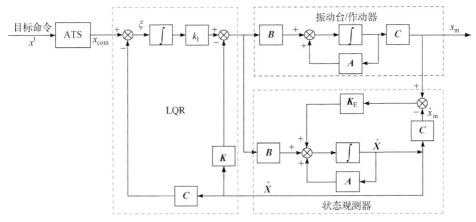

图 9-12　LQG+ATS 控制的原理框图

k_I 为积分增益

1. 试验结果量化指标

时滞补偿算法的测试思路如图 9-13 所示。输入信号经过时滞补偿算法计算出预测位移，经过振动台内环的控制器后驱动振动台加载。时滞补偿算法用于补偿内环控制器和振动台系统的时滞。

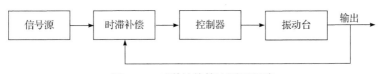

图 9-13　时滞补偿算法测试思路

通过加载输入信号及测量输出信号后，可根据多种评价指标评定时滞补偿算法的补偿效果，作者团队所采用的评价指标如表 9-3 所示，包括时滞、均方根误差和峰值误差，简介如下：

对于时滞，根据命令信号与响应信号之间的时滞近似为采样步长 Δt 的有限倍数，将响应信号向左平移 k 个采样步长后，会得到命令与响应的最大相干性，则 $k\Delta t$ 为时滞，用 J_1 表示。

对于均方根误差，它是命令信号和响应信号的差值和与命令信号的比值，其中 x_i^t 为目标信号，x_i^m 为测量信号，用 J_2 表示。

对于峰值误差，它是命令信号和响应信号的差值的最大值与命令信号最大值的比值，用 J_3 表示。

表 9-3　混合试验结果量化指标

时滞	均方根误差	峰值误差
$J_1 = \arg\max_k \left(\sum_i \boldsymbol{y}_n^{(1)}(i) x_m(i-k) \right)$	$J_2 = \sqrt{\dfrac{\sum\limits_{i=1}^{N}\left[x_m(i) - \boldsymbol{y}_n^{(1)}(i) \right]^2}{\sum\limits_{i=1}^{N}\left[\boldsymbol{y}_n^{(1)}(i) \right]^2}} \times 100\%$	$J_3 = \dfrac{\max \left| x_m(i) - \boldsymbol{y}_n^{(1)}(i) \right|}{\max \left| \boldsymbol{y}_n^{(1)}(i) \right|} \times 100\%$

2. 基于 ATS 的试验结果

1) 试验逻辑

将数值桥、边界条件、控制器、时滞补偿、振动台长定子、电磁铁、试件(或车体)等所有构件进行集成，试验逻辑或数据流如图 9-14 所示。

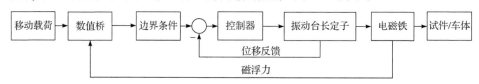

图 9-14　实时混合试验逻辑

2) 试验工况说明

闭环实时混合试验工况如表 9-4 所示。

表 9-4　闭环实时混合试验工况

序号	工况	试验目的	控制器
1	100km/h 不平顺		
2	200km/h 不平顺		
3	300km/h 不平顺	测试时滞补偿稳定性	
4	400km/h 不平顺		
5	500km/h 不平顺		
6	600km/h 不平顺		ATS
1	100km/h 不平顺		
2	200km/h 不平顺		
3	300km/h 不平顺	正式试验	
4	400km/h 不平顺		
5	500km/h 不平顺		
6	600km/h 不平顺		

3) 试验结果

本次测试进行了包含数值桥模型, 以 ATS 为时滞补偿算法基础的实时混合试验, 输入工况加入了轨道不平顺, 分为 100~600km/h 共 6 个测试工况, 试验结果以 600km/h 举例, 如图 9-15 所示。

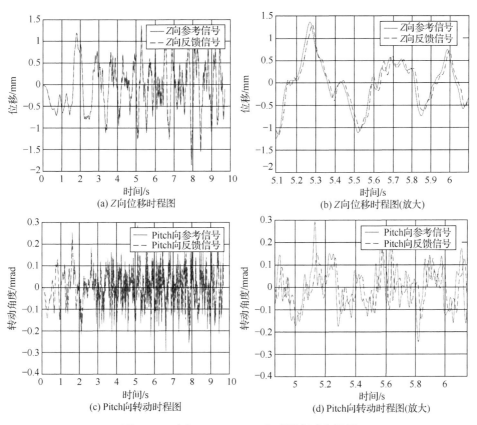

(a) Z向位移时程图

(b) Z向位移时程图(放大)

(c) Pitch向转动时程图

(d) Pitch向转动时程图(放大)

图 9-15　时速 600km/h ATS 实时混合试验闭环

本次试验采用表 9-3 的量化指标并与 xPC 平台的试验数据进行对比, 其 Z 向与 Pitch 向的量化数据如表 9-5、表 9-6 所示, 另外也将 Concurrent 平台计算的整体闭环步长进行量化分析, 其数据如表 9-7 所示。由于前期试验时 xPC 平台上采用的整体计算步长为 1/1024s, 桥模型计算步长为 1/128s, 而 Concurrent 平台上采用的整体计算步长为 1/1000s, 桥模型计算步长为 1/125s, 且无法保证试验的所有参数均完全一致, 结果必然有些不同, 但整体试验数据量级具有一定可比性, 且整体闭环步长的量化比较结果验证了 Concurrent 平台可以成功实现实时混合试验。

表 9-5　基于 ATS 的实时混合试验结果对比(Z 向)

算法	Concurrent			xPC		
速度/(km/h)	100	300	600	100	300	600
J_1/ms	9	7	10	2.9	2	4.9
J_2/%	4.15	8.55	21.94	2.32	5.57	13.41
J_3/%	4.02	9.88	29.32	2.5	6.83	22.05

表 9-6　基于 ATS 的实时混合试验结果对比(Pitch 向)

算法	Concurrent			xPC		
速度/(km/h)	100	300	600	100	300	600
J_1/ms	14	11	17	16.6	12.7	8.8
J_2/%	21.44	44.98	82.80	33.3	57.2	73.06
J_3/%	55.73	47.57	93.15	35.48	64.9	99.39

表 9-7　基于 ATS 的实时混合试验闭环运行时间分析

量化指标/(km/h)	100	300	600
控制闭环最大运行时间/ms	1.0046	1.0048	1.0046
控制闭环最小运行时间/ms	0.996	0.9961	0.9961
控制闭环平均运行时间/ms	1	1	1
控制闭环运行时间标准差	9.7505×10^{-4}	9.72×10^{-4}	1×10^{-4}

3. 基于 MPC 的试验结果

本次测试进行了包含数值桥模型,以 MPC 为时滞补偿算法基础的实时混合试验,输入工况加入了轨道不平顺,分为 100km/h、300km/h、600km/h 共 3 个测试工况,试验结果以 600km/h 举例,如图 9-16 所示。

同样,采用表 9-3 的量化指标并与 xPC 平台的试验数据进行对比,其 Z 向与 Pitch 向的量化数据如表 9-8 及表 9-9 所示,整体试验数据量级同样具有一定可比性,同时表 9-10 的运行时间分析可以保证试验的实时性,再次验证了 Concurrent 平台可以成功实现实时混合试验。

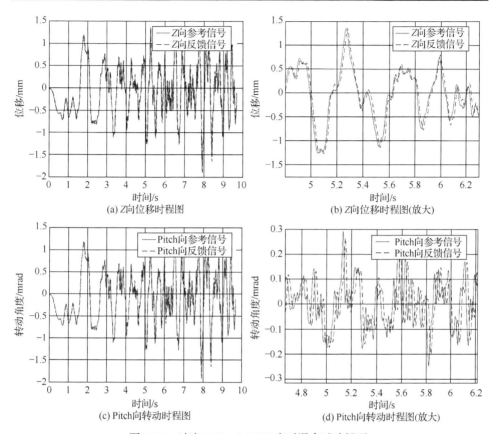

图 9-16　时速 600km/h MPC 实时混合试验闭环

表 9-8　基于 MPC 的实时混合试验结果对比(Z 向)

算法	Concurrent			xPC		
速度/(km/h)	100	300	600	100	300	600
J_1/ms	12	10	10	6.8	4.9	5.9
J_2/%	5.30	12.61	21.16	3.66	7.45	17.94
J_3/%	5.03	14.34	23.53	3.66	11.13	27.20

表 9-9　基于 MPC 的实时混合试验结果对比(Pitch 向)

算法	Concurrent			xPC		
速度/(km/h)	100	300	600	100	300	600
J_1/ms	24	19	18	4.9	5.9	14.60
J_2/%	33.17	65.98	92.98	11.04	64.95	126.07
J_3/%	36.7	77.41	102.5	11.50	78.99	151.62

表 9-10　基于 MPC 的实时混合试验闭环运行时间分析

量化指标/(km/h)	100	300	600
控制闭环最大运行时间/ms	1.0048	1.0117	1.0035
控制闭环最小运行时间/ms	0.9962	0.9875	0.9956
控制闭环平均运行时间/ms	1	1	1
控制闭环运行时间标准差	8.537×10^{-4}	8.876×10^{-4}	8.3042×10^{-4}

4. 实时平台测试结论

目前已经完成基于 ATS 与 MPC 的时滞补偿算法的高速磁浮系统实时混合试验，对于 Z 向的补偿，整体控制效果较好，由于 Pitch 向数值命令幅值较小，控制效果不及 Z 向，同时在线试验结果证明了 Concurrent 平台作为本项目的实时运算平台的可行性。

9.2.5　基于单电磁铁模型的离线混合试验

基于上述单电磁铁物理模型及振动台，进行基于不动点迭代算法的离线混合试验。

1. 工况设置

进行离线迭代混合试验时，工况设置与实时混合试验工况保持一致，具体如表 9-11 所示。本次试验中的工况均添加轨道不平顺，且此不平顺与实时混合试验保持一致，此处以速度 600km/h 的有轨道不平顺工况举例。

表 9-11　离线迭代混合试验工况设置

速度/(km/h)	有轨道不平顺	无轨道不平顺
600	√	

2. 测试验收标准

将预试验计算得到的单悬浮架划分界面处的梁体挠度时程与车体响应时程作为迭代的初始值开始离线混合迭代，当划分界面处相邻两次迭代的响应结果满足误差要求且试验运行时间与总时程吻合时，认为离线迭代混合试验满足要求。具体要求为离线迭代混合收敛后，最后一次计算的驱动与上一次的响应间均方根误差不超过 5%。

3. 速度 600km/h 工况下迭代结果

在图 9-17 的轨道不平顺下，从 600km/h 工况下第 1 次迭代结果(图 9-18)可以

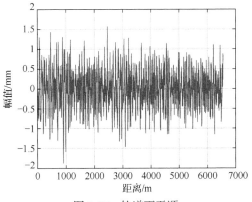

图 9-17　轨道不平顺

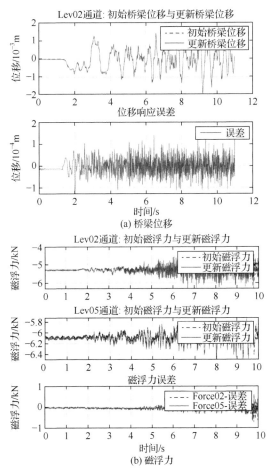

(a) 桥梁位移

(b) 磁浮力

图 9-18　第 1 次迭代结果对比

Force 为磁浮力

看出，Lev02、Lev05 通道磁浮力误差结果量级仅为 0.1kN，对其进行去均值后重新计算误差，结果如图 9-19 所示。

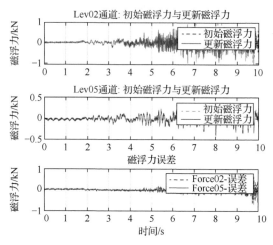

图 9-19　磁浮力去均值处理后结果对比

由图 9-19 可以看出，磁浮力取均值后，Lev02 通道磁浮力误差在 ±0.1kN 范围内，而 Lev05 通道磁浮力几乎完全重合。此次迭代中，桥梁 Z 向、Pitch 向位移的均方根误差分别为 3.442×10^{-5} 和 8.572×10^{-5}，Lev02、Lev05 通道去均值后磁浮力均方根误差为 0.0872、0.033。以此次迭代中的更新磁浮力作为下一次迭代的初始磁浮力，进行后续离线迭代。

迭代结果如图 9-20 所示，相邻两次桥梁位移间误差由初始误差量级 10^{-4}m 下降到 10^{-6}m，并基本保持不变。除了第 2 次迭代时，Lev02 通道磁浮力均值有所浮动，其他通道在迭代时均可与初始磁浮力良好地吻合，仅在时程结尾存在不重

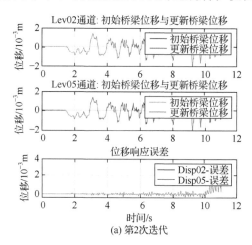

(a) 第2次迭代

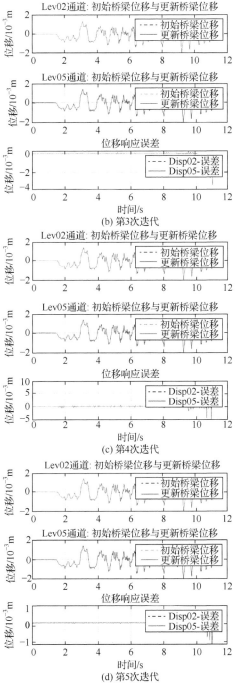

图 9-20　桥梁位移结果对比

Disp 为位移

合现象。磁浮力结果对比如图 9-21 所示，为验证该结果是否满足验收标准，进行均方根误差计算，并绘制了迭代的均方根误差图，如图 9-22 所示。

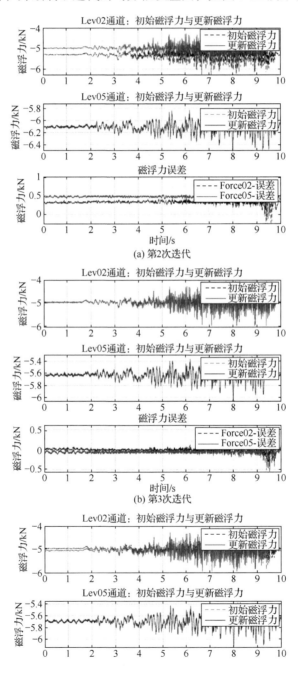

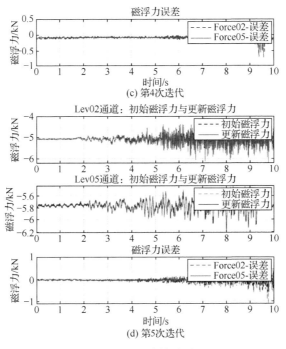

图 9-21 磁浮力结果对比

如图 9-22 所示,由前 4 次均方根误差结果可以看出,桥梁 Z 向、Pitch 向位移的对数均方根误差值范围为[−7, −4],均远小于 5%的限值;除了计算原始磁浮力的均方根误差,还对去均值后的磁浮力时程进行分析,其误差也基本处于下降趋势。

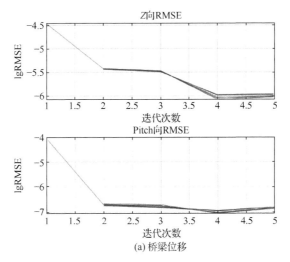

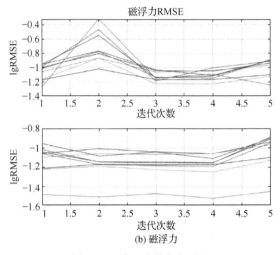

图 9-22　前 4 次均方根误差

4. 离线与实时混合试验结果对比

将离线迭代混合试验结果与基于 Concurrent 平台测试的实时混合试验结果进行对比，以验证基于不动点迭代算法的离线迭代混合试验的准确性。具体对比 Z 向、Pitch 向、Roll 向三向位移响应，并计算两种试验结果的误差及均方根误差，因实时混合试验中采用 ATS 与 MPC 两种算法进行试验，故将离线结果与两种算法下的实时结果均进行比较，结果如图 9-23～图 9-25 所示。

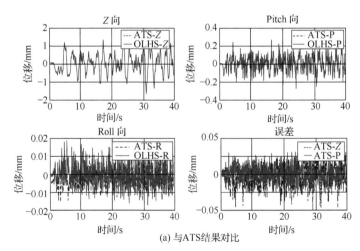

(a) 与 ATS 结果对比

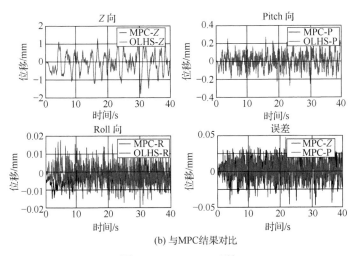

(b) 与MPC结果对比

图 9-23 100km/h 工况

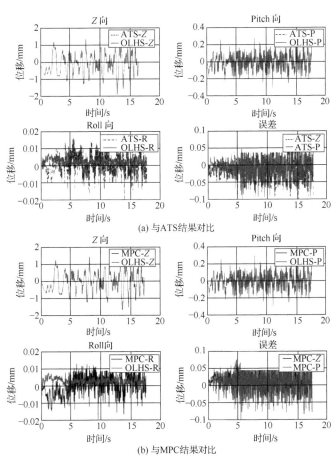

(a) 与ATS结果对比

(b) 与MPC结果对比

图 9-24 300km/h 工况

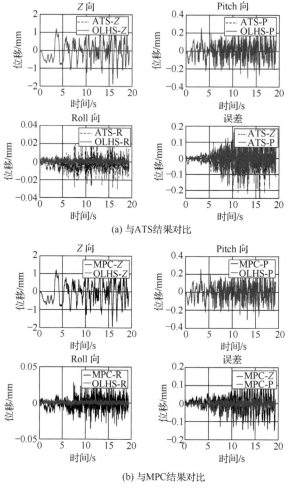

图 9-25　600km/h 工况

　　由图 9-26 可以看出，在 100km/h 工况下，三向位移响应重合较好，Z 向和 Pitch 向位移误差在 ±0.05mm 以内；在 300km/h 和 600km/h 工况下，Z 向、Pitch 向位移误差增大到 ±0.2mm 以内，尤其在位移时程的各个波峰、波谷处误差较大，Roll 向时程基本无区段。由 RMSE 结果图可知，实时结果中两种算法与离线结果在 Z 向的 RMSE 基本相同，且 RMSE 值很小，量级在 10^{-4}；Pitch 向 RMSE 值介于中间，且与 MPC 结果更为接近；Roll 向 RMSE 值最大，在 [0.006, 0.011] 区间内。且除 Pitch 向与 MPC 的 RMSE，三向 RMSE 值均随着速度的增大而增大。

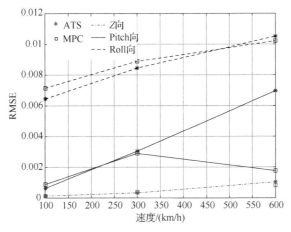

图 9-26　与实时混合试验结果的 RMSE

9.3　高速磁浮整车混合试验

9.3.1　设计流程与子结构划分

整车混合试验的试验流程与单电磁铁混合试验基本一致。磁浮整车混合试验系统也是由三大部分组成，分别是振动台机械系统、高性能计算与仿真系统和试验配套系统，各系统的子结构构成和具体作用见第 1 章。

在整车混合试验中，磁浮整车作为被试对象，数值轨道作为数值子结构进行仿真模拟，在正式混合试验中，磁浮整车作为物理子结构进行实际响应测试，在数值轨道与物理磁浮整车通过实物控制器进行边界力交互；而在预试验过程中，磁浮整车亦为数值子结构，数值轨道与数值整车之间通过虚拟电磁铁控制器进行车轨边界力交互。图 9-27 为整车试验的数值-物理子结构划分面。

9.3.2　整车试验边界协调算法

整车试验边界协调算法的目的是实现物理子结构的激励，即数值子结构在列车荷载作用下的结构响应。在整车试验中，振动台无法直接将桥梁结构计算出的连续位移曲线施加在列车上，因此需要以一定方式近

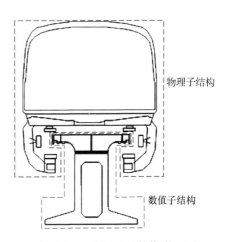

图 9-27　整车试验的数值-物理子
结构划分面

似复现桥梁结构的响应。边界协调算法采用以分段直线代替曲线的割线法，通过多点线性拟合进行算法的改进，以减小复现误差的大小。

此试验需要搭建虚拟仿真实时混合试验平台，该平台通过 Simulink 平台搭建，包括数值车(单电磁铁)仿真模块、数值桥梁仿真模块、线性插值算法模块、边界协调算法模块、数值振动台与控制算法模块、振动台长定子位移复现计算模块等。整车试验边界协调算法在该平台中起到数值-物理子结构之间的位移协调工作。

整车试验边界协调算法的运行流程如下：在仿真初始时，列车重力施加给桥梁，桥梁数值模型利用逐步积分算法进行求解，得到桥梁响应。由于数值子结构采用大步长进行模拟，需要将桥梁响应进行线性内插，以保证整个 Simulink 子模块之间在时间步上的协调。插值之后的桥梁响应输入边界协调算法，输出振动台中点的位移给时滞补偿算法进行处理，之后输出给振动台。振动台输出长定子的位移并输回桥梁模型，给桥梁输入前后两点的位移并输出力，将力输入数值桥梁模型中，完成一次程序的运行。

整车试验边界协调算法通过虚拟仿真实时混合试验平台实现桥梁结构和振动台之间的位移协调，以实现车桥耦合实时混合试验。

9.3.3 时滞补偿算法

1. 八台阵时滞补偿控制

为完成八台阵的时滞补偿控制，需要将八台阵大系统拆分成单振动台，实现对单振动台的控制。具体对单振动台控制时，需要进行如下的控制过程：

(1) 单振动台属于六自由度模型，需要辨识三个平动和三个转动的传递函数，设计多自由度控制器。

(2) 考虑耦合时，需要分析自由度之间的耦合特性，对于耦合性强的，需要设计解耦控制器。

(3) 对控制器进行调试，直至满足项目的时滞补偿要求，并具有良好的稳定性。

将八个振动台的控制器集成为八台阵的控制器，进行八台阵系统的时滞补偿测试，直至满足时滞补偿要求。根据测试，八台阵中，本身振动台之间影响甚小，几乎不存在振动台之间的耦合性。但当八台阵安装整车系统后，振动台之间的耦合性将不可忽视。

2. 八台阵-整车系统时滞补偿控制

八台阵-整车系统时滞补偿控制是在八台阵的基础之上，考虑整车系统的磁浮力，并将磁浮力反馈于八台阵系统，这会极大地改变八台阵的动力特性，主要是引起振动台的共振峰所导致的。八台阵-整车系统是一个整体模型，对于整车模型，有八个作用源(八个振动台), 分别作用于整体系统的分系统中, 所有的分系统将振动台构成一个整体, 因此需要进行耦合控制, 控制过程如下:

(1) 向八台阵输入白噪声, 测量八台阵的响应信号, 辨识各振动台的(Z 向、Roll 向、Pitch 向)传递函数, 设计振动台的多自由度控制器, 设计 8 个。

(2) 分析振动台之间的耦合特性, 设计耦合控制器, 经过统计, $(8 + 6 \times 4 + 3 \times 2) \times 3 = 114$, 最少设计 114 个。

(3) 对控制器进行调试, 直至满足项目的时滞补偿要求, 并具有良好的稳定性。

为了降低时滞带来的影响, 本节将介绍 ATS+LQG 时滞补偿算法的应用效果, 相较于无补偿工况, ATS 补偿算法在部分自由度、部分振动台有出现超前的现象, 且 ATS 在 10Hz 之后增益明显变大, 这也是 ATS 的通病之一。ATS+LQG 由于需要较精确的模型才能达到理想效果, 在对振动台进行辨识时无法在无零点状态下得到较为可靠的振动台传递函数, 这对 ATS+LQG 的控制效果有很大影响。有部分振动台, ATS 效果好于 ATS+LQG 算法, 而部分时候 ATS+LQG 又优于 ATS 算法, 但是 ATS+LQG 调试时间明显会多于 ATS, 参数也比较多。

表 9-12 为八台阵的时滞补偿指标汇总。

表 9-12　ATS+LQG 时滞补偿实际效果

台	自由度	时滞/ms		均方根误差/%		整体效果
		补偿前	补偿后	补偿前	补偿后	
台 1 和台 8	Z	44	19	60.46	41.48	优化
	Roll	27	20	48.04	44.45	优化
	Pitch	38	24	54.79	46.69	优化
台 2~台 7	Z	45	22	60.84	45.96	优化
	Roll	25	19	45.57	38.93	优化
	Pitch	48	20	59.55	50.29	优化

从时滞和均方根误差能够定量看出, 两个指标相对于无补偿情况均降低, 起到了提高加载精度的效果, 但还存在优化空间。

9.3.4　结果分析

1. 速度为 100km/h 工况下的结果分析

在 100km/h 的测试速度下, 经测试的桥梁原型是 24m 梁上梁磁浮轨道梁。采用一阶逆控制的振动台竖向目标信号、命令信号和实际复现信号, 如图 9-28 所示。由于竖向为桥梁位移的主要方向, 这里只对竖向数据进行分析。T4 的竖向自由度控制指标分别为 J1_Z = 0.0290s、J2_Z = 15.1021%、J3_Z = 27.3155%，其中 J1_Z 代表竖向时滞，J2_Z 代表竖向均方根误差，J3_Z 代表竖向峰值误差。

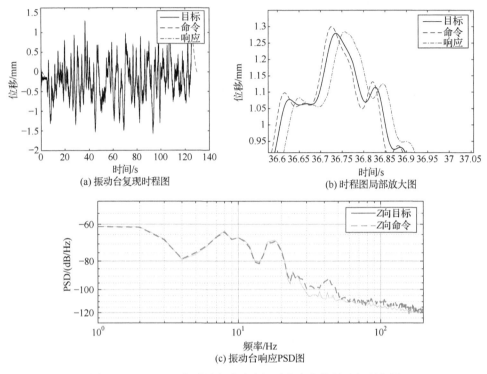

图 9-28　100km/h 实时混合试验中振动台命令信号及复现信号

整车混合试验中得到的部分车桥响应数据(包括桥梁位移、悬浮电磁力和导向电磁力)的时程和 PSD 如图 9-29～图 9-31 所示。

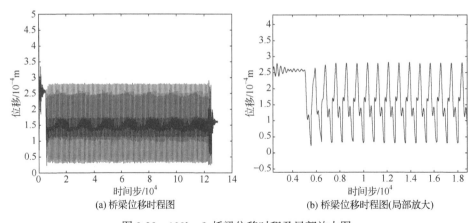

图 9-29　100km/h 桥梁位移时程及局部放大图

　　从图中可以看出，桥梁的位移呈规律的波动状，且波动区间相对明确，总体保持在 0～0.12mm，说明在试验阶段的 100km/h 速度，磁悬浮列车能安全行驶。

　　悬浮电磁力时程图及 PSD 图如图 9-30 所示，左右侧的悬浮电磁力因车体不平衡而稍有区别，左侧的电磁力大致围绕 2.98kN 上下波动，波动范围为[−2.9, −3.1]，右侧的电磁力大致为 3.25kN，波动范围为[−3.15, −3.35]。从图 9-30(b)所示的 PSD 图可以看出，车体首先处于高分贝状态，随后波动峰值趋势逐渐降低，第一个峰值大约出现在 9Hz 处，大约是−58dB。

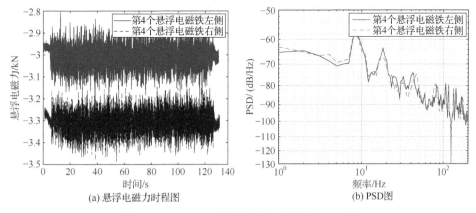

(a) 悬浮电磁力时程图　　　　　　　　　　(b) PSD图

图 9-30　100km/h 悬浮电磁力时程图及 PSD 图

　　导向电磁力时程图及 PSD 图如图 9-31 所示，左右侧的导向电磁力大致相等，其电磁力大小大致围绕 0.1kN 上下波动，波动范围为[−0.05, −0.2]。从图 9-31(b)所示的 PSD 图可以看出，车体首先处于高分贝状态，并呈波动状上升，大约在 20Hz 处达到−64dB 的顶峰，随后呈波动状态逐渐降低，在 100Hz 处大约是达到−80dB 的峰值。

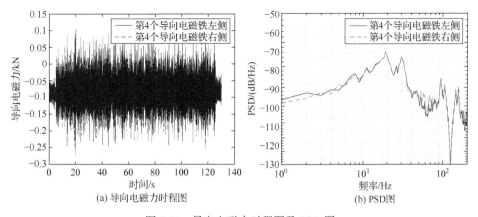

(a) 导向电磁力时程图　　　　　　　　　　(b) PSD图

图 9-31　导向电磁力时程图及 PSD 图

2. 速度为 600km/h 工况下的结果分析

在 600km/h 的测试速度下，经测试的桥梁原型是 24m 梁上梁磁浮轨道梁。采用一阶逆控制的振动台竖向目标信号、命令信号和实际复现信号，如图 9-32 所示。由于竖向为桥梁位移的主要方向，这里只对竖向数据进行分析。T4 竖向自由度控制指标分别为 J1_Z = 0.0200s、J2_Z = 16.5749%、J3_Z = 26.2914%。可以看出，振动台响应信号相比于振动台目标信号有所滞后，但时滞大小在系统稳定运行范围之内，满足实时混合试验闭环要求。

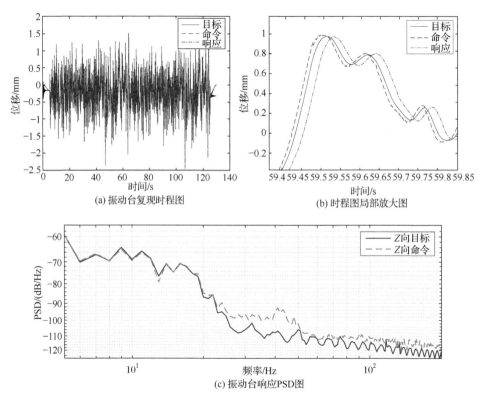

图 9-32　600km/h 实时混合试验中振动台命令信号及复现信号

整车混合试验中得到的部分车桥响应数据(包括桥梁位移、悬浮电磁力和导向电磁力)的时程和 PSD 图如图 9-33～图 9-35 所示。

从桥梁位移时程图可以看出，桥梁的位移呈上下规律波动状，且波动区间相对明确，总体保持在 0～0.23mm，说明在试验阶段的 600km/h 速度，磁悬浮列车能安全行驶。

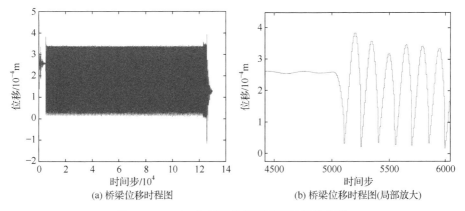

图 9-33 600km/h 桥梁位移时程及局部放大图

悬浮电磁力时程图及 PSD 图如图 9-34 所示，左右侧的悬浮电磁力因车体不平衡而稍有区别，左侧的电磁力大致围绕 3.2kN 上下波动，波动范围为[-2.9, -3.2]，右侧的电磁力大致为 3.3kN，波动范围为[-3.1, -3.5]。从图 9-34(b)所示的 PSD 图可以看出，车体首先处于高分贝状态，随后呈波动状态逐渐降低，第一个峰值大约是在 8Hz 时，大约是-60dB。

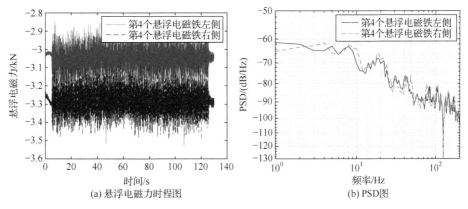

图 9-34 600km/h 悬浮电磁力时程图及 PSD 图

导向电磁力时程图及 PSD 图如图 9-35 所示，左右侧的导向电磁力大致相等，其电磁力大小大致围绕 0.05kN 上下波动，波动范围为[-0.3, 0.2]。从图 9-35(b)所示的 PSD 图可以看出，车体首先处于高分贝状态，并呈波动状态上升，大约在 20Hz 处达到-60dB 的顶峰，随后呈波动状态逐渐降低，在 100Hz 处大约达到 72dB 的峰值。

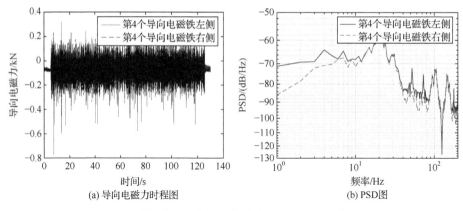

图 9-35　600km/h 导向电磁力时程图及 PSD 图

3. 0～600km/h 变速运行工况

在 0～600km/h 的测试速度下，经测试的桥梁原型是 24m 梁上梁磁浮轨道梁。采用一阶逆控制的振动台竖向目标信号、命令信号和实际复现信号，如图 9-36 所

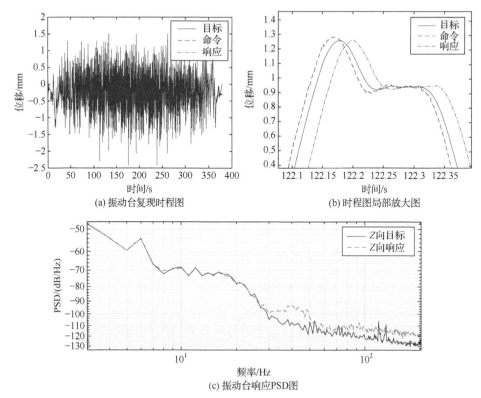

图 9-36　0～600km/h 实时混合试验中振动台命令信号及复现信号

示。由于竖向为桥梁位移的主要方向，这里只对竖向数据进行分析。T4 竖向自由度控制指标分别为 J1_Z = 0.0210s、J2_Z = 18.9414%、J3_Z = 20.2633%。

整车混合试验中得到的部分车桥响应数据(包括桥梁位移、悬浮电磁力和导向电磁力)的时程和 PSD 图如图 9-37～图 9-39 所示。

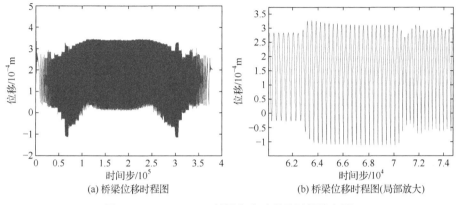

(a) 桥梁位移时程图　　　　　　　　　(b) 桥梁位移时程图(局部放大)

图 9-37　0～600km/h 桥梁位移时程及局部放大图

从桥梁变形时程图可以看出，桥梁的位移呈上下规律波动状，且波动区间相对明确，总体保持在 0～0mm。

悬浮电磁力时程图及 PSD 图如图 9-38 所示，左右侧的悬浮电磁力因车体不平衡而稍有区别，左侧的电磁力大致围绕 3.05kN 上下波动，波动范围为[−2.9, −3.2]，右侧的电磁力大致为 3.3kN，波动范围为[−3.2, −3.4]。从图 9-38(b)所示的 PSD 图可以看出，车体首先处于高分贝状态，随后呈波动状态逐渐降低，第一个峰值大约是在 7Hz 时，大约是−62dB。

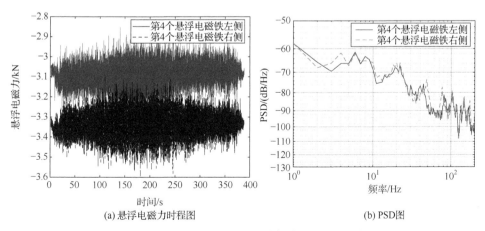

(a) 悬浮电磁力时程图　　　　　　　　　(b) PSD图

图 9-38　0～600km/h 悬浮电磁力时程图及 PSD 图

　　导向电磁力时程图及 PSD 图如图 9-39 所示，左右侧的导向电磁力大致相等，其电磁力大小大致围绕 0.08kN 上下波动，波动范围为[−0.3, 0.15]。从图 9-39(b) 所示的 PSD 图可以看出，车体首先处于高分贝状态，并呈波动状态上升，大约在 20Hz 处达到−60dB 的顶峰，随后呈波动状态逐渐降低，在 100Hz 处大约达到−68dB 的峰值。

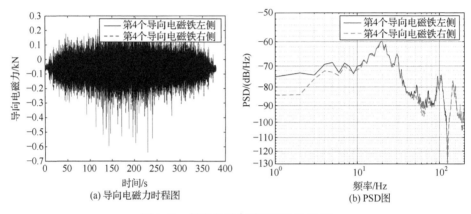

图 9-39　导向电磁力时程图及 PSD 图

　　通过将 100km/h 工况与 600km/h 工况的试验结果进行对比，可以得到它们的动力响应趋势基本一致，且磁浮电磁力与导向电磁力均处于安全范围之内，这为高速磁浮系统的实际运行提供了理论基础。在 0～600km/h 变速运行过程中，整车左右的磁浮力处于正常行驶的范围内，其结果再次论证了 600km/h 速度安全可行。

9.4　本 章 小 结

　　本章主要介绍了高速磁浮系统的混合试验测试应用。首先，介绍了高速磁浮系统的混合试验的概况，包括单电磁铁混合试验和整车混合试验。混合试验的总体流程是建设一套混合试验系统，将机理不明确的部分作为物理子结构进行试验，其余部分作为数值子结构进行计算。这样可以有效地再现磁浮车轨相互作用的动态特性。

　　(1) 通过离线仿真与在线试验等测试，调研了 Concurrent 实时仿真机，验证了其不论是计算能力、实时性、计算正确性都能有很好的表现，也还留有一定程度的冗余保障。同时，经过比较单电磁铁实时混合试验和离线迭代混合试验的结果，可以得出速度对实时模拟结果的准确性产生显著影响，尤其在 Z 向和 Pitch 向，而 Roll 向的模拟结果误差较大。

　　(2) 整车混合试验中，使用了边界协调算法，通过划分物理-数值边界和建立数值桥梁模型，实现了高性能求解和实时传输通信。这种算法可以有效地协调整车各部分之间的边界条件，确保整车系统的稳定性和性能。由试验结果得，在三种不同的工况试验条件下，系统成功应对了速度的快速变化，总体来说，整车混合试验的结果表明，系统在不同速度工况下均处于安全范围内，证明了其稳定性、可靠性和不同速度条件下的适用性，为整车混合试验提供了坚实的基础。

附录 A　常用的轨道不平顺谱

A.1　中国高速铁路无砟轨道谱

中国速度 300～350km/h 的高速轨道大规模采用无砟轨道，高速铁路无砟轨道的不平顺谱采用幂函数分段拟合，各个波长区段的轨道谱均采用同一表达式，即[1-3]

$$S(f) = \frac{A}{f^n} \tag{A-1}$$

式中，$S(f)$ 为功率谱密度函数($\text{mm}^2/(1/\text{m})$)；f 为空间频率($1/\text{m}$)；A 和 n 为拟合系数，由表 A-1 给出，其分四段给出了各种不平顺对应的拟合系数，各分段点的空间频率以及对应的波长如表 A-2 所示。

表 A-1　中国高速铁路无砟轨道不平顺的平均谱拟合系数

类型	第一段		第二段		第三段		第四段	
	A	n	A	n	A	n	A	n
高低	1.0544×10^{-5}	3.3891	3.5588×10^{-3}	1.9271	1.9784×10^{-2}	1.3643	3.9488×10^{-4}	3.4516
轨向	3.9513×10^{-3}	1.8670	1.1047×10^{-2}	1.5354	7.5633×10^{-4}	2.8171	—	—
水平	3.6148×10^{-3}	1.7278	4.3685×10^{-2}	1.0461	4.5867×10^{-3}	2.0939	—	—
轨距	5.4978×10^{-2}	0.8282	5.0701×10^{-3}	1.9037	1.8778×10^{-4}	4.5948	—	—

表 A-2　中国高速铁路无砟轨道不平顺谱各分段点的空间频率及对应波长

类型	第一、二段之分段点		第二、三段之分段点		第三、四段之分段点	
	空间频率/(1/m)	空间波长/m	空间频率/(1/m)	空间波长/m	空间频率/(1/m)	空间波长/m
高低	0.0187	53.5	0.0474	21.1	0.1533	6.5
轨向	0.0450	22.2	0.1234	8.1		
水平	0.0258	38.8	0.1163	8.6		
轨距	0.1090	9.2	0.2938	3.4		

研究表明，轨道不平顺谱满足自由度为 2 的 χ^2 分布，表 A-1 和表 A-2 对应的是平均谱，针对不同线路状态条件，也可根据高速铁路无砟轨道不平顺平均谱估计其百分位数谱，其转换系数 K 如表 A-3 所示。

表 A-3 中国高速铁路无砟轨道不平顺平均谱与百分位数谱的转换系数

转换系数	百分位数/%										
	10.0	20.0	25.0	30.0	50.0	60.0	63.2	70.0	75.0	80.0	90.0
K	0.105	0.223	0.288	0.357	0.693	0.916	1.000	1.204	1.386	1.609	2.303

A.2 中国普通干线铁路轨道谱

该轨道谱反映我国既有干线铁路经过提速改造后的线路几何状态。轨道高低不平、水平、方向不平顺功率密度采用系数不同的同一解析式表达，即

$$S(f) = \frac{A\left(f^2 + Bf + C\right)}{f^4 + Df^3 + Ef^2 + Ff + G} \tag{A-2}$$

式中，$S(f)$ 为功率谱密度函数(mm^2/(1/m))；f 为空间频率(1/m)；A、B、C、D、E、F、G 为轨道不平顺功率谱密度的特征参数，对不同线路和不同类型的轨道不平顺有不同的数值。

表 A-4 给出了我国京沪、京广、京哈三大提速干线(既有铁路)轨道的特征参数，适合于最高行车速度为 160km/h 的铁路。

表 A-4 中国既有铁路提速干线轨道谱的特征参数

参数	A	B	C	D	E	F	G
左轨高低	1.1029	−1.4709	0.5941	0.8480	3.8016	−0.2500	0.0112
右轨高低	0.8581	−1.4607	0.5848	0.0407	2.8428	−0.1989	0.0094
左轨轨向	0.2244	−1.5746	0.6683	−2.1466	1.7665	−0.1506	0.0052
右轨轨向	0.3743	−1.5894	0.7265	0.4353	0.9101	−0.0270	0.0031
水平	0.1214	−2.1603	2.0214	4.5089	2.2227	−0.0396	0.0073

A.3 轨道短波不平顺功率谱

上述轨道不平顺功率谱的波长范围都在几米到几十米的范围内，一般只能满

足机车车辆和桥梁结构的低频随机振动的分析，无法满足轨道结构的随机振动研究的需要，因簧下质量和轨道下结构的振动主频可达到数百到数千赫兹。因此，王澜等在 1989 年对我国石太线的轨道垂向短波不平顺进行了实测[4]。测量方法是采用地面测量方式，用 Colmar 钢轨磨耗测量仪进行测量。经回归分析，建议我国 50kg/m 钢轨线路垂向短波不平顺的功率谱密度函数可近似表达为

$$S(f) = 0.036 f^{-3.15} \tag{A-3}$$

式中，$S(f)$ 为功率谱密度函数($\text{mm}^2/(1/\text{m})$)；f 为空间频率($1/\text{m}$)。

式(A-3)的适用波长范围是 $0.01 \sim 1\text{m}$。

参 考 文 献

[1] 翟婉明. 车辆-轨道耦合动力学[M]. 北京: 科学出版社, 2015.

[2] 国家铁路局. 高速铁路无砟轨道不平顺谱[M]. 北京: 中国铁道出版社, 2014.

[3] 罗林. 我国干线轨道不平顺功率谱的研究[R]. 北京: 铁道部科学研究院, 1999.

[4] 王澜, 姚明初. 轨道结构随机振动理论及其在轨道结构减振研究中的应用[J]. 中国铁道科学, 1989, 10(2): 41-59.